经世济民

无锡籍经济学家群体研究

中共无锡市惠山区委党校 编著

凤凰出版社

图书在版编目（CIP）数据

经世济民：无锡籍经济学家群体研究 / 中共无锡市
惠山区委党校编著. -- 南京：凤凰出版社，2024. 9.
ISBN 978-7-5506-4234-8

Ⅰ. K825.31

中国国家版本馆CIP数据核字第2024SA1508号

书　　　名	经世济民：无锡籍经济学家群体研究	
编　　　著	中共无锡市惠山区委党校	
责 任 编 辑	蔡芳盈	
出 版 发 行	凤凰出版社(原江苏古籍出版社)	
	发行部电话025-83223462	
出版社地址	江苏省南京市中央路165号,邮编:210009	
印　　　刷	无锡童文印刷有限公司	
	江苏省无锡市新吴区江溪街道鑫明路26号,邮编:214111	
开　　　本	718毫米×1005毫米　1/16	
印　　　张	20	
字　　　数	316千字	
版　　　次	2024年9月第1版	
印　　　次	2024年9月第1次印刷	
标 准 书 号	ISBN 978-7-5506-4234-8	
定　　　价	98.00元	

前　言

　　近代以来，在救国思潮的影响下，中国出现了学习、传播西方思想文化的热潮，现代经济学开始在中国得到传播，并建立具有中国特色的经济学体系。此后，从无锡走出了一百多位在经济学术领域卓有建树的杰出智者，活跃于经济学科各个领域。无锡，可谓中国近现代经济学家的摇篮。

一

　　作为一个群体，无锡籍经济学家人数之多，成就之大，在同一时期其他城市和地区实难与其比肩。从他们在经济学领域所处的地位以及做出的贡献来说，这些无锡籍经济学家大致可以分为三类。这三类学者前后传承、相互支持，最终时会势至，在无锡籍经济学家群体这个"高原"的基础上形成了大家辈出、高峰迭起的态势。

　　第一代学者是近代经济学的探路人、先驱者。他们凿壁偷光，从西方取来思想火种，推动了近代中国的思想解放和社会发展。

　　20世纪20年代末30年代初，国内思想理论界展开了一场关于中国社会性质问题的大论战。以陈翰笙、薛暮桥、孙冶方为代表的一批革命的社会科学工作者，采用马克思主义的原则和方法，开展了一系列中国农村调查，其中以无锡调查最为著名，也最为重要。他们利用脚踏实地的调查获得真实可靠的第一手资料，运用历史唯物主义的观点和方法，着眼于生产关系的剖析来研究农村问题，得出当时中国是半殖民地半封建社会的科学结论。在这一过程中，他们还与各种反对派、中间派发生激烈的论争，最终以无可辩驳的事实和科学的论证，有力地反击了共产国际内部关于亚细亚生产方式的错误观点和国内统治集团御用文人散布的"农村复兴"谎言，不仅捍卫了马克思主义的真理性，而且进一步促进了马克思主义在中国的传播和运用，推动了马克思主义中国化的发展进程。在探索中国民主革命性质的认识链上，无锡籍经济学家无疑锻造了重要的一环。

如果说陈翰笙主持的无锡调查开创性地确立了中国农村经济经验研究的马克思主义研究范式，培养了最早一批优秀的马克思主义经济学家，那么唐庆增、潘序伦、胡焕庸、祝世康、孙毓棠等经济学家，或运用西方先进的研究体例和范式，或发掘中国古代传统经济思想，在各自的领域为建立或完善我国近代经济学科体系做出了贡献。从美国留学归国的唐庆增，立志于"整理中国固有经济思想，以创造经济科学"，在培养经济学本科生、建设经济学学科、提高中国经济学科研水平等方面提出了符合国情的真知灼见。潘序伦创建事务所、学校、出版社"三位一体"的立信会计事业，一生致力于建设符合中国国情的会计学，是中国近代会计学科的奠基人。胡焕庸以人地关系为核心，建立起既秉承传统又博采西学的中国人口地理学，提出影响至今的"瑷珲—腾冲线"概念。祝世康抗战时期在重庆组织成立了"民生主义经济学社"，创办《经济论衡》杂志，创建了近代中国经济学三大流派之一的新民生主义经济学派。孙毓棠致力于搜集汇总从鸦片战争到中日甲午战争期间有关中国新式工业的基本情况，完成了《中国近代工业史资料》（第一辑）的编辑出版。这是国内近代经济史研究中最早编辑的一种资料汇编，在近代经济史史料学建设中做出了重大贡献。

第二代学者是真正意义上的布道者、思想家。他们主要接受马克思主义经济学原理，也借鉴西方经济学的优秀成果，结合中国国情研究，描绘发展的理想前景，唤醒人们的觉悟，推动思想解放，为新中国的经济建设规划方向、路径。

从无锡调查走出的孙冶方、薛暮桥等一批经济学家，在经过抗日战争、解放战争等军事斗争和财经实践的磨砺后，在中华人民共和国成立后分别走上国家经济工作的领导岗位。深厚的经济理论学识，帮助他们在历经百年战乱的旧中国的废墟上，勾画新中国全新的建设蓝图，同时也在百端待举的建设热潮中，思索前所未遇的经济理论课题。当时，从决策层到理论界，有两个最基本的问题引起广泛争辩：一是在建立以国有国营为主导的经济体系后，是不是容许多种经济成分同时存在；二是在建立起国民经济计划管理体制后，是不是还要发挥价值规律的调节作用。在对农业、手工业和资本主义工商业社会主义改造进行总结时，薛暮桥把在工作中的理论思考写成《经济工作中的若干理论问题》，对社会主义体制条件下的个体经济给予肯定。孙冶方的《论价值》、薛暮桥的《计划经济与价值规律》等，则阐述了在社会主义经济条件下价值规律仍然发挥作用。

进入20世纪80年代，在经过长时期的停滞和封闭之后，无锡籍经济学家的智慧由积聚转为喷发，与中国一大批经济学家一起参与推动改革开放巨轮的运行。这一时期无锡籍经济学家的贡献主要在三个方面：一是推动解放思想。1978年，胡福明经过长时间的观察和思索，从真理标准的立论出发，写下了著名的《实践是检验真理的唯一标准》，引发了全国范围内的真理标准大讨论，直接成为改革开放的理论先声。此后的1979年4月，薛暮桥、孙冶方主持的价值规律作用研讨会在无锡举行，重点讨论社会主义经济中计划和市场的关系问题、价值规律与扩大企业权限问题、价格改革问题。会议在社会主义经济既是计划经济又是在公有制基础上的商品经济、全民所有制内部交换的生产资料在实质上也是商品、价值规律对社会主义生产仍然起调节作用、社会主义经济应当实行计划调节和市场调节相结合、逐步实行按生产价格定价等方面形成了一定的共识。这次会议对启动中国市场化改革起着先导作用，标志着经济理论领域拨乱反正，开始突破思想禁锢的坚冰。二是谋划改革方向。在推进思想解放的同时，无锡籍经济学家还用手中的笔，积极撰文总结中国社会主义建设经验，为改革开放谋划方向。成效最为突出的还是孙冶方和薛暮桥。孙冶方的《社会主义经济论》虽然因为病魔的纠缠而没有最终完稿，但包含着他对社会主义经济学一系列重大问题数十年坚忍不拔的探索。而薛暮桥的《中国社会主义经济问题研究》全面思考了经济体制的改革，提出了推进体制改革的诸多建议，被誉为"中国经济体制改革的教科书"。三是服务经济决策。中国经济体制改革在实践层面的最初构想，起始于1980年的两份"初步意见"，而担纲这两份"初步意见"的主角就包括薛暮桥、孙冶方等无锡籍经济学家。他们深入分析计划与市场、政府与企业、公有制与多种经济成分等关键问题，从中寻求改革的突破口。我国对外开放决策的做出，以及利用外资、扩大外贸、加入"世贸"等一系列法规、政策的拟定，也与无锡籍经济学家钱俊瑞的《论对外开放》、季崇威的《论中国对外开放的战略和政策》等密不可分。

第三代学者中有相当大的一部分是高学历的经济学家。他们具有良好的现代经济学专业素养，运用系统的知识和专业的方法，解决各方面的理论和实践问题，在专业的学术领域里发挥应有的作用。

徐毓枬从英国留学回国后首次翻译《就业、利息和货币通论》，为中国学术界打开了学习凯恩斯理论的第一扇窗，为凯恩斯理论在中国的传播与运用做出了贡献。浦山依据熊彼特的创新理论，研究技术进步与就业的关系，填补了我国就业决定理论方面的空白。成长于新中国的无锡籍经济学家，深耕于越来越细分的经济学领域，学有所长，术有专攻。邹依仁的《高级统计学》《工业统计学》是中国统计学的扛鼎之作，他的《统计学和质量管理》《质量管理原理和方法》创立了既有中国特色又影响国际学界的质量管理原理和方法。梅汝和的《国际市场营销学》是国内第一本国际营销学方面的系统专著，他由此被称为"中国市场营销学的创始人"。钱荣堃以"南开—约克模式"首倡中国式MBA教育，对国际金融研究做出较大贡献。盛慕杰是国内最早提出在国企改革中实行股份制的学者之一。类似的例子，在无锡籍经济学家中不胜枚举。

<h1 style="text-align:center">二</h1>

梳理无锡籍经济学家的思想图景和演进轨迹，不难发现以下鲜明的特征：他们从凿壁偷光、探路前驱，到真诚传道、开拓学科，再到系统集成、构建体系，在中国经济思想史上做出了无愧于世人的历史性贡献。他们在积极参与社会实践和重大论题争辩中开展学术活动，使得其学术成果体现了鲜明的时代特色和独特的学术品格。他们秉承开放包容的原则，既借鉴吸纳西方经济学理论，又紧跟时代步伐推进马克思主义中国化，密切联系中国实际，创造性地探索中国特色经济社会发展道路。他们从多元命题出发，把经验考察与理性思辨有机结合，自觉不自觉地探求现代认知模式，求真务实，为学术创新奠定了坚实基础。他们自觉摆脱对政治权势和商业利益屈从的急功近利心态，突破死啃书本、空疏玄虚的迂腐僵死学风，在学术活动中所表现出来的文化自信、文化自觉，为中华民族也为无锡地方留下一份宝贵的精神财富。这些精神财富可望转化为无锡这座古老而新兴的城市进步发展的精神动力。

梳理无锡籍经济学家的思想图景和演进轨道，主要有以下几个方面明显而清晰的脉络：

从自由主义走向社会主义。中华人民共和国成立前的中国经济学界主要有三大派别，即西方经济学中的自由主义经济学、民生主义经济学和马克思主义经济学。在这三大派别的经济学界，都活跃着无锡籍经济学家的身影。唐庆增是20世纪30年代中国经济学界自由主义经济学的代表之一，他通过著述、教学等途径，对亚当·斯密的分工论与无形之手论、李嘉图的自由贸易论、巴斯夏的经济和谐论、克拉克的边际生产力分配论等进行了推介。全面抗战爆发后，作为发展经济学前驱的民生主义经济思想在大后方兴起，倡导者和代表人物正是祝世康。他以孙中山的民生主义为基础，掺入德国全体主义经济学和英美福利经济学的观念，结合中国社会的实情，对社会经济运行和国家经济政策提出建议。纵观近代以来无锡的经济思想潮流，攀登高峰的当数马克思主义经济学。陈翰笙、薛暮桥等组织的以中国农村经济研究会为主要阵地的"中国农村派"，是当时马克思主义经济学的代表。他们在学术研究方法论上注重以马克思主义为指导，以生产关系为研究中心；他们否定改良主义的道路，主张对封建土地制度及其伴生关系进行彻底的社会变革。他们的思想观点，不仅为新民主主义革命，也为后来的社会主义建设做了有益的理论探索。

文化传承、学说借鉴与思想创新。无锡籍经济学家在传承中国传统文化的基础上，积极借鉴西方学说并予以创新，力求构筑符合中国国情的经济学说。唐庆增在学术上的最大贡献当数其对中国经济思想史的研究和论述，他的代表作《中国经济思想史》（上卷）整理研究了中国自原始社会至秦末的上古经济思想史。在这部著作中，他对延续数千年的中国传统经济思想采取科学的扬弃态度，就传统经济思想的得与失做出客观评价，"细察过去中国经济思想之得失，采用学说之长而创一新思想，以解决现在之经济问题"。徐毓枬将凯恩斯理论与中国特殊历史背景以及制度条件相结合，集中撰文探讨充分就业问题、财政与物价问题、强国与富国的抉择问题，为中国发展献计献言。中华人民共和国成立后，孙冶方勇于突破苏联教科书模式，开始注重结合中国的基本国情构建社会主义经济理论新体系。他以最少劳动耗费取得最大经济效果作为红线，以"产品价值"为核心，从生产过程、流通过程和社会总生产过程三个部分来论述社会主义经济。

推进马克思主义中国化。从马克思主义传入中国的那一刻起，就面临着中国化与时代化的重大课题。在中华人民共和国成立以后的70多年间马克思主义经济学中国化的进程中，始终活跃着无锡籍经济学家的身影。他们一方面借鉴、吸收中国传统经济思想的精华，另一方面通过对中国革命和建设实践经验的总结和提升，以及对科学技术和社会科学最新成果的融会贯通，在学科体系、结构内容、概念范畴乃至研究方法等方面，努力探索马克思主义经济学的中国化。他们针对计划还是市场、发展道路和发展速度的认识以及所有制理论、开放理论等有关社会主义国家经济建设的重大理论问题，提出了一系列经实践证明是正确的思想观点，由此完善了社会主义市场经济体制的理论体系，极大地推进了马克思主义的中国化。

"经世济民"的学术追求与社会责任。无锡籍经济学家富有强烈的社会责任感和事业心，不以个人的立言立功、成名成家为学术追求的目的，而是把学术追求和社会责任结合起来，在严谨求实的学术探索中，自觉承担起"经世济民"的社会职责，把学术象牙塔的基础深深植根于大千世界的坚实土地上，用个人的智慧和勤奋服务于国家发展和人民福祉。他们从来不把经济学仅仅作为个人的"饭碗"，而是坚持以学问、知识为实现强国富民目标的"公器"。在20世纪的前半期，国家遭受列强凌辱，人民在战乱和动荡中颠沛流离、饥寒交迫。面对这一切，无论是投身人民革命的王寅生、张锡昌、姜君辰等志士，还是一度任职于政府财政、金融部门的贾士毅、杨荫溥、祝世康等学者，都把自己的研究和讲学定位于"强国富民"，以国家社会和人民的福利为根本目标。中华人民共和国成立后，以孙冶方、薛暮桥为代表的无锡籍经济学家从来不把自己关在"象牙塔"里，一生投身在革命和经济建设的实践之中。他们站在理论认识的高度，科学分析和论证中国工业化、工业体系建设、工农城乡关系等问题，揭示和总结中国社会主义建设的经验和规律性认识。正如薛暮桥所说的那样，"一个经济学家有价值的学术观点，既不可能产生于书斋里的冥思苦想，也不可能产生于忙忙碌碌而无思考的实际工作，而只能产生于扎实理论同艰苦实践之间的结合"。

务实学风与奋斗精神。求真务实的思想品格，与时俱进的创新精神，勇为真理而献身的理想信念，构成无锡籍经济学家平凡而又崇高的思想道德风范。他们身上所体现的科学精神、人文精神，是所有知识分子应有的精神境界，也是中华民族生存、进步、发展的内在动力。一是对真理的坚持和追求。无锡籍经济学家最突出的人格魅力，在于对真理的不懈追求。他们把学术研究与自己的信仰紧密结合在一起，研究的每一步拓展都被当作对真理的追求和捍卫。对于经过长期思考而得出的见解、形成的主张，只要不被实践证明为错误或者已经过时，他们都会毫不动摇地信守，即使在政治批判的巨大压力面前也决不退缩。其中最为突出的代表就是"为真理而战的勇士"孙冶方。他以饱满的激情投身革命、参加新中国建设，同样以殉道者的英雄气概从事经理理论研究。他说："死不足惜，名声毁了也不要紧，但我长期从事经济研究形成的经济学观点决不能丢，我要为真理活下去。"他被错误关押长达7年，甫一出狱就郑重宣布："我是一不改志，二不改行，三不改变自己的观点。"字字金石，掷地有声，充分展现了一个严肃的学者追求真理、坚持真理的良好风范。二是勇于修正错误的、过时的观点。执着理想信念，勇于反思，薛暮桥堪称后来者的典范。他是新中国社会主义计划经济体制的设计者之一，但也最早开始主动对这种僵化体制进行痛苦而深刻的反思。改革开放初期，薛暮桥系统地思考、深入揭示计划经济体制的弊端，此后更是积极投入推动市场取向的改革实践中去，并提出了一系列指导改革、促进发展的观点。每个观点的提出，都在社会主义经济理论与政策领域引发激烈的思想震荡。三是善于培养、提携后进。孙冶方、薛暮桥等无锡籍马克思主义经济学家，大多从无锡农村调查中走出来，深受陈翰笙的影响；中华人民共和国成立后，他们又以扎实的理论素养、严谨的治学态度和坚持真理的奋斗精神影响着后来者，培育了一代又一代经济学家。

三

从无锡走出来的经济学家，在20世纪中国人才辈出、群星璀璨的夜空中，是特别令人瞩目的璀璨星座。人们不禁要问：为什么无锡能走出这么多经济学家？是基于一个什么样的环境和条件？

一方水土养一方人。从无锡走出来的经济学家虽然成名于海内外，但根底在无锡。家乡的山水、家乡的人文，从一开始就滋养着他们成长。从地理位置上看，无锡处在沪宁两大城市的中间位置、长三角地区的几何中心，陆路和水路交通便捷。长期以来，无锡地区农业讲究精耕细作，资本主义性质的商业、手工业在明清时期又得到萌芽和发展，清末以来，民族工商业更是蓬勃发展，无锡由此跻身中国近代五大工业城市之列。中华人民共和国成立以后，无锡更是以充盈的创造力，缔造了乡镇工业和开放型经济的奇迹，"苏南模式"蜚声海内外。"百年工商名城"的发展历程、经济的领先发展，为无锡籍经济学家开展经济研究提供了丰富的营养。20世纪前半期的国家积贫积弱，人民遭受深重灾难。出于对"强国富民"理想的追求，从那个时代走出来的无锡籍经济学家，无论是马克思主义经济学者，还是非马克思主义经济学者都以自立图强为信念，以赤诚的爱国情怀去思考并求解国家的前途、时代的命运。中华人民共和国成立后，无锡籍经济学家更是把学术深深植根于伟大的社会主义建设和改革开放的坚实土地上，以马克思主义为指导，站在理论认识的高度，科学分析和论证中国工业化、工业体系建设、工农城乡关系等问题，揭示和总结中国社会主义建设的经验和规律性认识，擘画建设事业和改革开放事业。

这样一个人才群体，有着锻炼成型的不同环境条件，也有着取向一致的共同思想渊源。明代中后期，名扬天下的东林学院"实学实用"的学风，为无锡籍经济学家群体的形成注入了"经世济民"的基因，更赋予了他们崇尚气节、信守道义的内在气质。清末以来，徐寿、华蘅芳、薛福成等有识之士开眼看世界，掀起了向西方学习的潮流，拓宽了后来无锡籍经济学家研究的视野。20世纪二三十年代，陈翰笙、王寅生、薛暮桥、孙冶方等一批进步知识分子，通过译介马克思主义经典著作，以及广泛、深入的农村调查，推进了马克思主义学说的传播，也为新一代经济学家的涌现提供了最科学、最有力的理论支撑。

经济学界有一种现象，那就是引领时代新思潮的经济学家在时空上会集中分布在一个地区或国家。其中的原因何在？其实这是由经济学作为一种理论体系的本质决定的。任何一个理论都是解释一种现象的因果逻辑，而且逻辑越简单越好。那么，如何决定一个理论的重要性？解释的现象越重要，理论就越重要，提出这个理论的经济学家就是重要的经济学家。亚当·斯密出版《国富论》时，英国正在发生工业革命，发生在英国的经济现象就是最重要的经济现象。第二次世界大战以后，美国的经济总量占到世界的将近一半，发生在美国的经济现象就成了最重要的经济现象，解释这种现象的经济学家往往出自美国。现在，世界的经济中心正在逐渐向中国转移，中国正日益成为世界上最重要的经济体之一，发生在中国的经济现象将会变成世界上的经济现象，这给中国经济学界提出新理论、引领经济学理论新思潮提供了机遇。

回眸历史，展望未来。新经济时代催生新的经济学理论，应运而生的新一代经济学家正脱颖而出，开始担当起历史的责任。我们相信，在可以预见的将来，当代中国，一定会出现经济学家群星璀璨的壮观景象，无锡当然不会落后。

让我们迎接经济学家在中国辈出时代的到来。

目 录

第一章

激浪奋进的经济学家群体

"经济"一词，最早源于希腊文，原意是家庭治理。古希腊哲学家色诺芬是最早使用"经济"一词的人。他在《经济论》中提出了奴隶制的家庭经济管理模式。在中国，人们从东晋时期开始正式使用"经济"一词，当时的主要含义源于"经世济民""经国济物"。"经济"的内容自然涵盖国家财富管理、其他各种经济活动的管理以及国家对政治、法律、军事等方面的掌控。事实上，最早将英文"Economics"翻译成"经济学"的是日本学者。之后，经济学逐渐成为涵盖各门类经济学科的总称。

现在，大部分的经济学家都认同这样一种观点——经济学是一门关于资源调配的学问。生产什么、怎样生产和为谁生产是经济学解决资源调配问题的核心。资源调配是什么？为什么要研究资源调配？人们的欲望是无限的，而满足人们欲望的资源却是有限的，在这种无限需求和有限资源稀缺之间就产生了矛盾。经济学的落脚点就是调和这种矛盾。可以说，人类社会中最基本、最重大的问题，最终都需要依靠经济学来解决。它不但能科学地指导人们的经济行为，更能够提升人们各方面的竞争力。

回顾经济学发展史，真正意义上的现代经济学从产生至今，也只不过200多年的时间而已。而在我国，作为学科意义上的经济学源于西方经济学的引进和学习。19世纪中叶，完整的西方经济学著作开始引入国内。近代以来，在实业救国、科学救国、教育救国等思潮的影响下，中国出现了前所未有的学习、传播西方先进科学文化的热潮，经济学也随之在中国得以迅速传播，并由此建立了具有中国特色的经济学体系。其间，无锡走出了近百位在经济学术领域卓有建树的杰出智者，活跃于经济学科各个方面。

第一节 各具特色的成才之路

从无锡走出来的经济学家，坚持立足中国、放眼世界、博采众长，从当代中国和当今世界的发展实践中，从古今中外丰富的学术思想中，形成其学术思想和学术成果。除了宏观的时代背景，无锡地区长期以来崇文重教的良好社会氛围，数百年绵延不绝的优良家学的熏陶、自身对经世报国的孜孜以求，都是无锡经济学家成长成才中不可忽视的因素。

一、海外留学

我国近代的经济学，起源于对西方学说的借鉴和运用。从无锡走出来的经济学家中，有不少人怀揣梦想奔赴异国他乡，学习先进技术和前沿知识。他们把个人的理想、追求同国家、民族的发展及命运紧密相连，书写了一部不折不扣的奋斗史。

1904—1905年，日本与沙俄在我国东北爆发了战争，结果君主立宪的日本打败君主专制的沙俄，触发了中国的立宪风潮。立宪需要大量政法人才，上海法政讲习所正是由立宪派为培养留日学生开办的预备学校。当时规定，毕业考试前五名的学生可由原籍县用公费送到日本留学，贾士毅就是其中一位。"幼承庭训，立志匡时济世，游学东瀛，钻研富民强国之策"，是他求学之路的写照。贾士毅1887年出生于宜兴万石，幼年在私塾读书，1894年进入宜兴周铁竺西学堂读书，1906年春考取无锡初级师范，第二年即被学校推荐到上海法政讲习所学习。毕业考试时贾士毅名列第一，但因缺课近两个月，改列第二并被选派公费赴日本留学。1908年春，

21岁的贾士毅登上了赴东瀛的海轮，进入东京法政大学政治科，1910年9月转入东京明治大学法政科，1911年夏毕业，获政治学学士学位。在日本留学期间，贾士毅选修了经济学相关学科课程，并十分重视收集财政资料，为日后到财政部门从政执业打下了基础。

东渡日本留学的经济学家中，还有近代工业史研究的开创者孙毓棠。孙毓棠，祖籍无锡城内小河上，1925年进入天津南开中学就读，1928年进入南开大学，1930年转入清华大学历史系，1935年8月留学日本东京帝国大学，先后研修中国古代史和文学专业，全面抗战爆发后回国。作为史学研究者，孙毓棠较早地意识到，历史文化盛衰嬗变的原因深植于社会经济的发展变化之中，所以在治学过程中特别留心各种社会经济现象，并试图探索其本质规律。1952年，孙毓棠调入中国科学院经济研究所，研究重心转入中国经济史，尤其是中国近代工业史领域。

相较留学日本，无锡籍青年学子留学欧美的人数更多。他们或官费或自费，远渡重洋，学习西方先进的科学技术和文明理念，回国后成为中国现代科学技术和社会科学各个领域的奠基人和中坚骨干。

1915年，陈翰笙抱着"科学救国、实业救国"的理想，独自一人踏上赴美勤工俭学之路。陈翰笙，原名陈枢，1897年出生于无锡东门。他幼年时就读于无锡东林小学，后随父母到长沙，就读于明德中学，受到同盟会思想的影响。18岁那年，他在母亲的支持下赴美国深造。到了美国，陈翰笙先进入马萨诸塞州赫门工读学校，一边学习，一边劳动。1916年夏，陈翰笙考入洛杉矶波莫纳大学，选读地质学，后因视力因素在一年后改学欧美历史。1920年大学毕业后，陈翰笙转入芝加哥大学研究生院任助教。那时候俄国爆发十月革命，陈翰笙很想找机会去看一看，便抓紧机会学习俄文。在此期间，他以《五口通商茶叶贸易对中国经济的影响》为题的论文获得硕士学位。1921年冬，陈翰笙与在美国学教育的无锡老乡顾淑型结为夫妇，并正式改名为陈翰笙。1922年春，陈翰笙获得奖学金到波士顿哈佛大学学习东欧史。这一年秋天，因德国马克贬值，夫妻俩手中只有少量美元，很难维持较长时间的学习生活，于是改赴德国。陈翰笙进入柏林大学史地研究所随奥托赫契教授研究东欧史，顾淑型攻读德文。1924年夏，陈翰笙以题为《1911年瓜分阿尔巴尼亚的伦敦六国使节会议》的研究论文，获得柏林大学博士学位。同年秋，蔡元培去欧洲考察，邀请他回国担任北京大学教授。陈翰笙回国后，先在北京大学历史系讲授欧美通史和史学史，后又在法学系讲授美国宪法史，当时他才27岁，是北大最年轻的教授。在北大任教期间，在李大钊的介绍下，陈翰笙先加入了国民党，后又加入了中国共产党。1927年，"四一二"事变爆发，10月李大钊在北京被杀害。这时的陈翰笙处境危险，遂偕同刚由莫斯科学习回国的夫人秘密离开北京经由日本去苏联。抵达莫斯科后，陈翰笙在共产国际（即第三国际）刚成立的国际农民运动研究所任研究员。20世纪20年代末，共产国际内部对中国社会性质问题发生争论；当时主持国际农民运动研究所东方部工作的匈牙利人马季亚尔写了一本名叫《中国农村经济》的书，把争论引向高潮。马季亚尔认为：中国自原始社会解体后，既无奴隶社会，又无封建社会，而只是一种由亚细亚生产方式决定的"水利社会"，20世纪初西方资本主义传入中国后，中国也就成了资本主义。在马季亚尔看来，中国农村就是资本主义的农村。陈翰笙不同意这种观点，认为中国农村基本上是一个自给自足的自然经济，是封建社会性质，不能说是资本主义社会。这次大争论使陈翰笙深深感到自己对中国农村经济缺乏广泛深入的调查研究，在讨论问题时没有确切有力的材料足以说服对方，因而他萌生了对中国农村经济进行实地调查研究的想法。这正是他此后回国后开展一系列农村经济调查的思想动因。

1893年，潘序伦出生在宜兴丁蜀镇的一个书香门第。在家乡读完小学后，潘序伦考进由黄炎培担任校长的上海浦东中学，毕业前夕因参与学潮被开除学籍，之后转入常州府中学堂；毕业后，潘序伦考进私立南京政法大学，不到两年学校因故被勒令停办。不久，他考进了南京海军军官学校无线电收发班，毕业后被分派到军舰上任准尉无线电收发员，可他无意久留，于是退出军籍，辞去职务。后来，潘序伦先后到南京造币厂当过翻译员，又回到家乡做中小学教员。在黄炎培的支持下，潘序伦又进入上海圣约翰大学学习，1921年毕业并被学校保送进入美国哈佛大学商业管理学院选学会计，因而奠定了其一生从事会计学研究的基础。1923年，潘序伦获得哈佛大学企业管理硕士学位，翌年又获得哥伦比亚大学经济学博士学位。

无锡城内留芳声巷是个书礼传家的地方，杨荫溥正是从这里走出来的一位青年才俊。杨荫溥，1898年生，1920年从清华大学毕业，因学业优秀由学校出资送赴美国留学。为了便于接近和了解美国社会，他选择进入威斯康星州阿伯尔顿的鲁伦司学院经济系学习经济理论，一年后毕业，转入伊利诺伊州的西北大学商学院研究部专攻银行学。1923年7月，杨荫溥获该校商学硕士学位，硕士论文题目为《上海金融市场之研究》，这是他研究我国金融之肇始。

村前胡氏家族，在晚清新学兴起至中华人民共和国成立之前的数十年间，有近40位子弟"组团"前往欧美大学留学。生于1898年的胡鸿勋就是其中的一位，他早年毕业于上海南洋公学及北京税务专科学校，曾在海关工作，1926年留学巴黎大学并获经济学博士学位。

祝世康，1901年生于无锡县杨墅园，不久全家迁往城区北门祝栈弄。1924年，他从北京政法大学毕业后自费前往美国留学，在纽约锡拉丘兹大学主修经济学，选读商业、保险、理财、公共财政等科。1925年，祝世康在该校获得理财学硕士学位，接着先后进入哥伦比亚大学、爱荷华大学及威斯康星大学研究院学习，选读银行学、国际贸易、国际金融等科，后来又转入印第安纳大学攻读博士学位。在此期间，他开始关注劳工运动，并选读劳动立法、社会保险和美国工人运动史。1927年，他以英文《中国劳工运动》为题完成了博士论文。1928年，祝世康又去宾夕法尼亚大学和马里兰大学听课，并由美赴英、法、德、瑞士等国考察。在法国，他为了深入了解农民的实际生活状况，特地到巴黎附近的农村居住了一个多月，然后经苏联回到国内。

胡焕庸，1901年11月出生于宜兴扶风桥，1919年成功考取南京高等师范学校。因中小学就喜欢史地，他选择了文史地部。1921年，学校扩建为东南大学，设立了中国第一个地学系，由竺可桢担任主任，胡焕庸进入地学系学习。1923年，胡焕庸毕业后成为江苏省立第八中学的史地教员。1926年，他返回东南大学补修学分，获得理学士学位。随即，胡焕庸与几位经济拮据的同学共同筹集资金前往法国留学，在巴黎大学和法兰西学院进修自然地理学、经济地理学、人文地理学。胡焕庸晚年在自传中说：在法国的进修，"使我体会学习地理学，不仅要懂得人地关系，尤其要研究人地关系最集中的人口地理"。①

1902年出生的唐庆增，祖籍江苏太仓，在少年时随父亲定居无锡。1920年，他留学美国密歇根大学，获得学士学位，后又进入美国哈佛大学，主攻西洋经济思想史和财政学，获经济学硕士学位，其间曾加入美国经济学社。1925年，唐庆增学成回国。

唐庆增之弟唐庆永，生于1906年，同样选择了出国留学之路。1928年，唐庆永毕业于光华大学，同年到美国留学，先后在俄亥俄州立大学、哥伦比亚大学就读经济学，最后获得哥伦比亚大学经济学硕士学位。

邹氏为无锡望族，聚居于城厢、后宅等地，历来重视教育，英才辈出。1908年5月出生于无锡县后宅镇的邹依仁，是我国力推数理统计学的著名教授。邹依仁高中毕业后考入中央大学，学习经济学及数学；1930年10月远赴法国巴黎大学统计学院学习，毕业时获得统计师职称。1932年，邹依仁回国执教于南京中央政治学校，任统计学教授。两年后，邹依仁再度出国，去美国密歇根大学研究生院学习统计学，并在学习期间到美国电话电报公司的贝尔实验室实习，研究有关统计质量管理问题。1938年，邹依仁获文科硕士和理科硕士学位后回国。

叶谦吉，1909年6月出生于无锡县堰桥镇，1928年就读于南京金陵大学农学院农业经济系，1933年毕业。1936年，叶谦吉荣获洛克菲勒学术基金会的优秀青年教师奖学金，赴美国康奈尔大学研究生院农业经济系进修。该校农业经济系教学和科研实力雄厚，以创建农场管理专业最为突出，在美国首屈一指，在学术思想上可谓"农场管理学派"的大本营。叶谦吉主修农业经济学和市场学，导师为美国农业经济学家和农产品市场学

---

① 汤虎君：《胡焕庸——中国经济地理学奠基者》，许卫国主编：《无锡走出的经济学家》，南京：凤凰出版社，2012年，第158页。

家鲍伊尔（J. E. Boyle）教授；辅修农场管理学和农业统计学，导师是系主任华伦（G. F. Warren）和著名统计学家皮尔逊（F. A. Pearson）。在导师安排的暑期考察中，叶谦吉先后访问了美国农业部综合处处长、著名计划经济学家、计划经济学派学术权威伊齐基尔（Ezeikel），伊利诺伊大学农经系主任、著名土地经济学家诺顿（Norton）和其他较著名的州立大学农经系教授。除了求教各学派的学术，他还就美国摆脱农业危机的有效途径及其理论依据、美国南方广大地区如何摆脱贫困、农民如何求得温饱等理论和实践问题，向他们请教。1938年秋季，叶谦吉转学到哈佛大学研究生院工商管理学院经济系进修，受业于被誉为"美国土地经济学之父"布莱克（J. D. Black）教授门下，专修土地经济学课程，系统掌握生产理论和成本分析法。1939年初，叶谦吉从美国出发，返回重庆。

徐毓枏，1913年2月生，1933年进入国立上海商学院学习，同年转入清华大学，师从哈佛经济学博士陈岱孙。1937年，徐毓枏从清华毕业后考取第五届中英庚子赔款公费留学生。徐毓枏进入英国剑桥大学研究生院深造，1941年获该校哲学博士学位，成为第一个真正从剑桥拿到经济学博士学位的中国人。留学英国期间，徐毓枏亲聆了著名经济学家凯恩斯的教诲，是凯恩斯的三个中国弟子之一。1941年秋，徐毓枏学成回国，执教于西南联合大学。

薛葆鼎，1916年出生于无锡县城学前街"观察第"，曾祖父薛福辰系清代著名思想家、外交家薛福成之长兄。1926年，薛葆鼎进入无锡第一高等小学读五年级，两年后进入无锡私立辅仁中学读书。1934年秋，薛葆鼎考入南京中央大学化工系，后转考入金陵大学化学系。1937年"七七事变"后，薛葆鼎中断学业，投入南京和无锡两地的抗日救亡运动，1938年4月在武汉加入中国共产党。1939年9月，薛葆鼎到成都金陵大学化工系复学，1941年7月获化学工程学士学位。1944年，经董必武安排，薛葆鼎通过"美国租借法案"渠道，以第二名的成绩考取并赴美国工厂实习生化工组。1946年初，薛葆鼎到达美国，在美国的黑色与有色冶金工厂、煤矿与炼焦厂、炼油厂与化工厂实习，后进入匹兹堡大学研究生院学习，并于1948年8月以《同沸点混合液的分馏》为题的论文获得化学工程硕士学位。1948年夏，薛葆鼎接到党的指示提前回国。

无锡钱氏是望族，重教育，多俊杰。"南开金融"品牌主要缔造人钱荣堃，1917年出生于无锡县，少年时代就读于无锡县立第一小学和无锡县立初级中学。初中毕业后的钱荣堃，考取了无锡庆丰纺织公司的见习生。在度过三年每天12小时的劳工岁月后，他于1936年秋到南京东方中学就读高中，第二年随学校内迁重庆继续学业。1938年夏，钱荣堃高中毕业，进入重庆大学商学院银行会计系。在重庆大学，钱荣堃得到商学院院长马寅初的赏识，并在他的影响下于大学三年级时转到银行系，改学金融，师从时任银行系主任的杨荫溥。大学毕业后，钱荣堃考取南开大学经济研究所的硕士研究生。1946年秋，钱荣堃以优异的成绩考取了中英庚子赔款第九届留学生。次年秋，进入英国伦敦经济学院攻读货币银行学博士学位，于1949年获得该校货币银行学博士学位。

梅汝和，1918年出生于江阴县城中街。1942年，梅汝和从上海交通大学管理学院毕业后，在银行当了一段时间的职员，后进入圣约翰大学工商管理硕士研究生班学习。1947年，梅汝和又去美国费城攻读宾夕法尼亚大学沃顿商学院研究生部的外国商业硕士学位。当时沃顿学院的罗兰·克雷默教授和威廉·纽曼教授对梅汝和产生了重要的影响，他们那种理论结合实践的教学方式，让梅汝和开阔了眼界，也拓展了思路。

张仲礼，1920年4月出生于无锡，幼年时随父母迁居上海。高中毕业后，张仲礼应聘到陈光甫开办的上海商业储蓄银行工作。1937年，"八一三"淞沪抗战爆发，他所在的虹口支行被迫关闭。之后，张仲礼考入上海圣约翰大学，开始时他选择攻读医科，后转入经济系学习。在经济系，他主修经济学，副科选的是社会学。1946年夏，张仲礼参加政府在战后举办的唯一一次出国留学选拔考试，在上千人中脱颖而出，被美国的哥伦比亚大学、华盛顿大学、科罗拉多大学同时录取。之后，张仲礼远渡重洋去美国华盛顿大学攻读经济学，先后获经济学硕士、博士学位。1948年秋，张仲礼被聘为美国华盛顿大学远东研究所中国近代史项目研究员，1953年起兼任华盛顿大学经济系副教授。

刘崧生，1920年出生于无锡县城江阴巷。1939年，他考取内迁重庆的中央大学，就读于农业经济系。1943年，刘崧生从该校毕业，1945年赴美留学，就读于康奈尔大学，1946年获硕士学位，此后转到美国威斯康星大学研究院从事农业经济研究工作。1946年12月，刘崧生考入明尼苏达大学研究院攻读博士，并于1949年12月获该校哲学博士学位。

浦山，祖籍无锡，1923年出生于上海。1941年，浦山在上海沪江大学肄业，即赴美国留学，1943年毕业于密歇根大学经济系经济学与数学专业，1949年获哈佛大学经济学博士学位。在哈佛大学，浦山师从经济学大师熊彼特。他以《技术进步与就业》作为博士论文研究课题。浦山从熊彼特的技术创新理论出发，把技术进步作为一个内生变量，即技术进步直接影响着经济结构，并且它自身也受那些它所影响的其他经济变量的影响，以此为条件，研究技术进步对劳动力就业量的影响，"试图填补就业决定理论方面依然留有的空白"。同一时期，他在美国的好友即后来曾获诺贝尔经济学奖的劳伦斯·克莱因正在从事把凯恩斯理论模型化的研究，而浦山在这篇论文中所做的则是把熊彼特关于技术进步的一些重要概念同凯恩斯收入决定理论相结合，建立一个更为复杂的宏观经济模型。在这篇论文中，除内生技术进步等概念，浦山还讨论了加总、预期等在后来的经济学文献中得到发展的重大问题。不难看出，同克莱因的研究相比，浦山的研究难度要大得多。在20世纪40年代，浦山被称为是与克莱因、索洛等不分轩轾的"明日之星"。直至50多年后的2006年，浦山的主要著作结集出版，《技术进步与就业》被列为首篇。他的学生，中国世界经济学会会长余永定在序言中写道："我最近又反复阅读了浦寿山的博士论文。坦率地说，直到现在我也未能透彻理解浦寿山博士论文的全部。""在经济文献中，关于经济周期的形式化理论汗牛充栋。但是，浦氏创新—周期理论则是'前不见古人，后不见来者'。"

闸口邵氏为宜兴望族，北宋时曾有"一门同榜六进士"和"一邑叔侄二魁"之盛，今又有旅美学者邵品豪"一门父子（女）七博士"之美誉。邵品豪，1924年1月生。1942年秋，邵品豪以高中一年级的学历投考国立商学院，录取在工商管理系，四年后以第一名的成绩毕业。1948年，邵品豪赴美国继续深造，进入得克萨斯州的贝勒大学攻读文科硕士学位，主修商务管理，辅修政治学。由于勤奋努力，他用一年时间即获得贝勒大学商务管理学硕士学位。1949年9月，邵品崧进入得克萨斯大学研究生班，至1951年底即修完全部必修课，成为该大学一名ABD学生（指除论文，所有课程都已修完）。1956年，他完成了论文并顺利通过答辩，获得得克萨斯大学工商管理学博士学位，成为全美第一位取得工商管理学博士的华人。

十一届三中全会后，为学习和吸收国外的先进科技、经营管理经验及其他有益的文化，向世界开放，加速培养人才成为第一要务，我国再次掀起了"出国留学热"。徐滇庆正是在这一背景之下赴美留学的。徐滇庆，1945年出生于云南昆明，但幼年住在无锡南门谈渡桥外祖母家，他对山清水秀的无锡情有独钟。1967年，徐滇庆从东北工学院自动控制系毕业，参加工作。但他矢志读书深造，于1979年考取了华中工学院自动控制系研究生。就读期间，由于运筹学考了第一名，1980年被调至国家计委"全国钢材优化分配"科研组工作。经过九个月的刻苦钻研，徐滇庆为国家物资总局编写完成了线性规划程序，该项目荣获国家科技一等奖。当时主持国家计委工作的薛暮桥，建议他继续深化经济研究。徐滇庆接受了薛暮桥的建议，不久转至华中理工大学经济学院在哈佛博士张培刚的指导下攻读经济管理专业，1981年获得经济管理硕士学位。1984年，徐滇庆被国家计委选送进入美国匹兹堡大学经济系，1990年获该校经济学博士学位。

在海外留学的经济学家中，孙冶方（原名薛萼果）的留学经历比较特殊。1924年，孙中山提出"联俄、联共、扶助农工"三大革命政策，得到斯大林的赞许。为了支持孙中山的革命，苏联政府决定出资建立莫斯科中山大学，专门接收中国留学生。孙冶方就曾在这所学校学习过。孙冶方，1908年出生于无锡县玉祁镇。1924年12月，正在无锡公益工商中学就读的孙冶方与其他两位同学由中国社会主义青年团团员转为中国共产党党员。1925年初，中共无锡第一个支部成立，孙冶方被推选为支部书记。同年，孙冶方经组织决定前往苏联莫斯科中山大学学习。在苏留学期间，他系统学习了政治经济学、辩证唯物论、世界近代史、苏联革命运动史、中国革命运动史等课程，在政治经济学方面打下了坚实的理论基础。

中华人民共和国成立后，开始走上工业化道路。为了借鉴苏联的先进经验，中国向苏联派出大批留学生。陆南泉正是在这一时期赴苏联留学的。陆南泉，1933年出生于江阴马镇，1955年从东北财经学院财经信贷系本科毕业，次年10月赴苏联莫斯科财政学院读研究生，1960年获经济科学博士学位。陆南泉自赴苏联留学回国之后，一直研究苏联经济问题，重点研究其经济体制改革及其理论，在这个领域成为国内外熟知的学者。

表1　部分无锡籍经济学家留学海外情况一览表

姓名	留学国家	学校及学历	留学时间
陈翰笙	美国、德国	波莫纳大学/芝加哥大学硕士/柏林大学博士	1915—1924
孙冶方	苏联	莫斯科中山大学	1925—1930
潘序伦	美国	哈佛大学硕士/哥伦比亚大学博士	1921—1924
贾士毅	日本	法政大学/东京明治大学	1908—1911
杨荫溥	美国	鲁伦司学院学士/西北大学硕士	1920—1923
胡鸿勋	法国	巴黎大学经济学博士	1926—1929
祝世康	美国	锡拉丘兹大学硕士/印第安纳大学博士	1924—1928
胡焕庸	法国	巴黎大学/法兰西学院	1926—1928
唐庆增	美国	密歇根大学学士/哈佛大学硕士	1920—1925
唐庆永	美国	俄亥俄州立大学/哥伦比亚大学硕士	1928—1930
邹依仁	法国、美国	巴黎大学/密歇根大学硕士	1930—1932，1934—1938
叶谦吉	美国	康奈尔大学/哈佛大学硕士	1936—1939
孙毓棠	日本	东京帝国大学	1935—1937
徐毓枏	英国	剑桥大学博士	1937—1941
薛葆鼎	美国	匹兹堡大学硕士	1944—1948
钱荣堃	英国	伦敦经济学院博士	1946—1949
梅汝和	美国	宾夕法尼亚大学硕士	1947—1949
张仲礼	美国	华盛顿大学硕士、博士	1947—1953
刘崧生	美国	康奈尔大学硕士/明尼苏达大学博士	1945—1949
浦　山	美国	密歇根大学/哈佛大学博士	1941—1949
邵品剡	美国	贝勒大学硕士/得克萨斯大学博士	1948—1956
陆南泉	苏联	莫斯科财政学院博士	1956—1960
徐滇庆	美国	匹兹堡大学博士	1984—1990

二、国内修学

地处无锡的江苏省立第三师范学校（以下简称"省立三师"）是近代无锡一所非常重要的新式学校。该校以"弘毅"为校训，治学严谨，培育学生全面发展。学校学生定额以400人为限，除设预科、本科外另设讲习科。正是在这所以培养师范力量为主的学校，走出了我国最早的一批经济学家。

王寅生就是在省立三师接受了新式知识教育。他1902年4月出生在无锡城内东河头巷一个手工业工人家庭，1910年至1913年在陈翰笙的伯父陈梅轩创办的私立陈氏小学读书，1916年至1922年就读于省立三师。1922年，王寅生考入北京大学。

与王寅生同年出生的张锡昌是无锡县钱桥人，1918年也考入省立三师，1923年7月毕业，因成绩优异，留在师范附小任教。1929年8月受江苏省立教育学院之聘，参加该院黄巷民众教育实验区的工作，任干事兼指导员。

与张锡昌同年考进省立三师的，还有比他年少两岁的薛暮桥。薛暮桥生于无锡县礼社镇。他的家庭，用他自己的话说是"一个破落的地主家庭"。进入省立三师的第二年，其父因顶不住债务催逼而悬梁自尽，薛暮桥不得不辍学。

1908年出生的钱俊瑞，早年就读于鸿声小学和江苏省立小学，1922年考入省立三师。这一年，王寅生毕业在即，在校内进行试教，钱俊瑞为其试教班的一位学生。同班的还有后来以"博古"闻名于世的秦邦宪。1927年夏，钱俊瑞从师范学校毕业，到无锡县立初中附小当教师。1928年他考入无锡江苏省立教育学院，到黄巷民众教育实验区从事工人教育工作。

省立三师在无锡县洛社还办有农村分校。1906年出生的秦柳方（名运章），1923年8月就进入农村分校学习，1925年夏毕业。1928年春，他考进新开办的江苏省立民众教育学院，1930年1月毕业。

必须指出的是，这些省立三师毕业的学生先后成长为一代经济学家，与1929年陈翰笙主持的无锡农村经济调查有着密切关系。其时，主持国立中央研究院社会科学研究所事务的陈翰笙计划在无锡开展农村经济调查。

为了加强与无锡地方的联系，他想到了其在北京大学任教时的"老乡"学生王寅生。王寅生从省立三师毕业后进入北京大学，先后就读于预科乙部、英国文学系和史学系，曾选修陈翰笙在史学系开设的欧美通史、欧美史学史等课程。1926年夏至1927年夏，经陈翰笙介绍，王寅生为格里涅维奇讲解《文献通考》和中国经济史，"彼此来往一年，从他待人接物，治学办事的精神，获得了极大的启发和帮助"。1927年陈翰笙流亡莫斯科之前，王寅生曾协助陈翰笙"搞当时北方局需用（据陈先生讲如此）的中国农村有关经济资料"。他在1927年还翻译出版了《英国的田业劳动者》一书，但所编译的《中国农民经济》和《世界农民经济》两部书稿因被当局抄没未能出版。1928年大学毕业后，王寅生到江苏省立无锡中学担任教务主任，兼授高中历史课程，1929年2月由陈翰笙介绍到国立劳动大学担任讲师，讲授中国农业经济史。同年，陈翰笙应中央研究院院长蔡元培之邀，到中央研究院社会科学研究所工作。陈翰笙一到研究所，就提请蔡元培聘任王寅生为助理员。王寅生读书和就业的师范学校、本地高中和劳动大学多农家子弟，因而与无锡农村的联系广泛深入，这为他们实地调查提供了便利。在陈翰笙开展无锡农村经济调查之前，金陵大学农业经济系的美籍教授卜凯主持完成7省17个地区2866户中国农家经济调查。为了汲取他们的调查经验，陈翰笙和王寅生邀请金陵大学农业经济系的王立我"加盟"。无锡农村经济调查团成员共计45人，实际工作由王寅生负责，王立我为指导员，调查实施时间为1929年7月至9月底，历时三个月。调查员多生长在无锡或邻近各县，1/3为大学研究农业或社会经济的毕业生或肄业生，1/3为该县高中肄业生，其余为无锡的小学教员。此次历时三个月的调查逐户调查22个村，概况调查55个村，还有8个市镇工商业和1204户农户经济生活。在调查过程中，陈翰笙领导的研究团队与江苏省立民众教育学院建立了密切的联系。1929年3月，江苏省立民众教育学院在黄巷创办了民众教育实验区。"因调查人才及调查材料之便利"，黄巷被列为调查团的调查村庄。民众教育实验区总务科主任干事兼政治教育秦柳方、研究科主任干事钱俊瑞、教导科主任干事张锡昌参加了国立中央研究院无锡农村经济调查团，秦柳方、钱俊瑞还担任四个调查组中两个组的组长。同年

12月，秦柳方和钱俊瑞到上海参加了调查资料整理。1930年9月至1931年2月，钱俊瑞和张锡昌被社会科学研究所正式聘任为调查员。也正是从这次调查开始，这批年轻的学生走上了经济研究的道路。

上海自开埠以后，迅速发展成为我国的经济中心和文化教育中心，新式学校云集。无锡的大批子弟领时代之先，"闯"入上海的新式学校接受新式知识的教育。

1904年生于江阴华墅镇的姜君辰，1922年18岁时以优异的成绩考入上海同济大学攻读医学。1925年上海发生震惊中外的"五卅"惨案，姜君辰因积极参加南京路游行示威，抗议英日帝国主义暴行，并参与驱逐同济大学校长的学潮，被学校开除。1926年，姜君辰赴广州进入中山大学就读医科，不久参加中国共产主义青年团。同年回沪，入上海法科大学改学法律。

祖籍江苏靖江的盛慕杰，1914年8月生于无锡。因家族经营钱庄，他14岁时就到江阴钱庄当学徒，开始与金融业结下不解之缘。1933年赴上海，就读于上海商学院、上海法学院，系统地学习经济和金融的理论知识。

1922年10月出生于无锡洛社镇的徐政旦，一生的大部分时光是在上海度过的。1946年，他从大夏大学经济系毕业，开始了科研、教学和实际工作相辉映的闪光人生。

葛霖生小学、中学和大学阶段的学习，一直辗转于上海、无锡之间。他1929年7月出生于江阴青阳，抗日战争爆发前在当地体仁小学读书，小学毕业后考入上海的缉椝中学。1941年，太平洋战争爆发，为避战乱，全家迁居无锡，葛霖生插班进入无锡县立中学高二学习。1947年，葛霖生高中毕业，考入国立上海商学院统计系，1951年毕业后留校任教。

与姜君辰、盛慕杰、徐政旦南下上海上学不同，汪鸿鼎选择的是北上求学。1934年，时年22岁的汪鸿鼎从北京辅仁大学社会经济系毕业。北京辅仁大学是一所教会大学，有些课程是外国教授用外语讲授，因此他具备了良好的外文读写能力，也为他今后研究世界经济理论打下了良好的基础。1936年，他从国立政治大学合作学院研究生毕业。

中华人民共和国成立后的一代经济学家，大多是在新的高等教育体制下成长起来的。"国内修学"的特征，在他们身上表现得更加明显。

1926年出生于宜兴的许心礼，1951年从上海商学院毕业，被分配到上海财经学院国际贸易系任教，后又进入中国人民大学经济系读研究生，并于1956年毕业。

出生于江阴的王振之，1948年在20岁时考入无锡江南大学经济系（后改名工业管理系），三年后毕业，由国家统一分配到东北局财政经济委员会工作。

1929年的农历正月初一，孙颉出生在无锡崇宁路一户知识分子家庭。他在家乡无锡度过了童年和少年时代，先后就读于锡师附小、实验小学和无锡工业专科学校，接受良好的启蒙教育和基础教育。1946年秋，孙颉插班考入中央大学农业经济系，1948年加入中国共产党，同年冬北撤离开中央大学去解放区华中党校学习，1949年4月随解放军二野南下渡江，抵达南京。时值21岁风华正茂的他，与其他同志一起负责对国民政府中央农业实验所（后华东农业科学研究所）的接管工作，为建立华东农业科学研究所奠定基础。

裴叔平生于1931年8月，江苏宜兴人，1949年11月进入苏南公学财经队学习，这是中共苏南区委直属的革命大学。1956年，裴叔平作为调干生进入中国人民大学经济系学习，其间加入中国共产党。

"顾山望族，首推吴氏。"1932年1月，吴树青出生于江苏江阴县顾山镇。3岁时吴树青随母亲到常熟生活，小时候在常熟国民辛峰小学、常熟县立中学就读，1946年初中毕业后考取江苏省立上海中学（现上海中学），1949年5月上海解放后被选送入华东人民革命大学。这是华东局为了配合解放战争迅猛发展的需要而创办的干部学校。1952年，吴树青被破格选入中国人民大学政治经济学研究生班，并以此为起点成长为一代经济学家。在《吴树青自选集》的自序中，作者写道："1952年进入中国人民大学学习以前，我对政治经济学可以说是一无所知。……为了给即将到来的大规模经济建设培养干部，1952年中央决定从地方抽调一批干部到大学学习。我幸运地被选中，进入浙江省干部升学补习班学习。本来我们这批学员是准备学习理工的，但在补习班结业前夕，中国人民大学先来招生。大概由于我的学历在补习班中算是比较高的，而且又担任学习班长，所以负责招生的同志就把我挑中，并且决定我到政治经济学教研室学习。这样，我就在对政治经济学毫不了解的情况下同这门学科结下了不解之缘。"①进入中国人民大学以后，吴树青获得了系统学习马克思主义经济理论的机会。三年后，他以优异的成绩完成了研究生班的学业，作为尖子学生留校任教，之后一直从事政治经济学的教学和研究工作。政治经济学既是一门经济系学生的专业基础课，又是一门马克思主义理论课，担负着教授经济学基础理论和对学生进行思想政治教育的双重任务。吴树青的主要工作是在经济系担任《资本论》相关课程的教学，同时也与专门从事学生政治思想教育的同行有较多的联系。当时，我国经济学对社会主义经济的本质及其发展规律的认识，基本上还只是简单地照搬马克思主义的一般原理，不敢越雷池一步，或者只是从马克思主义一般原则出发，进行逻辑推论，理论联系实际也多半是原则加例子。尽管如此，他敏锐的思维和讲求实际的探索精神，使他对当时的许多经济问题提出了创见，这些创见也得到师生的好评。

　　1932年3月，顾纪瑞出生于无锡城内新生路。1946年秋，顾纪瑞进入私立无锡中学读书。正在这时，中共无锡地下党组织在校内秘密物色愿意去解放区的青年学生。经过单线串联，周密筹划，顾纪瑞等六名同学于1948年底悄然离校，被安排在华中一地委干部学校学习革命理论和接管城市的各项政策。渡江战役的号角吹响，刚满17岁的顾纪瑞随解放大军渡江南下，从事教育行政工作。大规模推进的社会主义建设，让顾纪瑞深感知识不足，学历太浅，于是他产生了进高校深造的强烈愿望。1956年，他获准参加高考，被北京大学哲学系录取，同时又被教育厅选送中央党校师资训练部（两年制）学习哲学。他服从组织安排，进入中央党校学习，于

---

① 吴树青：《吴树青自选集》，北京：学习出版社，2003年，"自序"，第1—2页。

1957年底提前毕业，"半路出家"转搞经济理论。

祖籍无锡荣巷的荣敬本，1933年9月生于上海。1950年，荣敬本高中毕业后考入东北农学院，原拟学农业经济，但因当时政治形势的需要改学俄语。1952年底，荣敬本毕业后，即被分配至中共中央编译局，1954年在列宁劳动著作翻译室参加列宁早期经济学和苏联社会主义政治经济学教科书的翻译工作。

与荣敬本同年的周三多，1949年5月从家乡宜兴中学初中毕业，适逢苏南解放。同年6月，他参加中国人民解放军苏南地区教导团，开始了人生早期的军旅生涯。1952年6月，周三多作为调干生到长春汽车制造专科学校学习，同年9月到中国人民大学工业经济系机械制造企业管理专业学习。1955年7月从中国人民大学工业经济系本科毕业，分配到长春汽车拖拉机学院（后改为吉林工业大学）。1956年9月，又进入哈尔滨工业大学工程经济系企业管理研究生班深造。1958年9月，回到吉林工业大学工程经济系，先后担任助教、讲师、企业管理教研室主任等职。

陆学艺的求学经历更为坎坷。1933年出生的他，1946年小学毕业后赴上海一家袜厂当学徒。1950年，陆学艺参加中国人民解放军，先在第三野战军特种兵学校学习，后分配到连队担任文化教员。1953年，他转业到安徽无为，成为当地速成中学的教员。1954年10月从军队复员后，进入无锡公益中学高二插班学习。1956年9月，他服从学校党组织要求，考入北京工业学院，一年后转考入北京大学哲学系。在专修哲学的同时，他还研读了许多经济学的著作和资料，并利用寒暑假到各地农村做调查、访问。1962年，他考入中国科学院哲学研究所，学习中国哲学史。

胡福明，1935年7月生。1955年9月，他就读于北京大学新闻专业，翌年进入中国人民大学哲学研究班学习。1962年，胡福明毕业后到南京大学政治系（后更名哲学系）任教，曾任系党总支副书记、系副主任、副教授、教授。1982年11月，胡福明调至江苏省委工作，历任江苏省委宣传部副部长、部长、省委常委、省委党校校长、江苏省政协副主席等职。他是1978年5月11日《光明日报》特约评论员文章《实践是检验真理的唯一标准》的主要作者。

1949年4月，14岁的中学生潘洪萱积极投身学生运动，并于次年加入新民主主义青年团，三年后作为高中生代表被推荐为宜兴县各届人民代表会议代表。此后，他进入上海同济大学路桥系桥梁与隧道专业学习，1957年毕业后留校任教，先当学生政治辅导员，后回桥梁教研组任教。

1936年出生于宜兴周铁镇的尹伯成，高中毕业时以优异的成绩考入复旦大学经济学系。尹伯成在大学勤奋学习，除认真攻读政治经济学主课，还修习数学和俄语等。1961年秋，尹伯成大学毕业，不久被派到苏州五中当教师。1978年他再次通过考试进入复旦大学攻读经济学说史专业。1980年6月毕业，成为"文革"后我国第一位毕业的经济学说史硕士研究生。

吴申元，1941年3月出生于无锡。高考时，吴申元因"政治问题"被大学拒之门外，只能来到当时的新兴工业城市合肥，进入合肥模型厂当车工。在这期间，他并没有放弃对知识的追求，阅读了大量文史类著作。1963年，他考入上海财经学院（今上海财政大学）会计统计系统计专业。1978年，研究生考试恢复，吴申元作为"文革"后的第一届研究生，考入复旦大学经济系，攻读中国经济思想史专业。

陈禹，1944年3月出生于重庆北碚，其祖父张卓仁是无锡南门外周新镇人，是无锡有名的民族工商业者。陈禹幼年在北京香山慈幼院小学上学，后考入师大二附中，1961年考入北京师范学院数学系学习。1978年，陈禹参加了改革开放后首次研究生考试，被录取到刚刚复校的中国人民大学经济信息管理系，成为一名硕士研究生。

李炳炎，1945年2月出生于无锡南站江溪桥，1964年高中毕业于无锡市第一中学，1968年大学毕业于中央财政金融学院财经系，在攀枝花钢铁基地从事企业管理十年。1978年，他考取中山大学经济系的研究生，三年后获得该校经济学硕士学位。在校期间，他成为著名经济学家卓炯的得意弟子，不仅接受了导师对《资本论》和社会主义经济的独到而精辟的讲解，而且满腔热忱地进入导师的研究领域。1989年春，李炳炎报考中国社会科学院的博士研究生，投到著名经济学家博士生导师张卓元门下，1991年获经济学博士学位。

成为我国改革开放后首批研究生的还有周小川。周小川祖籍宜兴，从青少年时代就开始表现了对经济问题的关注。1972年，他进入北京化工学院自动化系学习，1978年作为首届考取了机械科学研究院系统工程应用专业的研究生，他开始深入学习计算机应用和系统工程的理论，侧重于研究与经济有关的问题。1982年初，周小川又考取清华大学在职博士研究生，边工作边学习，其间承担了关于"六五"后期和"七五"规划的经济政策模型的研究课题。

祖籍无锡的韩康，1951年11月出生于北京，1968年12月参加工作，在经历一段插队、服役生涯后，自1978年起任中国人民解放军政治学院经济学教研室资料员，1981年1月起在中央党校理论部攻读政治经济学专业硕士学位，1984年6月起在中央党校经济学教研部任教。1988年至1991年，韩康在中央党校理论部攻读政治经济学专业博士学位。

芮明杰，1954年5月出生于宜兴，初中毕业后从城市到农村务农。1977年国家恢复高考，芮明杰考上了华东师范大学数学系。四年数学专业的学习，使芮明杰接受了严格的计量分析训练。1983年，芮明杰考入复旦大学科学管理系工业经济专业攻读硕士学位，系统学习了经济学理论与方法。硕士研究生毕业后，芮明杰留校任教，并在职攻读了复旦大学经济管理系工业经济专业博士学位，之后成为复旦大学与香港中文大学联合培养博士生。1991年12月获经济学博士学位。

1997年，中央党校经济研究中心评选出国内50位杰出中青年经济学者，王国刚名列其中。王国刚，1955年11月出生于无锡。1976年，一篇讨论"商品货币"的考试文章，把王国刚送进了福建师范大学政教系（现经济法律学院）学习，成为最后一批工农兵学员。1981年，他参加福建省硕士研究生入学考试，以全省总分第一名的成绩考取福建师范大学政教系研究生，在职攻读经济学硕士学位。1985年9月，王国刚进入中国人民大学经济学系，在卫兴华教授门下攻读经济学博士学位，并于1988年7月顺利获得博士学位。

祖籍宜兴的卢现祥，1960年生，1988年7月从中南财政大学研究生毕业，获得经济学硕士学位，十年后又在该校获经济学博士学位。卢现祥把自己的主要研究放在了西方新制度经济学、中国转型经济问题研究、中国现实问题剖析等领域。

三、刻苦自学

　　相较于其他在高等院校接受过正规学习的经济学家，作为中国社会主义经济理论的开拓者、市场取向改革的坚定倡导者和积极推动者，薛暮桥的经济学理论源于他一生对于知识锲而不舍地求索和积累，也源于他青年时代的一次特殊经历。曾经有一位美国教授问薛暮桥："毕业于何国的何所大学？"他回答说："我毕业于旧中国的牢监大学！"[①]薛暮桥出生在1904年，15岁时因家境艰难从师范学校肄业，投考沪杭甬铁路练习生。1927年3月，薛暮桥加入中国共产党。同年"四一二"反革命政变后，薛暮桥因领导工人运动被捕入狱，与时任中共浙江省委书记的张秋人被关在甲监5号。面对死亡判决，张依然每天坚持读书5—6个小时。有一天，张秋人把书一扔："怎么还不枪毙？"薛暮桥非常惊讶："你既然知道快死，为什么每天还要认真读书？"张秋人告诉他："共产党人活一天就要做一天革命工作。在牢中不能做革命工作，就要天天读书。读书就是为着革命。"这句话深深地触动了薛暮桥。在晚年所撰的回忆录中，薛暮桥这样写道："这是终生难忘的教诲，我一生没有忘记他的教导。"[②]从此，薛暮桥养成了心无旁骛读书学习的习惯。无论是在监狱、"牛棚"，还是其他场合，他都旁若无人、如醉如痴地沉浸在书本里。在三年的牢狱生涯中，他刻苦自学经济学等方面的书籍，学习世界语等方面的知识，为以后的经济研究打下了坚实的理论基础。在被关押三年后，薛暮桥被保释出狱。此后，薛暮桥参加陈翰笙主持的农村经济调查工作，从此开始了他长达半个多世纪的经济研究生涯。在参加农村经济调查工作期间，薛暮桥阅读了《共产党宣言》和列宁的《国家与革命》《两个策略》《帝国主义论》等著作，进一步提高了马克思主义理论水平，丰富了经济学理论知

---

① 薛暮桥：《薛暮桥回忆录》第2版，天津：天津人民出版社，2006年，第18页。

② 薛暮桥：《薛暮桥回忆录》第2版，第15页。

识，在这半年时间的工作中，薛暮桥不仅学到了更多的理论知识，更重要的是他在工作实践中掌握了理论联系实际、从深入实际来研究经济理论的研究方法，具备了独立进行经济研究的能力。社会科学研究所半年的工作实践，可以说是薛暮桥三年"牢狱大学"后一次很好的"毕业实习"，这次"实习"把他引入了经济研究的正确道路。①

另一位自学成才的典型人物是我国对外开放理论的先驱季崇威。季崇威，1922年出生于江阴。他在两位兄长的影响下，14岁时就投身于抗日救亡运动，1936年3月被吸收参加党的地下工作。他先是考进邹韬奋创办的生活书店，后又考入进步报纸上海《大公报》当练习生。大公报馆藏有大量革命书刊，季崇威如饥似渴地从中汲取着革命理论的乳汁，特别是对政治经济学有着浓厚的兴趣。在著名记者范长江的指导下，季崇威从事经济新闻的采访，利用采访的便利搜集了许多有关白区经济和其他方面的情报，交给中共中央在上海设立的特科。1938年，年仅16岁的季崇威加入了中国共产党。他在从事党的地下工作的同时，将从日伪报刊上见到的有关沦陷区经济情况的报道，以及从有关方面人士那里获取的资料进行研究分析，撰写了《日本帝国主义对我国沦陷区经济侵略的活动情况》一文。该文揭露了日本在侵占区域大肆摧残民族经济并掠夺资源的罪行。这篇文章是季崇威从事经济调查研究的处女作。这期间，他阅读了大量经济学方面的书籍，并对金融学理论有了较深入的研究。1945年抗战胜利后，《大公报》复刊。季崇威返回报馆工作，负责经济新闻的采访。自抗战胜利至上海解放，他撰写发表了100多篇经济类论文，内容涉及工商业、金融、货币、物价、贸易、税收等多个方面。为了写好论文，他阅读了大量书籍，研究有关理论，积累了经济学等许多门类的知识和资料。

自学成才的经济学家还有顾松年。顾松年，1924年10月生，祖籍无锡。1945年，他肄业于南京中央大学商学院商学系，先后在苏南日报社和新华日报社从事经济报道。直至1976年，他开始从事经济理论研究，1978

---

① 杨欢进：《薛暮桥经济思想研究》，北京：中国经济出版社，1992年，第11页。

年起在江苏省哲学社会科学研究所主持经济研究工作，省社会科学院成立后担任经济研究所所长。就如他自己所说的那样，他是"半路出家"搞经济研究的。

表 2 无锡籍经济学家求学情况一览表

求学类型	经济学家
海外留学	陈翰笙、孙冶方、潘序伦、贾士毅、杨荫溥、胡鸿勋、祝世康、胡焕庸、唐庆增、唐庆永、邹依仁、叶谦吉、孙毓棠、徐毓枬、薛葆鼎、钱荣堃、梅汝和、张仲礼、刘崧生、浦山、邵品刻、陆南泉、徐滇庆
国内修学	钱俊瑞、陆学艺、周小川、王寅生、张锡昌、姜君辰、秦柳方、汪鸿鼎、盛慕杰、徐政旦、许心礼、王振之、孙颔、葛霖生、裴叔平、吴树青、顾纪瑞、荣敬本、周三多、胡福明、潘洪萱、尹伯成、吴申元、陈禹、李炳炎、芮明杰、王国刚、卢现祥、韩康
自学成才	薛暮桥、季崇威、顾松年

第二节　风采各异的本职岗位

　　从无锡走出来的经济学家们，在20世纪中国人才辈出、群星闪烁的夜空中，是特别令人瞩目的星座。他们有在政府部门、经济实体谋划发展战略的学者型领导，有在研究机构从事专门研究的学者，有在高等院校教书育人的教师教授，也有为高层决策提供设计方案的技术官员。他们在不同的学科领域，致力于探求经济运行规律研究，以智慧和学说为经济改革和发展开辟道路，为国家的强盛和人民的富裕做出创造性贡献。

一、学者型领导

　　中华人民共和国成立后，在陈翰笙的带领下成长的孙冶方、薛暮桥等一批经济学家，经过抗日战争、解放战争等军事斗争和财经实践的磨砺后，分别走上了国家经济工作的领导岗位。他们既是社会主义建设的规划者、社会主义计划经济体制的谋划者，同时又积极参与新中国最初十年的建设实践。深厚的经济理论学识，帮助他们在历经百年战乱的旧中国的废墟上，勾画新中国全新的建设蓝图，同时也在百端待举的建设热潮中，思索前所未遇的经济理论课题。进入20世纪80年代，在经过长时期的停滞和封闭之后，他们的智慧由积聚转为喷发，无锡籍经济学家从理论与实践相结合出发，解放思想，积极探索社会主义市场经济体制建设的新路径，推动了改革开放巨轮的运行。

　　1949年5月上海解放后，孙冶方担任上海军管会重工业处处长，之后历任华东军政委员会工业部副部长，统计局局长，国务院国家统计局副局长，中国科学院经济研究所代理所长、所长等职。在经济部门担任领导工作期间，他在理论上对统计工作发表了不少重要见解，主要著作有《社会主义经济论》《社会主义经济的若干理论问题》及其续集。重视价值规律，是孙冶方从事社会主义经济理论研究的一个基本观点。他从20世纪50年代开始宣传价值规律的客观性，批判经济工作中不讲经济核算、不讲等价交换的错误倾向。1956年他发表了《把计划和统计放在价值规律的基础上》的著名文章，提出了当时经济生活中开始出现的追求生产速度，忽视经济效益的倾向和计划经济制度，指标上重物量指标、轻价值指标等弊病。他以共产党员的强烈使命感和责任感，不仅在理论上做了大胆的探索和创新，而且根据他对价值规律的认识来分析现实经济生活中的许多经济问题，提出了很多宝贵的建设性意见。比如，强调利润在社会主义经济中的作用，认为抓住了利润指标，就等于牵住了"牛鼻子"；鼓励技术进步，重视老企业的技术改造，主张提高折旧率，反对"复制古董"；改革计划、统计指标体系，重视价值指标；扩大企业自主权，用经济办法管理经济；等等。这些意见和建议对当时的经济理论研究和实际经济工作起到了重要的促进作用。孙冶方关于价值规律在社会主义经济中的作用、企业是独立核算的生产单位、利润是考核企业好坏的综合指标、用最小的劳动消耗取得最大的经济效果、按照等价交换进行产品流通等理论观点，以及据此提出的改革经济体制的主张，在党的十一届三中全会以后被一一运用于经济改革。因此，孙冶方被经济学界称为"改革的先驱"。

全面抗战爆发后，薛暮桥参加了新四军，担任军部教导总队政治教官。在皖南事变历险之后，他辗转来到山东抗日根据地主持经济工作。当时一个难题摆在薛暮桥的面前：在国民党政府发行的法币、日伪政府发行的伪币的压力下，根据地发行的抗币处于劣势，物价急剧波动。薛暮桥研究认为：稳定物价的唯一办法是驱逐法币，使抗币独占市场。这一举措实施后不久，抗币和法币的比价便由原来的1∶2变成了1∶6，囤积法币的地主纷纷抛出法币，抗币占据了市场，物价大幅回落；为防止物价继续下挫，根据地加大抗币发行量，购进物资，从而稳定了物价。这是薛暮桥参与经济领导工作的开端。中华人民共和国成立后，薛暮桥先后担任中央和政务院财经委员会秘书长、国家计委副主任、国家统计局局长、国家经委副主任、中共中央财经领导小组成员、全国物价委员会主任、国家计委顾问兼经济研究所所长、国务院体改办顾问、国务院经济研究中心总干事、国务院价格研究中心总干事、国务院发展研究中心学术委员会名誉主任等职。薛暮桥亲身参与中国两个经济体制建设，是新中国第一代社会主义经济学家和高级经济官员之一。中华人民共和国成立初期，他直接参与了第一、第二个国家五年计划和若干重要文件的起草和执行工作，曾经参与数次经济调整的领导工作，是中国计划经济体制设计团队的一员。经过多年的理论与实践的思考，他开始以务实求真和勇于探索的学术精神，较早对计划经济体制进行痛苦而深刻的反思，并产生了一系列经济思想成果。改革开放之初，薛暮桥顶住压力，提出要突破传统的计划经济体制框架，并在一些关键问题上向中央提出重要的政策建议。他从1932年发表第一篇经济学文章，到1996年发表总结一生经历的长篇回忆录，在经济学领域跋涉了60多年，留下了宏富的著述。他所著的《中国社会主义经济问题研究》成为我国经济体制改革的启蒙教材。该书用马克思主义的观点探讨中国社会主义经济建设的历史经验，系统总结和批判20多年来经济工作中的"左"倾错误，特别是经济政策上"左"倾的错误，强调调整国民经济和进行经济体制改革的必要性，并针对社会主义经济建设的重大问题，提出了自己独特的理论观点。他主持起草的《关于经济体制改革的初步意见》是中国市场取向改革的首个纲领性草案，发出我国市场取向改革的先声。坚定地倡导和积极推动经济体制的市场取向改革，是薛暮桥对中国改革开放做出的最为突出的贡献。创立社会主义市场经济理论是中国经济学界对经济科学的最大贡献。这一理论的创建经历了约半个世纪，从中华人民共和国成立初期就起步，而提出和引导经济学界研讨这个问题的首先是薛暮桥。张卓元认为，薛暮桥在以下几个方面的理论贡献最为突出：较早地提出社会主义经济是商品经济和市场经济的理论观点；较早地冲破传统的单一计划调节的框架，强调社会主义经济要按照价值规律的要求，充分发挥市场调节的作用和以市场调节为基础；较早地提出要积极发展个体、私营等非公有制经济；较早地提出管住货币，放开价格，反对实行通货膨胀的政策。[1]

王寅生，是陈翰笙开展农村经济调查的得力助手。1929年，王寅生实际负责无锡农村经济调查，他草拟了调查计划，制定调查表格并常驻无锡。1930年，中央研究院社会科学研究所又与北平社会调查所合作，在河北保定清苑选了10个自然村、1578户农户进行挨家挨户调查，了解华北地区的农村经济情况。这次调查，由王寅生代表社会科学研究所主持。在这次调查中，制定了划分地主、富农、中农、贫农、雇农的经济标准，成为日后土地改革的依据。在无锡、保定前后两次的农村调查结束后，王寅生又主持写出了调查报告。在农村调查的基础上，陈翰笙与王寅生等人于1933年共同发起并成立了"中国农村经济研究会"，王寅生任理事兼研究部主任，编印出版定期刊物《中国农村》。1933年6月，包括王寅生在内的一批进步农村经济理论工作者约40人全部被排挤离开了研究所。尽管如此，王寅生也没有脱离农村经济的调查和研究工作。1933年11月，王寅生参与主持中山文化教育馆和岭南大学合办的广东农村调查，参加这次调查的还有薛暮桥、孙冶方等。这次主要调查广东番禺的69个村庄10321户农户，还在广东花县调查了22个村庄，另用通信方式调查该省38个县、152个村庄，包括土地所有权的分配与使用、集团地主的经济地位与政治地位、租佃制度、地租与地价、田赋、捐税与民事侵权行为、贸易与信贷、工资的低落与劳动力丧失情况。调查结果由陈翰笙写成《华南农村危机研究》（英文本），由纽约国际出版公司在美国出版。1934年王寅生又随同陈翰笙等受太平洋国际学会的委托，调查山东潍县、河南许昌、安徽凤阳商品经济作物烟叶产区的农村经济。1935年7月到1936年7月，他参加农村复兴委员会主办的农村调查；与他人合作调查渭南、凤翔、绥德三县的土地关系。1936年8月，王寅生又主持吴兴和绍兴农村经济调查。抗日战争爆发后，王寅生随中国农村经济研究会迁至汉口，建立并主持战时农村

---

[1] 张卓元：《中国经济学界最活跃的引领者薛暮桥》，薛小和编：《百年沧桑一代宗师——薛暮桥逝世一周年纪念文集》，北京：中国发展出版社，2006年，第64—66页。

问题研究所，1938年7月去往重庆，建立中国农村经济研究会重庆办事处（后改为分会）。1940年11月经陈翰笙介绍，王寅生转入工业合作协会推进处工作，曾被派赴成都、南郑、双石铺、宝鸡、西安、兰州等地视察工业合作社，并协助工业合作社事务所的训练工作。1943年2月，王寅生参加中国经济研究所，任研究室主任。1943年10月，中国经济研究所与迁川工厂联合会主办的中国工业经济研究所合并，王寅生即到该所工作。1944年1月，王寅生又改任中国战时生产促进会研究委员会主任，旋即到中国农民银行农贷处任视察，不久到中央银行经济研究处担任专门委员。1945年，中国农村经济研究会理事会由桂林迁往重庆，王寅生负责该会研究工作。1946年，王寅生由重庆回到上海，仍在中央银行经济研究处工作，并主编《文汇报》副刊《中国农村》。1949年5月上海解放后，王寅生担任华东财经委员会顾问兼复旦大学经济研究所副所长。同年11月，王寅生去往北京，担任政务院财政经济委员会编译室主任，而后历任政务院财政经济委员会国际事务局副局长、中科院经济研究所研究员、《经济研究》编委等职。1956年8月，王寅生因病去世，终年54岁。他留下的《陕西农村调查》著作和《亩的养异》《黑龙江流域的农民与地主》等论文，至今仍有极高的学术价值。

张锡昌同样参加了陈翰笙所主持的无锡、保定两地农村经济调查，同时参与发起并成立了"中国农村经济研究会"并担任理事。1933年，农村复兴委员会进行几个省的农村调查，张锡昌主持河南省的调查工作，编写完成《河南省农村调查》一书。1934年又随同陈翰笙等受太平洋国际学会的委托，调查山东潍县、安徽凤阳、河南许昌三个烟叶产区，调查结果由陈翰笙于1939年用英文写成《工业资本与中国农民——中国烟农生活研究》一书。张锡昌依据多次实地参加农村调查的资料，著成《农村社会调查》一书。他在该书第一章第一节中说："观察一切社会现象，分析一切社会问题，千万不能离开经济结构。社会的变动，是由于经济结构的变动，而经济结构由生产方式和生产关系决定。从经济的观点来分析，都市和农村的分离，是由于商品经济的发展，劳动实行分工以后的第一个巨大结果。在都市与农村经济分离的基础上，发生了都市与农村的极大矛盾，在各种社会形式之下，有完全不同的性质。一部社会经济的历史，根本上是都市与农村间矛盾运动中撮要出来的。"①1936年，张锡昌加入中国共产党。1938年，中共浙江省委成立统战工作委员会，张锡昌任书记，并协助国际友人路易·艾黎在浙西开展工业合作化运动。1941年，他在桂林接办《中国农村》战时特刊，并负责主持中国农村经济研究会会务，创办《中国工业》月刊。与此同时，他利用其所担任的广西大学教授、广西企业公司专员、广西日报社主笔、上海《文汇报》主笔、上海纺织事业调节委员会专员、工业经济研究所所长等职务，积极宣传党的方针政策。上海解放以后，张锡昌参加上海市军管会和总工会的工作，负责接管中国纺织建设总公司，并先后担任上海与华东纺织工业管理局副局长、华东财委副秘书长、华东纺织工学院院长等职务。1952年12月调至北京，历任中央财政经济委员会秘书、商业部秘书、中共中央交通工作部办公厅副主任、内务部办公厅主任及党组成员等职务。他在全国财贸、工交战线和经济理论战线上，进行了大量的艰苦细致的调查研究工作，为争取国民经济的恢复和发展，为社会主义建设事业贡献了自己的力量。

钱俊瑞，1935年加入中国共产党，曾任中共中央文委委员，"左翼文化总同盟"宣传委员。1938年后历任第五战区司令长官部文化工作委员会主任、中共中央华中局文委书记、新四军政治部宣传部部长等职。1946年任新华社北平分社社长兼总编辑，同年赴延安，历任《解放日报》和新华社社论委员会主任；1947年后任华北大学教务长。他对农业经济和世界经济进行了开拓性的研究，主要著作有《中国农村经济现阶段性质之研究》、《中国地租的本质》（载冯和法编的《中国农村经济论》，1934）、《中国货币制度往哪里去》（与章乃器、骆耕漠、狄超白合著，1935）、《中国国防经济建设》（1938）、《中国经济问题讲话》（与许雪寒、王渔邨、姜君辰、骆耕漠合著，1938）、《论战争》（1940）、

---

① 转引自顾洪兴：《张锡昌——著名的经济评论家》，许卫国主编：《无锡走出的经济学家》，第180页。

《世界经济与中国经济》（1982）、《当代世界经济发展规律探索》（1982）、《世界经济概论》（1983）、《资本主义与社会主义纵横谈》（1983）、《世界经济与世界经济学》（1984）、《论改革》（1984）。此外，钱俊瑞将怎样搞农村经济调查、怎样研究中国农村经济问题的体会，写成《怎样研究中国经济》一书，由生活书店出版，这本书对于从事经济研究特别是从事农村工作的青年有很实际的指导意义。1946年在延安、1948年在西柏坡时，毛泽东曾两次找钱俊瑞谈调查研究方法问题，让他介绍无锡等地的农村经济调查的工作情况。中华人民共和国成立后，历任教育部党组书记、副部长，文化部党组书记、副部长，中国社会科学院世界经济与政治研究所所长，国家计划委员会顾问，国务院经济中心顾问，中科院哲学社会科学部学部委员，中国世界经济学会会长等职。他把研究重心放在马克思主义世界经济学的创建上，把世界经济作为一门独立的学科进行了全面系统的规划。他主持召开了两次世界经济学科规划会议，制定《1978年至1985年全国世界经济学科发展规划草案》。他指出世界在第一次工业革命以后形成了国际分工和世界市场，通过货币流通和国际金融，贸易已经国际化，产生了世界经济，因而他主张创建独立的马克思主义世界经济学。他对世界经济学的理论依据、研究对象、基本范畴和规律进行了初步研究和探索，并强调上层建筑研究的重要性，突出当代世界经济与世界政治的密切关系。他在提出世界经济学作为独立学科的框架构想的同时，又组织50多名教授组成写作班子编写《世界经济概论》，后来该书被列为高等学校教材。

1930年姜君辰从上海法科大学毕业，放弃当律师的机会，矢志向经济科学迈进，从事翻译、研究、教育和出版工作。1931年，姜君辰进入中央研究院社会科学研究所工作，1933年参加由陈翰笙、钱俊瑞、薛暮桥等人发起创立的中国农村经济研究会。在和薛暮桥、吴觉农等编辑出版《中国农村》后，他又和钱俊瑞一起创办中国经济情报社。1935年夏，姜君辰与薛暮桥、徐雪寒、华应申等人创办了新知书店，并主持新知书店的编辑工作，主编《新世纪》双月刊。1936年，姜君辰加入了中国共产党。1937年底，姜君辰转到广州，担任《新战线》月刊的主编。不久，姜君辰又到桂林任《中国农村》战时特刊主编。这时，他参加由党领导的广西地方建设干部学校的培训工作，讲授"社会常识"课程。随后，他在讲稿的基础上整理成《社会学入门》一书，由桂林文化供应社出版，并曾在香港两次重版。1941年皖南事变后，姜君辰抵达苏北新四军驻地，任中共中央华中局研究室专任研究员。1943年，姜君辰到延安大学，任该校财经系副主任。1945年8月，党中央决定从延安大学抽调一批干部到东北大学帮助建校，姜君辰受命前往，因山海关战事滞留在石家庄华北大学。1946年1月，"双十协定"签订后，姜君辰任北平《解放三日刊》副总编辑。他和钱俊瑞等人一度被捕，后经我党北平军调处交涉才获释放。随后，他赴东北解放区的大后方佳木斯，协助筹办东北大学；又在哈尔滨东北财经干部学校任副校长，实际主持工作。中华人民共和国成立后，他担任中华供销合作总社副主任8年。1957年，他调任国务院科学规划委员会副秘书长、中国科学院哲学社会科学学部副主任，主管社会科学研究的规划和管理工作，参与领导制定哲学社会科学12年规划。改革开放后任国务院经济研究中心顾问、中国商业经济学会顾问等职，着重围绕我国商品流通、农村商品流通体制改革、农村供销社的性质等问题，发表了《论生产和生活的关系》等不少有价值的论文；专著有《商品流通问题的调查研究》（1986）等。

秦柳方，1927年加入中国共产党，1929年应邀参加由陈翰笙主持的无锡农村经济调查团并担任组长，从此对经济问题产生兴趣，潜心研究以至毕生从事经济工作。1933年，秦柳方参与发起成立中国农村经济研究会并任理事。抗日战争爆发后，他随江苏教育学院迁到桂林，在该院任讲师，之后又担任私立西南商专经济学教授职务。1940年底到广西银行总行，任经济研究室主任，主编广西银行《行务通讯》半月刊，曾调查了桂林、柳州的工业。在桂林，被聘为广西建设研究会经济部研究员，经常为该会出版的《建设研究》以及《中国农村》战时特刊、《中国工业》月刊撰写专论；并兼任《广西日报》主笔。为了研究战时的中国经济全貌，曾与陈翰笙、千家驹等合写了《战时的中国经济》（1942）。1944年底到重庆，受中国工合国际委员会的委托，调查了重庆市的工业合作社。不久，参加中国工业合作协会，并主编该会的《工业合作》月刊。同时，在四川省立教育学院兼任教授，讲授"合作经济""工业合作"等课程。抗战胜利后到上海，仍在中国工业合作协会工作，兼任《文汇报》主笔，还担任中共创办的《经济周报》编委。上海解放后，他先后担任上海中纺公司军代表顾问，中国花纱布公司华东区公司经理，办理公私营纺织染厂的加工订货。1953年调商业部任工业商品局副局长，后来在中财委六办、国务院八办任组长，研究资本主义工商业社会主义改造的方针政策。1957年任中国科学院经济研究所领导小组成员，《经济研究》编辑部主任，参加了社会主义商品生产、价值规律、按劳分配、社会主义再生产等问题的讨论。1978年在中国社会科学院财贸物资研究所研究物价问题，1979年调到中国社会科学院世界经济与政治研究所，任《世界经济调研》副主编，研究世界经济，先后就苏联和东欧国家的通货膨胀、国内商品价格与国际市场价格的关系、世界石油市场形势、国民经济管理工作、厦门经济特区建设情况、世界自由港与自由贸易区情况、香港近期经济形势、亚太地区的经济发展格局与中国的对外贸易等问题提出调研报告。1984年3月6日，他就世界自由港、自由贸易区简况提出报告，建议"可以考虑在深圳、厦门两个特区之内，先把一个比较合适的港口地区，开辟一个自由港"，"可以考虑在上海市港口附近划出一小块区域，开辟一个自由贸易区"。[①]

1948年夏，在美国留学的薛葆鼎接到党内指示，提前回国参加后期的解放战争，到中央工业试验所报到，任教授兼盐碱实验室主任，后又到光华大学、交通大学兼任教授。1949年5月，上海市解放，他即被任命为上海市军事管制委员会轻工业处和重工业处的军代表，接管几十个大中型企业。自此，他投入了新中国的建设事业。1951年，薛葆鼎担任华东工业部轻工业局副局长和上海市工业局副局长。1953年春，他调到国家计划委员会，后又转到国家建设委员会，任国家建委重工业设计局副局长。他参与

---

① 秦炎：《我们的心愿》，秦柳方：《云海滴翠》，北京：中国财政经济出版社，1995年，第345页。

推动我国工业交通各部第一批设计院所的创建，参与开拓西北和华北几个工业区及若干大型工厂的布局。1978年春，中央组织部调薛葆鼎任中国社会科学院研究员，工业经济研究所副所长，研究生院教授、博士生导师，他从国内外工业经济的学术研究中冷静地吸取过去近三十年新中国工业发展史的经验和教训，先后发表20余篇关于工业经济的学术论文，主张社会经济必须作为一个整体，端正立场、严肃对待、通观全局、统筹规划、全面安排，反对贩运"洋教条"，反对片面的"洋跃进"，反对形而上学地对待经济建设，只有从国家的整体出发才能在各个领域内全面推动社会主义现代化建设。1981年，国家建委调薛葆鼎任中国基本建设经济研究所（后更名为城乡建设经济研究所）所长。这一期间，他对扩大再生产与简单再生产的关系、重点工程建设与地区经济结构的相互影响、地区经济发展战略和乡镇工业与中小城市发展的意义、全国生产力布局与生态平衡及环境保护、社会主义企业管理的基础工作、建设领域中的系统分析等问题进行研究，用系统工程方法对产业、地区的经济政策进行分析研究等问题陆续发表了20余篇论文。在"六五"计划期间，薛葆鼎和中国基本建设经济研究所从扩大再生产的经济建设领域开始，主编《基本建设投资效果研究》论文集，主要分析了我国在1958年、1971年和1978年发生三次投资规模的恶性膨胀及其后果。薛葆鼎认为："在经济建设领域内，决策阶段没有清晰的投资预期效果，建设阶段不计应有的中期效果，投产运营阶段得不到理想的最终效果，则必然导致投入多、产出少，甚至有投入、无产出的后果。这里有管理水平问题，有科技政策问题，也有经济运行机制问题，还有政治路线干扰的问题等诸多因素。这些问题都要随着实践的深入而不断地探索、提高认识。"①

1978年12月，党的十一届三中全会做出了把全党工作的重点转移到社会主义现代化建设上来的重要决定，当时急缺兼具国内建设和发展对外经

---

① 中国科学技术协会编：《中国科学技术专家传略工程技术编·自动化仪器仪表系统工程光学工程卷1》，北京：机械工业出版社，1997年，第105页。

济关系两套本领的干才。1980年，季崇威被调入国家进出口管理委员会和外国投资管理委员会，主管外资工作。他早年在上海参加地下工作时就有与工商业者合作的经验，又有国家成立初期试办工业托拉斯的经验，具有官、学、商均能接受的身份。1982年，季崇威又调任国务院经济研究中心常务干事，开始在开放型经济这个新的经济学领域里探索。研究的课题有外向发展战略、参与国际分工、国际区域合作、经济特区和开发区、"复关"和"入世"、经贸体制改革、技术引进与企业国际竞争力等。在我国对外开放的不同时期甚至关键时刻，他都站在对外开放的第一线，高屋建瓴地提出自己的看法和推进对外开放的主张，内容涉及对外开放的各个方面。其开放经济理论的创见性、针对性和预见性，主要体现在以下几个方面：积极慎重吸收外资，加速经济发展；采用比较成本学说，积极参与国际分工；制定外向发展战略，全面提升对外开放水平等。他在对外开放经济理论和实践方面开展全方位、多视角研究，许多政策建议被高层采纳，为我国发展开放型经济做出了突出的贡献。

浦山从美国留学回国后在外交部门工作，参加中国人民志愿军朝鲜停战谈判代表团，还曾跟随周恩来总理参加过亚非会议、万隆会议。1973年，他回到外交部国际问题研究所工作，任研究员、副所长。1980年，浦山担任中国财政部赴世界银行代表团团长，1982年担任中国社会科学院世界经济与政治研究所所长，1985年至1997年担任中国世界经济学会会长，在此期间还担任过中国社会科学院研究生院院长。浦山一生信奉共产主义，相信社会主义能够救中国。这种社会主义信仰的产生和确立，可以追溯到他的求学期间，并贯穿其一生。1996年5月，浦山以"论中国社会主义市场经济的前景"为题先后在日本和美国的大学发表演讲。在演讲结束时，浦山预言："中国近些年来的经验也许已经为这个问题提供了某种答案。但是，只有中国未来的经济发展才能对这一问题做出最终的回答，也许在下一世纪的上半叶，也许甚至在更远的将来。"[1]

美国学者布朗1994年发表了《谁来养活中国？》，给世界人口第一大国的中国提出了一个世纪命题，引发了全世界对中国粮食安全的大讨论。作为农业经济学家、农业资源与农业区划专家，孙颔发出的声音尤为高亢响亮，对那些质疑中国农业发展的学者给出了科学、理性而又坚毅的回答。孙颔1948年11月加入中国共产党，又历任苏北华中党校学员，解放军金陵支队队员，南京军管会接管国民党中央农业实验所军事联络员，华东农业科学研究所工会主席、科研秘书，中国农科院江苏分院农经研究组组长，江苏省"五七"干校学员，江苏省农科院科研处副处长、处长。改革开放后，孙颔先后任江苏省农科院副院长、院长，1983年3月任江苏省委副书记，曾兼江苏省委党校校长，1989年4月任江苏省政协主席、党组书记。从20世纪50年代后期起，孙颔从事农业自然资源与综合区域的研究，从太湖地区开始研究进而推广至全国。他对农业发展战略的研究，包括了人口、资源与环境，粮棉等主要作物的稳定增产，实现农业现代化，强化农村经济合作，推进农业产业化经营，乡镇企业的改革与发展，农村市场建设，科教兴农等诸多方面的问题，出版过近10本科学专著，发表了《必须合理利用农业自然资源》《我国农业发展的几个战略性问题》《我国粮食生产的发展战略》等系列论文，系统地论述和阐明了自己的观念。孙颔是国内首个提出粮食安全的经济学家。[2]在第七届全国人民代表大会第二次会议上，孙颔就粮食生产问题提出重视粮食安全生产、注意保护基本农田的新思路。提出对土地资源的合理利用，也是孙颔对中国农业发展研究的又一突出贡献。《中国农业土地利用》（与石玉林共同主编）是孙颔的又一力作，这是第一部有关中国农业土地利用的专著。[3]该书始终贯彻资源永续利用和农业可持续

① 尤学民：《浦山——国际知名的世界经济学家》，许卫国主编：《无锡走出的经济学家》，第371页。

②③ 薛中卿、练维维：《孙颔——擘画现代农业的学者型领导》，许卫国主编：《无锡走出的经济学家》，第418页。

发展的指导思想，深刻揭露和分析某些地方对农业自然资源实行超强度利用的现象，提出加强农业土地资源治理和建设的科学建议。

1955年吴树青从中国人民大学毕业留校任教，1985年任中国人民大学研究生院副院长，1987年起任中国人民大学副校长兼研究生院院长，1989年8月起任北京大学校长。在主政北大七年间，他为创建世界一流大学做了许多基础性工作，使北大的改革一直走在全国的前列。吴树青在经济理论上有许多自己的独创见解，一直站在经济体制改革的前沿，就我国经济体制改革问题提出了许多深刻的理论与政策建议。他认为，我国的经济体制改革是社会主义经济制度的自我完善和发展，因此改革必须坚持社会主义的性质和方向，必须把改革开放同四项基本原则统一起来而不能割裂开来。吴树青关于中国经济体制改革战略选择的思想，集中反映在他主持完成的《1988—1995年中国经济体制改革规划》中，该规划曾获孙冶方经济科学论文奖。吴树青是比较早地论证中国处于社会主义初级阶段的学者之一。[1]1987年3月，他在《光明日报》上发表了《关于社会主义初级阶段的几个问题》论文就比较系统地论证了这个问题。他认为，社会主义初级阶段这一概念包括两层含义：（1）我国现阶段社会性质是社会主义，有着同社会主义其他发展阶段共同的社会主义本质属性；（2）我国现阶段的社会主义的特点不是已经成熟和高度发达的社会主义，而是还没有完全摆脱贫穷落后和不发达状态的初级阶段的社会主义。

胡福明是哲学家，也是经济学家。他1962年从中国人民大学哲学研究班毕业后，到南京大学政治系（后更名哲学系）任教，曾任系党总支副书记、副系主任、副教授、教授。1982年11月调至江苏省委工作，历任江苏省委宣传部副部长、部长、省委常委、省委党校校长、江苏省政协副主席等职。1977年，胡福明以共产党员的巨大勇气和知识分子的强烈担当，勇开思想先河，勇立时代潮头，冲破"两个凡是"思想禁锢，写下了《实践

---

① 北大校办：《吴树青——创新现代政治经济学学科体系》，《无锡走出的经济学家》，第 452 页。

是检验真理的唯一标准》一文。此文后经修改，以"特约评论员"名义在1978年5月11日的《光明日报》上，在中国理论界炸响一声"春雷"。在邓小平的支持下，全国范围内掀起一场关于真理标准问题的大讨论，拉开了解放思想的序幕，对于重新确立起我们党的马克思主义思想路线具有重要历史的意义，深刻地影响了现代中国的历史进程。

潘小川是新一代经济学家中领导型学者的代表人物，他曾任第十二届全国政协副主席、中国人民银行行长等职。他先后在国内外发表学术论文上百篇，出版著作10余部，其中《走向开放型经济》一书获1994年度"安子介国际贸易研究奖"，论文《企业与银行关系的重建》获1994年度孙冶方经济科学论文奖，《社会保障：经济分析与体制建议》获1997年度孙冶方经济科学论文奖。2010年，周小川与吴敬琏、郭树清等一起以市场经济改革思路——"整体改革理论"获得第三届"中国经济理论创新奖"。综观他的学术著作和在学术活动中阐述的观点，他所秉持的分析框架、政策思路以及主要学术观点，可以归纳为以下几个方面：一是对计划经济体制有深刻的认识和批判，主张改革转型的目标，就是从行政命令配置资源转化为由市场配置资源；二是改革是从一个系统转向另一个系统的过程，需要进行整体、配套的制度设计和优化的顺序选择，在推动经济在改革开放进程中得到帕累托改进，赢得社会对改革的广泛支持；三是经济体制是一个系统，不能靠零敲碎打和叠拼的改革方式获得成功并实现效益最大化，为了兼顾效率和公平，必须有一个反映改革开放进程的经济政策分析框架。除了广为熟知的宏观经济政策和金融领域，周小川的学术研究还涵盖了许多其他领域的改革开放议题，如资源配置、对外经济贸易、企业制度改革和公司治理、财政税收、社会保障、城镇化、住房制度和房地产市场，乃至与环境保护相关的碳排放市场等。仔细研究这些学术著作或观点，可以发现其背后的逻辑依然是周小川所固守的框架：系统性的制度转型和转型期间的政策体系设计；回归于一个目标，就是如何优化中国体制改革的道路，才能达到更有效率的制度安排和政策选择。

潘洪萱，1957年7月从同济大学桥梁与隧道专业毕业后留校，历任同济大学师资科科长、人事处副处长、党委办公室主任，上海市教育卫生办公室秘书长，上海市计划委员会副主任等职，1991年10月至1998年4月任上海财经大学党委书记。他关注金融证券市场的创新与发展趋势。2000年3月，潘洪萱主编出版了《迈向稳定的中国证券市场》一书，以学者的视角审视中国证券市场。潘洪萱说，长期以来，中国的经济发展是投资拉动型，在20世纪末逐步向投资与消费双拉动发展，扩大内需已成为我国的长期政策；同时随着我国改革开放的不断深入、经济全球化趋势的加速，我国经济发展日益与国际政治、经济紧密相连，因此必须时刻关注国际形势的变化。《迈向稳定的中国证券市场》一书一经推出，就被一些高校金融专业列为正式教材。

二、专业研究学者

在无锡籍经济学家中，走出了一批在研究机构从事专门研究的学者，他们从经济理论研究和实务中获得启发，总结经验，积累理论素材，为政府部门、经济实体谋划发展战略，为高层决策提供设计方案，为"救亡图强""强国富民"贡献才智。

1911年夏，贾士毅从日本学成回国。不久，辛亥革命爆发，贾士毅来到上海，为《上海时报》撰写财政社论，又兼任苏州法政专科学校财政经济讲师。1912年，中华民国成立，贾士毅担任南京临时政府民政司职员。不久，财政部特聘其充任财政讨论会会员；该讨论会主要任务是"以统一财政权为目标，侧重整理新旧各税和刷新财务行政"。他主持起草了《国家税法与地方税法草案》和《国家费用与地方费用暂行标准案》。当年10月，贾士毅被委派为两名江苏财政视察员之一，就划分国家税地方税、军民分治、厘清权限展开调查，与人合编了《江苏财政调查报告》（两册）。1913年，他升任编纂处主任，负责重要文书的编撰，并兼任财政部国税厅筹备处筹备员、币制委员会会员，9月兼财政部库藏司司长。1913年2月，贾士毅兼任财政部会计司司长，首推财政预算制度，3个月内他与同仁日夜苦干，编制完成民国的第一份预算，总计达47册。1914年，贾士毅调任财政部参事之职，旋即兼任赋税司司长之职，任内颁布了《所得税条例》。1915年贾士毅兼任全国官产处会办，组织清理清廷官有资产。1916年，全国各地爆发纸币挤兑风潮，贾士毅任新成立的公债局坐办，以发行公债换回民间旧币。1921年，贾士毅作为专门委员会委员出席华盛顿会议，负责财政方面的谈判工作；他拟定了"关税自主""外侨纳税平等"和"庚子赔款退还"三案，虽然会上只讨论了关税一案，但多少挽回了一些中国财政在国际上失去的权益。回国后，贾士毅任国定税则委员会委员。1927年，南京国民政府成立，贾士毅再次出任财政部赋税司司长。1928年，他主持起草《国家地方收入与支出标准修正案》，经第一次财政会议通过后，正式推行国地分税制，建立统一财政。1929年公布实施《海关进出口税则》，1930年中国与各国关税协商结束，裁厘加税准备告妥，1931年元旦南京政府宣布关税自主，各省宣布裁撤厘金。1932年，贾士毅升任财政部常务次长，主持部务，不久转任立法院立法委员。真正让贾士毅施展才干的是他的五年治鄂经历。1933年2月至1938年6月，他被任命为湖北省政府委员兼财政厅厅长。北洋政府时期湖北省财政支出不断膨胀，其中军费高达70%，入不敷出，只能以借内外债、滥发货币及勒索武汉商会来弥补。贾士毅到任后采取了一系列整顿措施：整顿稽征机关，调查田赋及工商税源；整理及清还新旧债务，恢复政府信用；安定金融和市场；确立预算制度，划清县省收支界限；并逐步降低军事开支，提高行政、建设及教育等支出。这些措施取得了实效，湖北省财政变不足为有余，1937年财政预算收支数比1932年增加了近一倍。后人论及近代湖北财政现代化之功臣，公认是贾士毅。全面抗战期间，贾士毅任财政部专门委员，被派至香港工作，一度兼代财政评论社社长。1943年任江苏省财政厅厅长，1944年兼江苏省农民银行董事长，1945年8月任鄂湘赣区财政金融特派员，1951年由香港去台湾。贾士毅在积极参与财政实务的同时，还结合工作实际矢志著述。1927年，上海商务印书馆出版了他的《关税与国权》。他认为，"关税即国权"，制定关税应该是国家的特权，近代中国"商战不竞，虽其致病之源本非一端，而关税制度之不良实为众病之源"，而治理关税不良的"治本之策"是"要求筹措所缔结不平等之商约，悉行废止，而谋全部关税之革新"，"照东西关税通例议定全部新章"。新约"兼用国定关税及协定关税两种，而协定关税并采互惠主义，蕲达保商惠民之旨"。①此书成为后来民国政府关税谈判的重要参考书。1917年和1933年，商务印书馆还印行了他的《民国财政史》和《民国续财政史》。前者由梁启超作序，称："往余曾以国民宜求财政常识著论以告当世，良欲使上自执政下逮氓庶，莫不深悉财政纲要，以为他日整顿财务计划之信券。今得贾君是编而读之，所谓人人应备之财政常识，一开卷而尽罗于目，岂仅国政隐受其益，抑社会实利赖焉。"②此外，他还于1928年编纂出版了《国债与金融》一书，对当时中国的内外债与金融关系等问题，做了系统而全面的阐述。

1924年，潘序伦从美国回到了离别3年多的上海，先后担任上海商科大学教务主任兼会计系主任和上海国立暨南大学商学院院长之职。1927年1月，潘序伦在上海创办了"立信会计师事务所"；所名"立信"取自《论语》"民无信不立"之意。潘序伦认为"立信为建国之首务……若退而言会计，则立信为尤要""立信乃会计之本"，以建立信用、争取他人的信任为事务所的第一主旨。后来，他又把主旨引申为"信以立志，信以守身，信以处事，信以待人，毋忘立信，当必有成"，这24个字是立信会计师事务所事业的信条，后来又成为立信学校的校训。为了培养更多的现代会计人才，传播西方新式会计知识，他在1927年首先设立簿记训练班，此后陆续添设了"英文簿记""会计学""银行会计""政府会计""公司会计""成本会计""所得税会计""审计"等课程，任凭学生选修。他于1937年在上海正式创办立信会计专科学校，数十年间培养了数以万计会计人才。他还专门成立了立信会计图书用品社，编译簿记、会计、审计等书籍，先后出版包括簿记、会计、审计等内容的《立信会计丛书》和包括财政、金融、保险、贸易、统计、计算技术、企业管理等内容的《立信

---

① 转引自汤虎君：《贾士毅——近代财政史学大家》，许卫国主编：《无锡走出的经济学家》，第124页。

② 转引自汤虎君：《贾士毅——近代财政史学大家》，许卫国主编：《无锡走出的经济学家》，第126页。

财经丛书》。至1956年初立信会计图书用品社结束时为止，先后共出版发行各种会计书籍不下150种，其中由潘序伦撰著、翻译和主编的近40种。1933年付印的潘序伦所著《会计学》4册100万字，是"立信会计丛书"的开山之作，它集各门会计之大成，除阐述普通会计学原理，还涉及公司会计、成本会计、解散及破产会计、遗产及信托会计等内容，对预算控制、财产估价、决算报表分析、统计报表应用等内容，亦做了深入的研究。1950年他写了《基本会计学》，1983年他又与人合著了《基本会计学——西方会计》，该书对会计学学科建设起到提纲挈领的作用。潘序伦晚年在其回忆录中说过："如果说我对我国会计学术有所贡献的话，当以编辑出版立信会计丛书为最。"①

唐庆永，1930年回国后在交通大学担任过讲师。1936年后，唐庆永离开学校到银行任职，先后出任上海商业储蓄银行苏州、成都、昆明分行经理，1946—1952年担任上海银行北平分行经理。中华人民共和国成立后，为解决民国时期通货膨胀引起的一系列问题，北京市政府成立了"北京市公债推销委员会"，通过发行公债来抑制通货膨胀。唐庆永的商业经济思想集中反映在其1935年出版的《现代货币银行及商业问题》一书中，该书内容涉及货币银行及商业问题的诸多方面，但尤以论述货币银行与商业关系的问题最具特色。

"他是真正有世界影响的中国学者。"②这个"他"，就是张仲礼。1958年张仲礼放弃华盛顿大学终身教职，回国参加新中国建设，历任上海社会科学院经济研究所研究员、室主任、副所长，上海社会科学院常务副院长、院长等职。他的学术研究大体上可以分为三个阶段：在美国从事的中国绅士研究、回国以后的企业史研究和1990年前后开始的城市史研究。在华盛顿大学攻读博士学位期间，他首次将中国绅士作为一个特定的阶层，以科学实证的方法精确揭示了其在中华政治与经济结构中的地位和作

---

① 潘序伦：《潘序伦回忆录》，北京：中国财政经济出版社，1986年，第39页。
② 汪仲启：《张仲礼："中国绅士"研究第一人》；姜义华：《真正有世界影响的中国学者之一》，同载《社会科学报》2013年5月30日。

用，并发表了成名作《中国绅士》。美籍学者费正清在《美国与中国》所附文献选读中称《中国绅士》是一本"从有功名的人的意义来研究中国绅士的最透彻的统计研究著作"；《美国政治和社会科学院年报》赞扬该书"对中国社会、中国上层集团、中国官僚政治等问题的研究做出了很大贡献"；《美国联合服务季报》评价此书"讨论了（中国）士大夫阶级的权力，详细分析了科举制度的利弊得失，利用了大量第一手资料，其深刻程度超出了任何其他有关这一问题的书籍"；《美国历史评论》则称这是"一本对中国近代制度史做出重大贡献的研究著作"。①在此基础上，张仲礼又对19世纪后期中国国民生产总值和对中国绅士阶层收入的性质与来源做了进一步的探讨，其最终成果就是作为《中国绅士》续篇的《中国绅士的收入》。《美国学院年刊》认为，后人有关这方面的研究都将以张仲礼的研究为起点。美国学者费维恺在他的著作《剑桥中国晚清史（1800—1911）》下卷第一章中作者直接引用了张仲礼的研究成果，他在书中写道："对19世纪中国国民总产值的估计，就我所知，这是惟一的尝试……这些数字大致显示了19世纪80年代几个经济部门的规模。"由于张仲礼的两本专著在国外学术界的广泛影响，华盛顿大学出版社于1961年和1967年两次重印了《中国绅士》，1982年又再版了《中国绅士的收入》。1991年两书的中译本由上海社会科学院出版社出版。除了中国绅士的研究，张仲礼在华盛顿大学参与"中国近代史研究计划"期间，还与Franz Micheal合编了三册《太平军起义》，先后于1966年和1972年出版。1958年，张仲礼响应祖国号召回国，历任上海社会科学院经济研究所研究员、副所长，上海社会科学院院长等。张仲礼运用自己的学术优势，以新视点开始了对中国近代经济史及企业史的研究。在中国近代资本主义经济史和上海工业史研究方面，出版了《南洋兄弟烟草公司史料》《荣家企业史料》等；在外国在华企业研究方面，主要成果包括《英美烟草公司在华企业资料汇编》

① 转引自陈曾年：《中国近代经济史研究的一位开拓者——张仲礼教授》，《近代中国》第2辑，上海：上海社会科学院出版社，1991年，第316—317页。

《沙逊集团在旧中国》《太古集团在旧中国》等。这方面的研究为中国今后的企业研究树立了典范，也奠定了上海社会科学院经济研究所企业史研究的基石。20世纪80年代末，张仲礼的研究转入第三阶段，组织上海社会科学院经济所和历史所合作进行上海城市研究，陆续推出了《近代上海城市研究》《东南沿海城市与中国近代化研究》《长江沿江城市与中国近代化》等创新性著作。这个系列研究加上同时期"近代华北城市研究"等项研究，弥补了以往个案城市研究存在的孤立和静止的缺陷，开拓了城市史研究的新领域，同时也提升了城市史研究的层次，树立了中国近代城市史研究的一块里程碑。

盛慕杰，在上海从大学毕业后，先在上海《文汇报》副刊当主编，并在上海各大报刊发表了一系列有关金融方面的文章而崭露头角，被调入中央银行经济研究处任职，后又担任棉纺业银团贷款总稽核、信义统计会计师事务所所长，长期在金融行业工作。抗日战争时期在香港为无锡庆丰集团管理财务，开我国"代客理财"之先河。抗战胜利后，他出任浙江兴业银行专员、处长，后回中央银行任主任专员。中华人民共和国成立初期，他出任上海市金融同业公会副秘书长和中国人民银行华东区行科长，担任过上海市黄浦区政协主席。改革开放后，他是上海财经大学复校的主要策划者之一，并任交通银行总行常务董事、监事，先后任中国人民银行上海市分行金融研究所副所长、所长，中国人民银行总行顾问。并兼任中国人民银行总行研究生院教授、博士生导师，中央财经金融学院教授，复旦大学兼职教授。盛慕杰一生从事金融工作，精通各项业务，这为他的理论研究奠定了坚实的实务基础。他在金融理论和政策研究中提出了一系列独到的见解，为我国金融体制改革做出了特殊贡献。他是我国最早提出在国企改革中实行股份制的学者之一，先后发表《股份制与搞活大中型企业》《搞活大中型企业与实行股份制》等文，阐述股份制与大中型企业两者之间的关系。1985年，他在《宏观控制与大中型企业股份化》一文中提出，通过股份化改革增强大中型企业的活力，这不仅有利于明晰国有企业产权，而且可以通过所有权证书的转让交易，作为市场政策工具调控金融运行，这是金融宏观控制的最重要工具。1985年10月中国人民银行总行教育司召开全国金融专业教学大纲制定会，提出适应新形势需要开设中央银行学的建议，这一建议被大会所接受，并推选盛慕杰为主编。1989年，由他主编的《中央银行学》由中国金融出版社正式出版，该书被确定为全国各类金融专业必修的六门主干课教材之一。

陆学艺，历任中国社会科学院哲学研究所助理研究员、副研究员，农村发展研究所副所长，社会学研究所副所长、所长，兼任中国社会学会会长，2000年兼任北京工业大学人文学院院长，后任中国社会科学院荣誉学部委员、研究员、博士生导师。作为"三农"问题的专家，他曾多次提出多项政策建言并被高层采纳。1979年《包产到户问题应当重新研究》是国内研究包产到户最早的调查报告之一，最早从理论上论证了农村实行家庭联产承包责任制的必要性、合理性。1986年《农业面临比较严峻形势》一文力排众议，指出农业发展的十一大制约因素。1991年《当代中国农村与当代中国农民》一书提出减轻农民负担，保护农民生产积极性。2001年《解决农民负担要着眼城乡关系》一文指出"解决农民负担问题目光须在农村之外"，主张改变"城乡分治，一国两策"。2002年《"三农论"——当代中国农业、农村、农民研究》一书提出"反弹琵琶"——加快城市化进程。同年，社会学著作《当代中国社会阶层研究报告》出版，提出了减少农民、缩小农民阶层的重要观点。

裴叔平，大学毕业后最初20年是在杂志社工作。1978年4月，裴叔平被调入中国社会科学院工业经济研究所工作，先后任工业经济研究室副主任、主任，工业经济研究所副所长。他研究中国工业化的所有制结构和区域布局，着眼点是乡镇企业。20世纪80年代中期，裴叔平主持了中国社会科学院"苏南工业化道路"重点研究课题。在一年多的时间内，他三下江南，和课题组成员一起深入苏南的大部分县（市）、乡镇和企业参观考察，形成研究成果《苏南工业化道路研究》。这是一本从工业化的角度研究一个地区乡镇企业发展的专著，该书的最大成果就是颠覆了此前发达国家城市工业化的模式，提出了"农村包围城市"的观点，确立了城乡工业同时发展实现工业化的双轨制模式，这是具有中国特色的现代化建设道路的具体体现。他编审、终审的《中国工业经济》和《中国工业发展报告》

在工业发展战略、产业结构与产业政策、工业化与城镇化、工业技术引进与技术进步、对外经贸政策等方面，发挥了重要的导向作用。

顾松年，从1978年起在江苏省哲学社会科学研究所主持经济研究室工作，省社会科学院成立后任经济研究所所长，开始致力于经济学研究。他倡导将跟踪实践与超前研究相结合，立足江苏，面向全国，放眼世界，概括新经验，探索新问题，提出新对策，对江苏经济改革和发展中提出的课题做了一些带有前瞻性的研究，开拓有江苏特色的地方经济研究的科研路子。他的经济研究领域较宽，涉及宏观经济、城市经济、区域经济、发展战略、商品流通、乡镇企业等领域。研究成果颇丰：在经济学理论研究方面，顾松年着重探研市场取向改革理论，撰写《在统一计划指导下充分发挥市场的作用》一文，预见到随着经济管理体制的全面改革，计划与市场从现实的"板块结合"必然走向"渗透结合"。在区域经济理论研究方面，顾松年着重中心城市作用、城镇体系建设和城乡经济协调发展研究，先后主持并参与撰写《明星城市南通之路》《开放型区域经济中心——无锡》等专著。20世纪90年代初，从强化苏锡常的整体优势出发，他指出三大市区与周围三个县"同域分治"的弊端并探讨其出路；1992年，又具体提出"推进城乡、市县一体，深化改革、突破管理体制上条块分割"；1995年，进一步提出加快苏南现代化进程，必须重视区域内城市群体的规划建设；1997年，在研究徐连经济带规划建设时，指出徐连地带可作为一个带状经济区实施整体规划，以促使这一地带走上联动与协调发展；1998年，就长江经济区域化发展进行研究，提出处理好"分区优势组合"和"沿江经济整体腾飞"的关系；同年，从大区域的视野，进一步探讨"跳出行政区划小天地"，推进真正意义上的城乡经济一体化。在现实经济问题研究方面，顾松年和沈立人共同主编出版的《宏观经济分层调控研究》一书，是在江苏实践中发现问题，又面向全国研究的一项成果。

20世纪90年代，江苏省社会科学院经济研究所曾以前沿研究、合作研究闻名全国，当时该所的"掌门人"正是顾纪瑞。他1982年任该所副所长，1990年任所长。其个人学术风格最突出的是勇闯经济新学科，紧密跟踪实践，超前选择人口经济、消费经济、网络经济、"入世"对策、可持续发展等前沿课题，进行前瞻性的研究。1979年4月，全国价值规律问题讨论会在无锡举行，这是改革开放发轫时期经济学界第一个解放思想的理论研讨会。会上，顾纪瑞提交了《关于社会主义市场经济的几个问题》的论文，成为率先提出"社会主义市场经济"的学者之一。该文分析中国存在和发展社会主义市场经济的客观依据，探索了市场经济的性质、特征、范围和作用，明确提出社会主义市场经济是指通过市场的供求关系，主要受价值规律的调节而进行生产和交换的那种商品经济，凡属国家直接计划以外的商品生产和交换，基本上属于市场经济范畴。

最早提出"建设社会主义可以有多种模式"，并向国人介绍东欧模式的是经济学家荣敬本等人。荣敬本1952年底从东北农学院俄文系毕业后，相继在中共中央编译局、中国社会科学院经济研究所工作，从事《资本论》译校20多年。在社会科学院经济研究所工作期间，荣敬本开始从事比较经济学的研究，取得了一系列重要成果。其中关于经济社会体制的比较研究，集中展现在《比较经济学》一书。该书阐明了比较经济学的对象、方法；比较经济学的产生和发展；比较经济学在当代的新发展——比较制度分析；比较经济学的基本原理——资源配置理论、产权理论、制度变迁和经济发展理论、博弈理论、委托—代理理论等。还说明了在开展经济社会体制比较时所必须了解的各种经济社会系统和各种经济模式比较的知识，并且根据最新的资料介绍俄罗斯改革的教训，以及日本和韩国在经济发展中的经济转轨，从比较分析中得出对我国体制改革和经济发展有益的借鉴。该书由辽宁人民出版社在1990年出版，于2002年修改补充后由甘肃人民出版社出版。

在改革开放背景下投身于经济学研究的王国刚，走过了一条从微观基础的企业运行机制改革到发展资本市场，再到推进中国金融体系完善的学术探讨历程，多年来围绕建立以资本市场为基础的现代金融体系，锲而不舍地进行比较系统的理论创新和实证研究。1988年至1994年任南京大学国际商学院教授，曾任江苏兴达证券投资服务有限公司总经理、江苏兴达会计师事务所董事长、华夏证券有限公司副总裁。他主持过青岛海尔、江苏春兰等40多家企业的股份制改组、股票发行和股票上市工作。1994年以后，他在中国社会科学院金融研究所（前身为金融研究中心）工作，历任金融研究中心副主任、金融研究所所长，博士生导师、研究员。1993年起，王国刚研究的重点由企业改革转向资本市场，着手研究国债、股票发行制度、定向募集公司、投资基金和监管等问题。他站在规范和发展我国资本市场的高度，以其深厚的理论功底和资本市场的丰富实践，对若干热点问题进行深入的研究和总结。从2002年9月至2003年6月，他一口气推出《中国资本市场热点问题透视——中国资本市场政策研究报告》《中国资本市场热点研究——政策分析报告》《中国资本市场热点分析——政策研究报告》三本著作，2004年、2006年又相继推出《中国资本市场的深层问题》和《建立多层次资本市场体系研究》。五本书作为研究中国资本市场发展的专门论著，研讨的内容相当广泛，全面论述了他对中国资本市场的深层次思考。

三、高校教授

无锡籍经济学家更多的是在高校任教，在教书育人的同时，围绕专业开展学术研究，在不同的学科领域著书立说，收获丰硕的成果。

在无锡籍经济学家中，杨荫溥长期在大学任教。1925年9月杨荫溥从美国学成归国，先后任上海光华大学商科副教授，国立中央大学商学院教授兼工商管理系主任、教务主任、代理院长，同时兼任国立劳动大学、暨南大学、上海法学院教授，讲授中国金融和经济学课程。1931年4月任上海浙江兴业银行南京分行经理，1934年2月调任总行总务处长，后又兼任总行储蓄部经理和经济研究室主任，同时还兼任中央大学法学院、上海交大管理学院教授及光华大学商学院院长等职。1936年10月，被国民政府外交部委任为驻日内瓦中国国际联盟办事处经济专员。1941年1月回国后，历任邮政储金汇业局首席秘书兼经济研究部主任、总务处长、"四联总处"秘书和银行人员训练所教育长。1942年任国民党中宣部党报社论委员会委员，兼任重庆大学商学院、复旦大学商学院、中央大学等校教授。1945年10月起，历任中央信托局储蓄处经理、上海证券交易所协理、上海现代经济通讯社和金融日报社社长、上海光华大学商学院教授等职。他先后出版了《上海金融组织概要》《中国交易所》《中国金融论》等著作。这些著作均是国内在有关方面较早出版的专著，史料翔实，立论严谨，富有新意，最早对中国银行和中国交易所的成长、现状、前景做出系统的阐述，具有较高的学术价值和史料价值，一些论著还被列为大学教学的专业参考书。中华人民共和国成立后，杨荫溥任上海财经学院教授，后进入上海社会科学院经济研究所担任研究员，开展民族工商企业和外资企业的资料整理工作，一度参加《中国财政史》的编写和教学工作，又参加《财政学》的重写工作。

1928年，祝世康从美国回国，先后在上海交通大学、复旦大学、南京中央大学等教授经济学、社会学。祝世康在经济学和社会学等方面的学术造诣很深，对劳工问题有特别深入的研究。他的主要著作有《劳工问题》《国防经济与经济建设》《经济建设之途径》《民生主义与世界改造》《民生主义与社会保险》《民生主义与经济学体系》等。

同年，胡焕庸从法国完成学业后归国，担任中央大学地学系教授兼中央气象研究所研究员，成为竺可桢在这两个研究机构中的得力助手。当时，中国的近代地理学刚刚起步，而西方已经形成了"地理环境决定论"思想，并在中国学术界广泛传播。胡焕庸感到中国地理学研究与西方存在差距，因此他撰写了《西洋人地学说晚近之发展》《白吕纳的人生地理学》《法国研究地理学的近况》等文章，向国内介绍了法国人地学派的"或然论"观点。1930年，胡焕庸成为中央大学地理系主任。他独自承担了几乎全部的自然地理学和气候学教学任务，成为一位孜孜不倦的地理教育家。他参考国外学者的著作，编写了《气候学》，该书成为中央大学的教材，第一次将德国柯本的气候分类法引入中国地理学界。1934年，胡焕庸创办了中国地理学会，并创办了《地理学报》，组织和领导了全国范围内的地理学术活动。1937年全面抗战爆发后，中央大学内迁重庆，胡焕庸改变了教学方向，开始教授中国地理和经济地理课程。1941年，他担任中央大学研究院地理研究部主任，并招收了首届三名研究生。1943年，他被任命为中央大学的教务长，并当选为中国地理学会理事长。从1950年起，胡焕庸担任治淮委员会技术委员会委员，结合实地考察和实践经验，陆续完成了《淮河》《淮河的改造》等著作。1953年，胡焕庸调任上海华东师范大学地理系教授，随后几十年主要从事世界地理的教学和研究工作。1957年，华东师范大学设立全国第一个与人口相关的研究机构——人口地理研究室，他担任研究室主任。

1925年，唐庆增从美国学成回国后，历任吴淞中国公学、上海商科大学、交通大学、国立暨南大学经济学教授及大夏大学经济系主任，从1930年起，他又先后担任国立浙江大学经济系教授、南京中央政治学校经济系兼职教授、江西中正大学经济系副教授、上海光华大学经济系主任、北平铁道管理学院财务管理系主任、上海大同大学经济系兼职教授、上海圣约翰大学经济系访问教授等职，长期从事教学和科学研究工作。中华人民共和国成立后，唐庆增专任复旦大学经济系教授。他是近代从事中国经济思想史教学和研究时间最长、论著最丰的一位著名学者，在当时中国的经济学界地位甚高。1930年至1936年是唐庆增经济理论研究最为活跃的时期，共出版学术专著编著13部，主要包括三个方面的内容：一是介绍国外经济学家及其经济学理论，如《西洋五大经济学家》（集成书局，1930年）、《穆勒经济学原理》（商务印书馆，1931年）；二是介绍国外经济制度和经济政策，如《国外汇兑》《国际商业政策史》（均为商务印书馆，1930年）；三是中国经济思想史研究，其中《中国经济思想史》（上卷）是他经济思想史研究的主要代表作。《中国经济思想史》（上卷）的出版，标志着中国经济思想史作为经济学的独立分支学科已经奠定其学术基础。当时学界曾做出这样的评价："唐庆增先生为一纯正之学者，于理论经济学研究甚精。……论此方面之修养，国内学者实无有出其右者。"[1]

1929年，胡鸿勋（字纪常）从法国巴黎大学学成归国，进入中央研究院，任社会科学研究所研究员兼蔡元培秘书，后来又任上海商学院教务长兼国际贸易系主任，交通大学管理学院、大同大学、东吴大学等学院专职或兼职教授。1948年，胡鸿勋侨居加拿大，1961年归国，任上海市侨联副

---

[1]　夏炎德：《中国近百年经济思想》，上海：商务印书馆，1948年，第178—179页。

秘书长、市政协委员。著有《鸦片战争以来中国关税史》《国际商会论》《国际贸易商品分类理论》等。

邹依仁，1938年在美国完成学业之时，正值日本侵华战争爆发。一些留学生因此滞留国外，邹依仁不顾战争危险，毅然返回祖国，到达重庆。1939年至1942年，他任复旦大学教授、统计系主任。1943年至1946年受聘于重庆大学、中央大学、朝阳大学，任教授。1946年至1951年任上海商学院教授，并兼统计系主任。1952年后任上海财经学院、上海社会科学院部门研究所和上海交通大学工程管理系教授，并任《财经研究》主编。邹依仁对抽样法有深入研究，他最初的抽样法著作《统计抽样法》出版于1957年，是中国最早的关于抽样法的著作。虽然该书只限于对一般抽样理论和初步实际应用的论述，但对推动中国抽样理论的研究和教学做出了一定的贡献。1982年，邹依仁又对该书做了较大修改补充，出版了新的修订版本。1985年出版的《高级管理统计学》是邹依仁一生的学术总结，全书对数理统计及其分支管理统计学做了系统阐述。该书的出版，标志着中国统计学重新回归国际统计学术界。邹依仁的其他专著还有《高级统计学》（1948）、《工业统计学》（三卷本，1950—1953），译著有英国沃利斯的《计量经济学导论》（1985）。

在近现代无锡涌现的众多著名经济学家中，有这样一位学者：77岁时他宣称要再大干20年；98岁时发表"人类纪"三篇生态学基础理论文章，完成一部农业生态学英汉双语词典；百岁时仍身体硬朗、精神矍铄。他就是长期致力于高等教育教学，西南大学的一级教授、中国生态农业理论与实践的奠基人叶谦吉。他回国后曾任南开大学经济研究所教员、教授兼研究员，重庆中央大学农学院农业经济系兼任教授、硕士生导师，重庆大学法学院经济系教授、系主任。1944年至1945年，叶谦吉作为中国政府选派的高层农业和水利专家，赴美考察研究美国农业调整与农业改进的成功经验；1946年春，中美两国专家又组成"中美农业技术合作团"赴中国进行考察访问；叶谦吉作为中方专家参加了为期近半年的考察；考察团所撰写的《中美农业技术合作报告》由叶谦吉与另外一位博士合作翻译成中文，由上海三联书店于1948年出版发行。中华人民共和国成立后，叶谦吉任西南农业大学教授、博士生导师。专著有《生态农业——农业的未来》，编著有《英汉农业经济词典》，译著有《现代企业管理》（奥斯伯等著），主编了《农业生态经济博士论丛》等。《生态农业——农业的未来》全面地介绍他的生态农业理论，系统阐明生态农业的特定概念、内涵、思想和原理原则，开创性地提出了宏观生态平衡、微观生态平衡、生态平衡的四种状态与生态农业五大过程以及生态农业发展三阶段论，并着重指出了"生态文明"的概念。

汪鸿鼎，在中华人民共和国成立之前曾任国立英士大学副教授，后历任震旦大学、中华工商专科学校、立信会计专科学校副教授、教授。1952年起执教于上海财经学院工业管理系，一度调入复旦大学国际政治系。1978年重回上海财经学院组建世界经济系，历任讲师、副教授、教授及教研室主任等。76岁退休后仍被聘为华东工业大学等学校的顾问教授，一直工作到82岁。与人合著《世界经济危机》（1988），合译《古巴革命战争回忆录》（1975）等。

1941年秋，徐毓枬学成归国，执教于昆明西南联合大学，讲授"高级经济学""经济名著选读"。1946年西南联大解散后，徐毓枬执教于清华大学，重点讲授"当代经济理论"，系统介绍凯恩斯、希克斯、张伯伦、罗宾逊等人的经济理论。1952年我国高等学校院系调整，徐毓枬任北京大学经济系教授。1949年，商务印书馆出版了他的《当代经济理论》。这是当时唯一一本用规范的西方经济学范式写作的教科书，对西方的经济理论，包括各个流派都有介绍，并做了一次梳理，这在我国西方经济学的传播上是具有划时代意义的。他还是凯恩斯《就业、利息和货币通论》的最早翻译者，实际上早在1948年他的译稿就已经完成了，但是直到1957年三联书店才出版了他的译本，后又由商务印书馆再版，列入汉译名著丛书之一。徐毓枬一生从教，学生众多，其中有后来成为一代著名经济学家的刘国光、厉以宁和胡代光等。

1949年，是中国改天换地的一年。梅汝和毅然从美国回国，投身新中国的建设事业。他曾任上海市政府财务处处长、第一商业局财务处处长、上海外贸职工大学校长等职，从1979年起任上海财经大学贸经系主任和财经研究所所长、上海交通大学教授，兼任华侨大学教授。他创立了中国特色的市场营销学，主要著译有《营销管理》（中译本）、《国际营销管理学》、《市场调查与预测》等，也曾发表大量关于市场营销的专论。

同一年从美国毅然回国的还有刘崧生。回国后，刘崧生即被聘为南京大学农学院农业经济系副教授。1952年我国高等学校院系调整，刘崧生转入南京农学院农业经济学系。刘崧生是我国农经学界的带头人，在农业经济教育战线执教44年从未间断，先后开设过十多门课程，其中包括"统计学""会计学""社会主义农业经济学""国民经济计划学""农业企业经营管理学"等研究生课程。所开课程几乎囊括农业经济管理专业的主干课程。1963年由刘崧生负责主编的《社会主义农业经济学》由农业出版社出版，这是我国第一部社会主义农业经济学教材，之后曾多次修订补充，成为农业经济学的权威著作。

1950年夏，钱荣堃从英国回到广州，在岭南大学执教了一年，第二年回到母校天津南开大学金融系担任货币银行学的教学工作，1953年被任命为金融学系主任。1954年高等院系调整时南开大学金融系停办，钱荣堃被调到学校图书馆任副馆长，之后下乡劳动、下放到工厂和农村，直到20世纪70年代末才回到南开大学经济系任教。1981年南开大学重开金融学系后，钱荣堃复任中断了28年之久的系主任，并担任国际金融方面的教学工作，是年他已65岁。在南开大学经济学院从教期间，他创办国内第一个国际金融博士点，有"第一金融博导"之誉；创办MBA教育"南开—约克模式"，首倡中国式MBA教育，被誉为"中国的MBA之父"；编写了《国际金融》教材，对国际收支、外汇和汇率、国际金融市场和国际资本流动、国际货币制度、我国对外金融等主要问题做了研究和论述。

徐政旦，1946年从上海大夏大学经济系毕业后，毕生在高等教育领域工作，历任上海大夏大学讲师，华东交通专科学校、上海财经学院、上海社会科学院、复旦大学副教授，1982年任上海财经学院（即现在的上海财经大学）会计系副主任。执教六十余个春秋，桃李遍天下。徐政旦在会计学、审计学等学科领域具有很高的学术造诣，是我国当代享有盛誉的会计理论和审计理论大家之一。徐政旦有关会计理论的主要著作有：《工业会计》（1975）、《会计辞典》（主编，1982）、《会计制度设计》（1988）、《成本会计》（1988）等。其中，他与龚清浩共同主编的《会计辞典》是中国第一部会计专业辞书，发行逾百万册。《内部控制制度及其评审》（1989）、《内部审计学》（1989）、《现代内部审计学》（1997），则是他主编的最具代表性的三部审计学力作。他对中国审计和会计理论研究的杰出贡献主要包括以下几个方面：首提"用账"理论，树立"建账"观点，创立成本计算"品种法"，构建现代会计工作的框架；探索建立和完善中国内部审计理论体系路径；深入研究内部控制理论，明确提出内控制度基础审计的理论与方法；在研究国外现代审计的基础上，探讨我国审计发展的基本方向；提出建立我国审计准则的必要性，主张以审计准则统驭审计工作。

许心礼，是徐政旦在上海财经学院时的同事。许心礼1956年从中国人民大学研究生毕业，1959年在上海社会科学院国际经济研究室工作，1971年在上海国际问题研究所亚非研究室工作。曾任上海财政大学世界经济系主任、教授，教研室主任、副研究员。50多年中，许心礼以研究国际贸易、国际经济为重点，在精心育人的同时，刻苦研究，独著或合著了《战后美国经济》（1974）、《现代美国经济问题简编》（1981）、《新加坡》（各国手册丛书，1983）、《西方国际贸易新理论》（1989）、《国际贸易与金融》（1993）等，还撰写了《当前国际贸易形势和中国对外贸易》《社会主义初级阶段外贸发展战略》《沿海地区外向型经济若干问题探讨》《中国复关对经贸影响和对策》等论文。这些著作和论文分析了当时国内外贸易经济形势，就对外贸易政策、开放经济中的外贸宏观管理、国际分工与国际贸易、国际贸易理论、中国加入WTO对农业的影响、进出口业务管理和进出口配额管理等，提出自己的见解。这一系列论著在当时具有一定的代表性，成为论述GATT、WTO方面的权威读物，对我国国际贸易发展战略的研究和制定起到重要的作用。

葛霖生，1951年从上海财经学院统计系毕业后留校任教，担任"统计学原理""贸易统计"等课程的教学工作，创建系资料室；1958年转入上海社会科学院，从事学术情报工作；1975年又调入复旦大学，先在经济系后在世界经济研究所，先后任苏联经济研究室主任、所长和经济学院分党委书记。葛霖生长期关注苏联经济，"洋为中用"，积极从事对建设有中国特色的社会主义富有现实意义的课题研究，并发表了一系列论文。20世纪80年代初期，他就苏联"十五计划"的执行情况、农业投资效果、经济结构、劳动力状况、人才培养与经济发展的关系、苏联经济调整及其失败原因、苏联的经济发展战略、对外贸易战略、农业政策等进行深入研究，先后发表了14篇论文。20世纪90年代初，根据中共十四大提出的要"努力提高科技进步在经济增长中所占的含量，促进整个经济由粗放型经营向集约型经营转变"的战略决策，葛霖生先后主持了中国国家社科基金"九五"重点项目"西方十国经济增长方式研究"（1998）和上海市社会科学界联合会项目"发达国家经济增长方式转换的比较研究"（1997—1998）。他通过对发达资本主义国家、新兴工业化国家（地区）成功转型经验，以及苏联未能转变增长方式原因的剖析，系统地论证了我国转变经济增长方式的设想。他提出，经济增长由粗放型向集约型转变，是现代化大生产发展的内在要求和必然趋势，是一个国家（地区）经济发展到一定阶段提出的新课题。他还对收入分配制度改革有一定的研究，较早地看到收入分配差距问题。他特别剖析美国"新经济"条件下收入差距扩大的原因，提出了我国分阶段适度控制收入差距的构想。

周三多，20世纪50年代末离开吉林工业大学，响应"上山下乡"号召，又至常州客车厂工作，直至1982年47岁之时才回到南京大学任教。在南京大学，他创下了多个"第一"：1988年主持筹建南京大学国际商学院，成为首任院长；1994年成为南京大学文科首席教授；由他推动的南京大学与哥伦比亚大学MBA合办项目，开启了我国管理学中外合作办学的先河；由他推动的"南京大学新加坡MBA班"，开创了中国大学到境外办班的先例；由他领衔的MBA入学考试研究机构攻克了我国MBA发展的瓶颈，疏通了前进道路上的"堰塞湖"；他在管理学理论与方法、当代战略管理思想、中小企业管理、孙子兵法与企业经营等方面做了深入研究，形成具有鲜明个人风格的学术思想。他对具有中国特色的管理学科发展的贡献主要体现在管理的研究方法、管理的人本主义、经营管理者素质的全面考察、管理伦理以及管理的创新特质等方面，提出了许多有重大影响和创新的学术观点。他编著和合著了20余部专著，撰写了30余篇重要论文。其中，著作《管理学原理与方法》成为大专院校管理类专业的典范教材，被全国300多所高校广为采用；《战略管理思想史》是国内发表的第一部战略管理思想史；《论战略管理丛书》被全国高校列为博士生必读书目；《中国经济现状和企业改革新进展》一文是南京大学第一篇被SSCI收录的论文。

1960年，陆南泉在苏联莫斯科财政学院获博士学位后回国，先后在中国人民大学、中共中央联络部执教并从事苏联问题的研究工作。1981年起在中国社会科学院苏联东欧研究所（现改名为东欧中亚研究所）工作，先后任经济研究室和俄罗斯研究室主任研究员。曾任中国社会科学院俄罗斯研究中心副主任，中国社会科学院研究生院教授、博士生导师等职，还曾兼任日本北海道大学斯拉夫研究中心、日本国际问题研究所客座教授。陆南泉结合我国经济体制改革的需要，较系统地研究了苏联经济体制形成、发展和改革的过程，不断总结苏联改革的经验教训，为我国改革提供借鉴。1979年，正当我国进行改革试点时，陆南泉就根据苏联改革的实践，为《人民日报》《理论宣传动态》撰稿，提出我国改革应按照扩大企业自主权的路子进行，并具体提出如何解决企业计划权、正确认识指令性计划、明确企业法律地位和职工拥有管理权等重要问题。他撰写的《苏联经济体制改革为何迈不开大步？》一文发表于中央党校1979年第171期《理论动态》杂志，分析了阻碍苏联改革的各种因素。他对苏联高度集中体制形成的原因提出了自己的看法，强调首先与斯大林长期对马克思教条主义理解有关，即否定商品生产与商品货币的关系，与以国家为中心、企图把整个社会变成一家大工厂等理论有关，另外也与苏联错误地运用了战时共产主义经验有关。在总结苏联、东欧国家改革实践的基础上，系统地分析了苏联在市场问题上的错误，以及苏联式的计划体制的重大弊病。对苏联经济改革的其他一些重大问题，如对赫鲁晓夫、勃列日涅夫时期改革的评价，民主管理问题等，陆南泉均提出了自己的观点。[①]

尹伯成，从复旦大学毕业后留校任教，历任复旦大学经济系副主任、西方经济学教研室主任。从事外国经济学说史和现代西方经济学的教学与研究，讲授"经济学说史""当代西方经济思潮"等课程。他将理论应用于实践，运用经济学说积极探索社会主义市场经济建设过程中的各种实践问题，提出了一些具有预见性、适时性、可操作性的政策建议。除了在宏观方面就改革开放中的所有权与经营权、价格体系、私有财产权等有关经济体制、法律等重大问题深入开展理论研究，还在证券市场、房地产经营、社会保障、信息经济等诸多方面进行理论分析，提出政策建议。发表有《凯恩斯计算就业乘数中的误差分析》《资产阶级古典经济学的贡献和局限性》等论文；著有《简明资产阶级政治经济学史》，合编《新编政治经济学教程》《当代西方学术思潮》等。

吴申元，1981年研究生毕业于复旦大学经济系中国经济思想史专业，毕业后留校任教，曾任复旦大学人口研究所所长，复旦大学经济系教授、博士生导师，讲授"中国古代经济文选""中国人口思想史""中国经济思想史""西方行为学说"等课程。有《试论明代中后期经济思想的演变》《中国经济思想史研究评述》等论文；著有《中国人口思想史稿》（1986）、《中国传统文化的遗传和变异》（1988）等专著。其中《中国人口思想史稿》是中国第一部比较系统、完整的人口思想史专著。他力图摒弃传统观念，不以历史人物的阶级立场、政治态度作为评价其人口思想的基调，而是依据史料实际，运用马克思主义的立场和方法，做出实事求是的评价。他认为，中国古代的人口思想在世界人口思想史上占有重要地位，世界人口思想史的第一页应当从中国写起。该书资料丰富，不少由作者首次发掘整理，各章的"人口概况"及附录的"历代人口一览表"，比较清晰地描述了中国人口思想发展的脉络。

---

① 中国社会科学院研究生院教务处：《名师荟萃——中国社会科学院研究生院博士生导师简介（一）》，北京：中国经济出版社，1998年，第711页。

　　陈禹，1981年12月从中国人民大学毕业后留校任教，从讲师、副教授到教授，曾任中国人民大学信息系系主任、信息学院院长、信息中心主任等职务。几十年时间，陈禹的大部分工作是在信息管理与信息系统领域。随着网络经济的飞速发展，陈禹把眼光投向网络经济前沿理论，主编了《计算机应用基础》《信息管理与信息系统概论》等教材，其中后者到2022年时已经印行第5版。电子商务风起云涌，陈禹指导学生从事网商生态系统的研究，旨在形成电子商务竞合有序的良好发展环境。对于信息经济学，他提出了许多前沿性的观点，指出："信息经济学并不能仅仅被看成经济学的一门分支，而是对经济学大部分内容重新阐释的必需。""随着标准经济学分析框架的瓦解，从信息经济学的角度对所有的经济学内容进行重新检验就很有必要。""信息经济学提供了一种新的经济学范式，一种关于经济是如何运行的理解方式的转变。"由吴阶平、季羡林总编，宋涛主编的《20世纪中国学术大典——经济学》，把陈禹列为信息经济学家。

　　徐滇庆，在美国匹兹堡大学取得博士学位后，于1990年任教于加拿大萨斯喀彻温大学经济系。1994年，他转到加拿大西安大略大学休伦学院经济系任教，而后取得终身教授资格。他同时担任北京大学中国经济研究中心、香港科技大学、西安交通大学、江南大学等院校的客座教授。他对中国金融有着精深的研究，早在匹兹堡大学就读时创新可计算一般均衡模型（CGE），侧重模拟经济改革过程和各项政府政策对经济的影响。20世纪80年代末，中国实施价格双轨制，徐滇庆用计算机模拟了经济转型过程，刷新了传统的理论和技术；中国加入WTO前夕，徐滇庆用模拟的方法进行估算，得出了WTO对失业冲击不大的结论；2000年，徐滇庆对中国社会保障资金缺口进行模拟研究，推翻了世界银行和摩根士丹利认为中国保障资金缺口10万亿元左右的结论。他因力主发展民间金融，被誉为"民营银行总设计师"。

　　李炳炎，1981年起执教于中共江苏省委党校、江苏省行政学院；1993—1996年任南京理工大学经济管理学院院长，1997—2001年任中共江苏省委党校、江苏省行政学院经济社会发展研究所所长，2002年起任江苏小康与现代化研究中心主任，2004年起任中央财经大学博士研究生导师。主要研究领域为：政治经济学和《资本论》研究、社会主义经济理论与实践、财政学、产业经济学、国民经济学、企业管理，出版专著23部，其他著述40余种。主要代表作有《新成本论》《需要价值理论》《社本论》《公有制分享经济理论》《社会主义市场经济研究》《我的市场经济观——我的公有制市场经济本体论》《卓炯：经济学的革命》等。其主要理论贡献有：创立社会主义新成本理论，为建立企业净收入分成制和创新国民收入核算体系及税制奠定理论基础，突破了传统社会主义政治经济学体系；创立"需要价值理论"，发现社会主义市场经济的基本规律——需要价值规律；早于美国经济学家马丁·L.威茨曼提出具有国际影响力的分享经济思想；进一步完善"社会分工派"社会主义市场经济理论；发展马克思的"重建劳动者个人所有制"理论，提出"自主联合劳动"理论及其所有制模式和经济运行机制；提出了"共产主义市场经济"新概念；创立社会主义经济体制改革的"中国模式"理论；创立社会主义经济发展的"中国模式"理论，即"中国模式"经济发展理论。

芮明杰，曾任复旦大学管理学院产业经济学系系主任、校学术委员会委员，复旦大学工商管理博士后流动站站长，国家重点学科产业经济学学科带头人。作为一名应用经济学和管理学教授，他的主要研究方向是企业发展、公司理论、产业经济学、管理创新。多年来先后在SCI、SSCI、国家权威和核心学术刊物上发表论文近百篇，出版著作（包括合著）30余部。其中反思中国工业化道路的《社会主义工业论》得到经济学界的一致好评；为国有企业把脉的《广东、上海国有企业比较研究》赢得好评和赞许；从《现代企业管理的创新》到《管理创新》，建立起管理创新理论体系，并发展为一个研究领域；在对中西方管理文化和哲学比较研究的基础上，他率先提出"人本管理"理念；《管理学——现代的观点》一书更是成为管理学著作中的畅销书。

卢现祥，曾任中南财经政法大学教授、博士生导师，中南财经政法大学经济学院副院长。主要研究方向是新制度经济学、西方经济理论、经济体制改革理论，先后发表出版论文和著作180多篇（部）。其主要学

术成果有《西方新制度经济学》（1996、2007）、《中国富有阶层探秘》
（1996）、《寻租经济学导论》（2000）等。《西方新制度经济学》的出
版，奠定了他在中国经济学界的地位，使其成为中国新制度经济学系统的
研究专家之一。他注重把西方新制度经济学与马克思主义理论相结合，用
以指导解决中国经济转型过程中的现实问题。2006年发表了《马克思是制
度经济学家吗？》一文，对马克思理论与新制度经济学的关系进行了比较
系统的分析，提出对交易费用进行两个层次的分析的观点，即从微观层次
和宏观层次对交易费用进行测量与研究。还有《我国制度经济学研究中的
四大问题》《我国区域经济发展的四大问题》《论华人企业的家族式管理
与传统文化的关系》《加入WTO后我国体制演进的新趋势》等文章，在学
术界引起较大反响。

第三节　前后传承的三代学者

作为一个群体，无锡籍经济学家虽相互间没有师承关系，但他们有非常相近的价值取向，在中国经济和社会的巨大转型中前后传承、相互支持、时会势至，形成我国经济学家群山奔腾之中的大家辈出、高峰迭起的生动局面。从他们在经济学领域所处的地位以及做出的贡献来说，这些无锡籍经济学家大致可以分为三代。

第一代学者是近代经济学的探路人、先驱者。他们筚路蓝缕，从西方取来思想火种，运用科学的概念和方法，考量正从传统社会挣脱出来的中国社会经济问题，推动了近代中国的思想解放和社会发展。

20世纪20年代末30年代初，国内思想理论界展开了一场关于中国社会性质问题的大论战。一批革命的社会科学专家学者，依据马克思主义科学，从中国农村实际调查出发，在经济学、历史学等各个方面，对近代中国社会的半殖民地半封建性质进行了全面论证和阐述。其中站在最前沿的，就是以陈翰笙为代表的一批从无锡走出来的、积极从事农村经济调查和经济理论研究的理论工作者。陈翰笙与同事王寅生一起带领张锡昌、薛暮桥、秦柳方、孙冶方、钱俊瑞、姜君辰等年轻学者开展了一系列的中国农村调查，其中以无锡调查最为著名，也最为重要。他们通过脚踏实地的调查获得了真实可靠的第一手资料，运用唯物史观的观点和方法，着眼于生产关系的剖析来调查和研究农村问题，得出了当时中国是半殖民地半封建社会的结论。为科学认识中国民主革命的性质、对象、动力、任务、前途等一系列重大问题，做出了理论论证。钱俊瑞晚年称，这次农村调查

"我们是用马克思主义作指导，用阶级分析方法，着重点放在农村生产关系方面"，而"资产阶级的庸俗社会学方法"将调查对象放在生产力方面，"用以掩盖阶级矛盾"。①在整个调查过程中，他们还与各种反对派发生了激烈的论争，最终以无可辩驳的事实和科学的论证，有力地揭露了共产国际内部关于亚细亚生产方式的错误观点和国内统治集团御用文人散布的"农村复兴"谎言，不仅捍卫了马克思主义的真理性，而且进一步促进了马克思主义在中国的传播和运用，推动了马克思主义中国化的发展进程。

如果说陈翰笙主持的无锡调查开创性地建立了中国农村经济经验研究的马克思主义研究范式，培养了最早的一批优秀的马克思主义经济学家，那么唐庆增则运用西方先进的研究体例和范式，参与构建了近代中国经济学科的初步框架。1925年，唐庆增在美国获得经济学硕士学位后回国，鉴于"世界各国实情不同，其历史的背景亦迥异，处今日而欲创造适合我国之经济科学，必以不背乎国情为尚"。所以，"非审度本国思想上之背景，不足以建设有系统之经济科学也"，他矢志"为创造本国新经济思想之准备"②，"以创造中国独有之新经济学"③而努力。在1933年出版的《经济学概论》中，他又提出："今后欲立国于世界舞台，当从研究旧有之思想下手，建设新经济科学。"④对于中国新式教育一味模仿西方而没有供给适合国情的教材，唐庆增发表了一系列论文，提出了自己的观点。唐庆增指出，中国大学经济系建设的目标是成立一中国化的经济学系。他说："将来大学中之经济学系，必可完全以本国情形为基础，我国大学中设立经济学系，历史既不甚久，故内容颇多模仿他国大学，间有不合国情

---

① 钱俊瑞：《中国农村经济研究会成立前后》，《新知书店的战斗历程》，北京：生活·读书·新知三联书店，1994年，第28页。

② 唐庆增：《中国经济思想史》（上卷），上海：商务印书馆，1936年，"自序"，第1页。

③ 唐庆增：《中国经济思想史》（上卷），"赵（人俊）序"，第5页。

④ 唐庆增：《经济学概论》，上海：世界书局，1933年，第28页。

之处，加以本国著述不多，故不能不借重西书以为教本，此系过渡时代办法，他日当能完全成立一中国化的经济学系，一方面研究西洋经济学说及制度之精华，一方面阐求我国固有之思想及改良国内之经济状况，采他人之长，补吾人之短，以切实之功夫，为精确之研究，是则愚所切望者也。"[1]在《改造我国大学中经济课程刍议》论文中，他借鉴哈佛大学、耶鲁大学、哥伦比亚大学的教学经验，结合中国基本国情，提出了在我国大学设置"经济学原理""会计学""货币与银行学""劳动问题""财政学"等课程的具体设想。[2]在论文《经济学系在大学课程中之地位及其使命》中，他全面论述了培养经济学本科生的方案。他认为，大学中经济学系内容可分为课程教学与课外工作两种，其中课程教学包括基本学科、理论之部、应用之部、研究学程四个方面。1933年唐庆增著《大学经济课程指导》一书，对经济学学科建设的问题和目标做了进一步论述，并详细设计了经济系应开课程。该书建议选本系科目31门，选其他院系科目38门。对于如何提高中国经济学的科研水平，唐庆增发表了《今日国中经济学家之责任》《研究经济学之方法》《经济学自修指导》等文章，详细论述了提高科研能力的各个方面的重要事项。当然，唐庆增在学术上的最大贡献当数对中国经济思想史的研究和论述。他积十年之力在1936年出版《中国经济思想史》（上卷），整理研究了我国自原始社会至秦末的上古经济思想史，开我国经济思想史研究的先河。唐庆增把中国经济思想史分为四个派别：儒家—中庸派；墨家—实利派；法家—功利派；农家—力行派。在每一派别中，分别论述其代表人物，可以说是以人物为中心。最后，他将各派别、各代表人物相关论述列为六大专题，即经济概念、生产论、消耗论、分配论、交易论、财政论。唐庆增对中国传统经济思想的研究，目的仍然在于能够在近代建立起健全之经济思想。他说："不可以中

---

① 唐庆增：《经济学系在大学课程中之地位及其使命》，《唐庆增最近经济论文集》，上海：民智书局，1933年，第92页。

② 唐庆增：《改造我国大学中经济课程刍议》，《唐庆增经济论文集》，上海：商务印书馆，1930年，第37页。

国经济思想历史之渊古而自大，因为可贵者，是在进步，但也不要以为落伍自卑"①，"中国既有四五千年之历史，何以经济思想乃不甚发达？此问题极为重要，盖今日吾侪欲促进经济思想之进步，第一步在扫除一切阻碍中国经济思想进步之要素。换词言之，即中国经济思想不发达之种种原因，须慎加研究；发现以后，始能加以补救，逐渐建设一健全之经济思想；思想成熟后，乃有中国经济科学可言"②。1937年，刘秉麟指出："唐叔高先生对于理论上之纂讨，真是朝夕孜孜，日深一日，其体大思精之处，前途正未可限量。"③但此后，由于身体原因，唐庆增最终未能完成《中国经济思想史》的后两卷，但仅此上卷在中国经济史研究上就占据了极其重要的地位和作用，无疑代表着近代中国经济思想研究的巅峰，用其哈佛同学赵人俊的话说，唐著以前的经济史研究论著与此相比，不啻"萤火之于日光也"④。同时代的夏炎德对唐庆增可谓推崇备至，将他与马寅初、刘大钧、李权时、叶元龙并列为当时中国的五大经济学家。

潘序伦建立了我国最早的现代会计学学科体系，创建了事务所、学校、出版社"三位一体"的立信会计事业。20世纪20年代前后的中国，民族工商业蓬勃兴起，用毛笔楷书直写的那种上收下付、项目又颇为简略的中式簿记，面对日趋繁复的财务活动，已经显得力不从心。古老的会计事业，遇到了新的问题，会计学科已处于关键的十字路口，会计的改革已是大势所趋。20世纪30年代前中期，我国会计学界爆发了一场是否以科学的西式会计取代传统的中式簿记的论争。其中一派是以徐永祚为代表的改良中式簿记派，另一派则是以潘序伦为旗手的引进西方会计的改革派。1933年，徐永祚发表了《改良中式簿记概说》一书，全面推出十条"改良大

---

① 唐庆增：《中国经济思想之改造》，《唐庆增经济演讲集》，上海：世界书局，1933年，第116页。

② 唐庆增：《中国经济思想史》（上卷），第15页。

③ 《刘秉麟先生序》，刘絜敖：《经济学方法论》，上海：商务印书馆，1937年，第1页。

④ 唐庆增：《中国经济思想史》（上卷），"赵（人俊）序"，第3页。

纲"，主张对中式簿记进行改良，沿用传统的收付为记账符号。他认为，中式簿记虽有四大弊端，但"不仅在形式上，有维持之价值，即在实质上，更有保存之可能"，因之确立以账户之分类、账簿之组织、账表之格式，以及记账之方法，为改良的重点。[①]针对这一观点，潘序伦与立信的改革派一起予以驳难。潘序伦于1934年连续发表《为讨论"改良中式簿记"致徐永祚君书》《改良中式簿记之讨论》等文章，指出争议实质不是中式与西式之争，而是单式簿记与复式簿记、竖式记账与横式记账、收付记账与借贷记账法之争，力主革新。此后，借贷复式记账法的引入、传播与推行，标志着中国现代会计制度的确立。这场论争结束后，潘序伦收集各位专家的论文，汇编成《改良中式簿记之讨论》。这场论争，是我国会计史上影响最大的一次学术讨论与交流，也是我国现代会计学术取得初步进展的重要标志。此后，复式簿记逐步得到推广。中国会计事业有今天的发展，与潘序伦等人的贡献是有直接联系的。

在我国人口地理学上，有一条著名的"瑷珲—腾冲线"（或作"爱辉—腾冲线""黑河—腾冲线"），揭示了中国人口分布存在着极端的地区性不平衡。这条线的首提者正是胡焕庸，故而这条线也被称为"胡焕庸线"。1935年，胡焕庸在中国地理学会学刊《地理学报》第3卷第2期上发表了中国人口地理学的重要论文——《中国人口之分布》，并附有中国第一张人口密度图。当时中国总人口统计达4.58亿，他以1个点表示2万人，根据掌握的实际情况将2.29万个点落实到地图上，再以等值线法画出人口密度图。该文指出中国人口分布存在着极端的地区不平衡，大致从黑龙江省的爱辉到云南省的腾冲画一斜线，通过此线可以清楚标识出东南半壁和西北半壁人口密度悬殊的情况。东南半壁虽只占全国土地面积的36%，而人口却占总人口的96%；西北半壁虽占全国土地面积的64%，而人口仅占全国总人口的4%。这个现象主要是由地理环境和农业基础的地区差异所

---

① 郭道扬：《中国会计史稿》（下册），北京：中国财政经济出版社，1998年，第515页。

造成。该文内容不限于人口的数量研究，而着重科学地探讨自然、社会，特别是农业生产条件对人口增长和分布的影响。胡焕庸在此文中向世人敲响了警钟，中国东南部地区人口密度过高，而西北半壁虽然地广人稀，但由于降雨稀少、高寒及土地沙化等情况，土地承载人口量也逼近高值，全国可供大量移民之地已不多见。这篇论文揭示了制约中国长远发展的人口与资源、环境的内在关系，实际上是一篇思考中华民族未来发展的重要的论文。《中国人口之分布》的开拓性研究成果在国际地理学界引起反响，美国*Geographical Review*杂志全文翻译介绍，英、德地理刊物亦相继载文予以介绍，认为该文不仅以全新的方法开创了中国人口地理研究，同时也奠定了中国人口地理学的基础。该文所提示的东南半壁与西北半壁的差异，至今仍然有着指导意义。根据1982年全国人口普查数据，东南和西北的人口比是94.4∶5.6，1990年全国人口普查结果又显示两个半壁的人口比是94.2∶5.8。

西方经济学的发展，经历了一个漫长的演化过程。1776年，亚当·斯密发表《国富论》，古典经济学开始占据主流地位。该学派专注于国民财富的增长和积累，将经济学研究领域从流通领域扩展到生产领域。1890年，马歇尔出版《经济学原理》，这是新古典经济学最重要的代表作。该学派认为商品的价值取决于商品给消费者带来的单位满足程度，研究领域进一步扩大到消费和需求方面。20世纪30年代，西方世界经济大萧条，打破了完全竞争市场的神话，证明了市场也是有缺陷的。市场不可能让经济活动实现均衡，需要借助外界力量对其进行调控，那么调控者则是掌握一定话语权和资源调配能力的政府，凯恩斯主义崭露头角，成为经济学的新宠并受到政府的青睐。与新古典及其先前的经济学流派借助完全竞争市场这只"看不见的手"来剖析经济运行不同的是，凯恩斯主义强调政府作用的"看得见的手"。该学派的代表作为英国凯恩斯在1936年出版的《就业、利息和货币通论》。徐毓枬在英国剑桥大学学习期间对凯恩斯理论产生了强烈兴趣。徐毓枬回国后在清华大学任教，讲授西方经济理论，推动了凯恩斯理论在中国的传播。他在中国首次翻译《就业、利息和货币通论》，为中国学术界打开了学习凯恩斯理论的第一扇窗，为凯恩斯理论在中国的传播与运用做出了贡献。随着罗斯福新政的大获成功，凯恩斯主义备受青睐。徐毓枬1949年著述《当代经济理论》，其中详细介绍了凯恩斯消费储蓄投资理论、一般均衡理论与利息论、不完全竞争理论等知识。中华人民共和国成立之后，徐毓枬对凯恩斯关于资本主义的某些经济理论有了更进一步的认识，并重新审视凯恩斯理论，重新阐述了经济危机理论与就业理论，推动了对凯恩斯理论的批判研究，提出对凯恩斯理论的辩证态度，加深了同时期学者对于凯恩斯理论研究的深度。

在哈佛大学就读期间，浦山师从经济学大师熊彼特。熊彼特一生最大的贡献在于提出创新理论，被誉为"创新经济学之父"。在当时的理论界，与技术进步相联系的投资支出和劳动就业问题，少有人关注。浦山的博士论文《技术进步与就业》，依据熊彼特的创新理论，把技术进步作为一个内生变量，即技术进步直接影响着经济结构，并且它自身也受那些它所影响的其他经济变量的影响，以此为条件，研究技术进步对劳动力就业量的影响，试图填补就业决定理论方面依然留有的空白。在这篇论文中浦山运用计量经济学的方法，为劳动力就业研究提供坚实的平台。他通过静态比较，分析在不同条件下，给定技术进步对就业的各种可能影响，而后又把技术进步内生化，通过动态比较分析在一个更为复杂的经济系统中技术进步对就业的影响。他详细地探讨宏观经济关系能够从相应的微观经济关系中推导出来的必要条件，把熊彼特关于技术进步的一些重要概念同凯恩斯收入决定理论相结合，建立一个考虑技术进步的更为复杂的宏观经济模型。

第二代学者是真正意义上的布道者、思想家。他们主要接受马克思主义经济学原理，也借鉴西方经济学的优秀成果，结合中国国情研究，描绘发展的理想前景，唤醒人们的觉悟，推动思想解放，为中华人民共和国的经济建设规划方向、路径。

中华人民共和国成立后到1956年底，随着社会主义改造的基本完成，生产要素市场基本消失，城乡就业和劳动力被纳入国家计划管理，产品市场也在国家的计划控制之下，以指令性计划为主、指导性计划为辅的计划管理体制由此确立。当时，从决策层到理论界，有三个最基本的问题引起广泛的争辩。以孙冶方、薛暮桥为代表的经济学家，提出了鲜明的观点。

一是在建立起以国有国营为主导的经济体系后，是不是容许多种经济成分同时存在。鉴于20世纪30年代对中国农村经济调查所得的经验，薛暮桥认为合作社在我国具有特别重要的功能。1949年，他写下《新民主主义的合作社》一文，指出："中国还是一个农业国家，分散的、落后的小农业和小手工业，仍在国民经济中占绝大的比重；农民和手工业者（主要是农民）约占全国人口的80%—90%；因此合作社经济的发展，在新民主主义的经济建设中占有极重要的地位。"[①] 同时，他认为，生产资料私有制的社会主义改造基本完成之后，集体所有制经济将长期存在，不能急于过渡。他说："我们能不能把集体所有制经济迅速转变成为全民所有制经济呢？显然不能。在手工劳动还广泛存在的基础上，大部分手工劳动者在过去只能主要采取个体经营的方式，在现在也只能主要采取集体所有制的方式。农业生产由于还广泛地存在着自给自足性质，即便在部分机械化以后，也还只能主要采取集体所有制的方式。"[②] 此外，他还提出了个体经济长期存在的问题。他写下《经济工作中的若干理论问题》的文章，大胆地提出了一些重大问题在内部讨论。其中的第一个问题就是："社会主义经济是否需要百分之百的社会主义，是否可以容许小商品经济甚至资本主义经济在一定时期、一定范围以内存在，并有一些发展，然后慢慢改造它们？"[③] 他认为，"在社会主义经济还不可能完全满足人民生活需要的条件下，个体经济甚至资本主义经济在一定范围内的发展，对发展生产是有利的，对满足人民需要也是有利的"[④]。在另一篇当时公开发表的文章中，薛暮桥这样写道："手工劳动的广泛存在，使小商品经济在某些行业还保留着部分的优

---

① 薛暮桥：《新民主主义的合作社》，《薛暮桥学术精华录》，北京：北京师范学院出版社，1988年，第160页。

② 薛暮桥：《社会主义生产关系的内部矛盾》，《学习》1957年第9期。

③ 薛暮桥：《经济工作中的若干理论问题》，《薛暮桥学术精华录》，第204页。

④ 薛暮桥：《经济工作中的若干理论问题》，《薛暮桥学术精华录》，第204—205页。

越性，它能够便利于生产者或者便利于消费者……如果我们容许小商品经济在一定的范围以内暂时发展，那就很难保证不跟着产生一些小规模的资本主义经济。事实上，这两种经济成分（特别是小商品经济）目前还是部分地存在着，在今后一个相当长的时期内也是不会完全消灭的。"①

二是在建立起以国有国营为主导的经济体系后，是否还存在商品生产与商品交换。传统的观点认为，只有全民所有制和集体所有制才是社会主义公有制的实现形式，全民所有制是社会主义所有制的高级形式，集体所有制是其低级形式，集体所有制最终也将过渡到全民所有制。1957年，薛暮桥在对社会主义生产关系内部矛盾的分析中提出："社会主义国家还存在着矛盾的另一方面，即集体所有制经济和劳动人民的个人利益，因而在很大的范围内还必须保留商品交换的制度。"②显然，薛暮桥在这里已经不仅仅是把集体所有制的存在作为其原因，而是把劳动人民的个人利益作为与之并列的独立的原因。这是开始突破斯大林的定论，探寻社会主义商品生产存在的其他原因的重要进展之一。1959年4月，薛暮桥把社会主义生产关系内部矛盾的分析方法进一步应用于全民所有制经济内部，从而提出了这样的观点：必须承认，全民所有制内部也有矛盾，中央与地方、国家与企业、部门与部门、企业与企业，这些矛盾也要用等价交换的方法来解决。基于此种分析，他对全民所有制企业内部间交换的性质提出了自己的看法："国营企业同国营企业的交换是不是商品交换？我认为还部分地包含着商品交换的性质。商品交换是等价交换，因为交换双方都要追求自己的物质利益，谁都不能叫谁吃亏。国营企业虽然全民所有，但在交换中也要考虑自己的物质利益，因为生产中消耗的活劳动和物化劳动必须在交换中得到补偿，而且还要完成利润上缴任务，争取超额提奖，企业的领导人不能不考虑自己的物质利益。"③这是从国营企业相对独立的经济利益

①② 薛暮桥：《社会主义生产关系的内部矛盾》，《学习》1957年第9期。

③ 薛暮桥：《社会主义制度下的商品生产和价值规律》（1959），《社会主义经济理论问题》，北京：人民出版社，1979年，第61页。

来作为全民所有制企业间商品交换存在原因的最早论述。①1965年，薛暮桥在其《社会主义社会的商品》一文中，较系统地阐述了对社会主义商品生产存在原因的认识："社会主义社会还存在着生产资料的两种社会主义公有制，还存在着按劳分配制度，各经济基层单位还必须独立地进行经济核算，由于这些原因，社会主义社会还相当广泛地存在着商品生产和商品交换。"②

三是在建立起国民经济计划管理体制后，是不是还要发挥价值规律的调节作用。1953年5月，薛暮桥发表了《价值规律在中国经济中的作用》一文。在这篇文章中，薛暮桥首先说明：国营经济领导权的确定，使价值规律的自发作用受到了一定程度的限制，但这并不是说，我们已排除了价值规律，取消了价值规律所起的一切作用。他具体分析了价值规律对不同经济成分的作用：对于分散的个体农业，其商品生产部分主要受价值规律调节；私营工业的生产，一般仍受价值规律调节；为数很多的小工业和手工业，几乎由价值规律调节；国营工业基本上受社会主义基本经济规律等的调节，但价值规律对国营工业的生产也有一定程度的影响。这篇文章在某种意义上也可以说是我国研究社会主义商品经济和价值规律的开端。③在生产资料私有制的社会主义改造刚刚完成的1957年，薛暮桥就明确强调了价值规律在社会主义经济内部的客观存在："价值规律是商品交换制度的灵魂，是调整社会主义经济内部矛盾的一个重要杠杆。只承认商品交换制度而不承认价值规律，不承认'等价交换'的原则，显然是说不通的。"④1958年，在"大跃进""一平二调""共产风"的冲击下，价值规律、等价交换被人们置于脑后。对此，薛暮桥又一再强调了价值规律的客观存在。他指出："只要还存在着商品生产和商品交换，价值规律就仍然要发生作用。有些同志认为，在建立了人民公社以后，价值规律似乎已

---

① 杨欢进：《薛暮桥经济思想研究》，北京：中国经济出版社，1992年，第122页。

② 薛暮桥：《社会主义社会的商品》，《新建设》1965年第6期。

③ 杨欢进：《薛暮桥经济思想研究》，第116页。

④ 薛暮桥：《社会主义生产关系的内部矛盾》，《学习》1957年第9期。

经不起作用了。不是这样。价值规律是'无所不在'的东西。当我们没有违反它的时候，它似乎并不存在。如果我们严重地违反了它，它就立刻显现它的作用。"①

对价值规律地位和作用认识最为深刻的当数孙冶方。他在20世纪50年代后期和60年代前期发表了《把计划和统计放在价值规律的基础上》《从"总产值"谈起》《要懂得经济学必须学点哲学》《论价值》《社会主义计划经济管理体制中的利润指标》等一系列文章和研究报告，以巨大的理论勇气，对传统的高度集权的经济管理体制和经济理论体系进行了挑战。他认为，价值规律的基本内容和作用，即通过由社会平均必要劳动量决定价值来推动社会生产力的发展，以及调节社会生产或分配社会生产力等，在社会主义和共产主义社会都是存在的；只有在私有制度下的商品经济中，它是通过商品流通、通过市场竞争来起作用，来体现自己的，因而它是带着破坏性的；而在计划经济中，是应该由我们通过计算来主动地去捉摸它的。他强调，社会主义经济发展计划必须以价值规律为基础。②到了1978年，孙冶方更是大声疾呼"千规律，万规律，价值规律第一条"，对排斥价值和价值规律的做法提出了严厉的批评。他明确指出，价值规律对社会主义生产仍然起调节作用，"对整个社会主义生产来说，起决定作用的毕竟是时间节约意义上的那个价值规律"，"价值规律是计划工作的主要依据"。③

跨入20世纪80年代，与中国一大批经济学家一起，无锡籍经济学家推动了改革开放巨轮的运行。在经过长时期的停滞和封闭之后，他们的智慧由积聚转为喷发，表现出非同一般的热力和精彩。这一时期无锡籍经济学家的贡献主要在于三个方面：

一是推动解放思想。1976年，"四人帮"倒台后，胡福明敏感地觉察

---

① 薛暮桥：《客观经济规律和人的主观能动性》，《前线》1959年第5期。

② 参见孙冶方：《把计划和统计放在价值规律的基础上》，《经济研究》1950年第6期。

③ 孙冶方：《千规律，万规律，价值规律第一条》，《光明日报》1978年10月28日。

到"中国已经到了历史的转折关头",中国要"改弦更辙"。所谓"改弦",就是把"以阶级斗争为纲"这根弦去掉;所谓"更辙",就是要另辟一条社会主义现代化建设的道路。经过长时间的观察和思索,胡福明从真理标准的论点出发,撰文批判"两个凡是"口号。这篇论文后来经过修改并以"实践是检验真理的唯一标准"为题,1978年5月在中央党校的内刊《理论动态》上发表,后又由《光明日报》以"本报特约评论员"署名公开发表,继而由《人民日报》《解放军报》转载,新华社向全国发稿。《实践是检验真理的唯一标准》一文鲜明地提出,社会实践不仅是检验真理的标准,而且是唯一标准。马克思主义理论不是一堆僵死的教条,不能用领袖人物的只言片语去限制、牵制、裁剪无限丰富的、飞速发展的革命实践,而是应该遵循马克思主义科学原理,不断地研究新情况、解决新问题,在实事求是的基础上不断地丰富与发展马克思主义理论。文章也引起了邓小平的重视,他后来指出:"关于真理标准问题,《光明日报》刊登了一篇文章,一下子引起那么大的反应,说是'砍旗',这倒进一步引起我的兴趣和注意。"[1]在邓小平的领导下,围绕这篇文章的争论最终发展成为一场关于真理标准的讨论。邓小平说:"不要小看实践是检验真理的唯一标准的争论。这场争议的意义大了,它的实质就在于是不是坚持马列主义、毛泽东思想。"[2]如果说真理标准大讨论直接成为改革开放的理论先声,那么由薛暮桥、孙冶方主持召开的价值规律作用研讨会,则标志着经济理论领域拨乱反正,开始突破思想禁锢的坚冰,深刻地影响了现代中国的历史进程。1979年4月,价值规律作用研讨会在无锡召开。这次会议是中国经济学界为改革开放做谋划的一大盛会,与会人员多达400多位,对经济体制改革有破冰式的意义。会议重点讨论了三个问题:社会主义经济中的计划和市场的关系问题、价值规律与扩大企业权限问题、价格问

---

① 邓小平:《思想路线政治路线的实现要靠组织路线来保证》,《邓小平文选》(第二卷),北京:人民出版社,1994年,第190页。

② 邓小平:《思想路线政治路线的实现要靠组织路线来保证》,《邓小平文选》(第二卷),第191页。

题。会议在社会主义经济既是计划经济又是在公有制基础上的商品经济、全民所有制内部交换的生产资料在实质上也是商品、价值规律对社会主义生产仍然起调节作用、对社会主义经济应当实行计划调节和市场调节相结合、逐步实行按生产价格定价等方面形成了一定的共识。[①]这次会议对启动中国市场化改革起着先导的作用。[②]薛暮桥和孙冶方所倡导的价值规律理论逐步被经济学界所认可和肯定。

二是谋划改革方向。在推进思想解放的同时，无锡籍经济学家还用手中的笔，积极撰文总结我国社会主义建设经验，为改革开放谋划方向。成效最为突出的还是孙冶方和薛暮桥。薛暮桥把《资本论》推崇为理论经济学的典范，立志写一本类似的《社会主义政治经济学》。但是，他更清楚自己所处的历史条件："马克思写《资本论》的时候，资本主义制度已经有了一个成熟的模式，可以探索它的发展规律，而且有资产阶级古典经济学家的著作可供参考。现在社会主义经济还不具备这样好的条件，我们对社会主义经济的发展规律还处于探索阶段。"[③]党的十一届三中全会以后，薛暮桥"下决心抛弃写成教科书的夙愿"，改为"根据亲自经历的社会主义经济建设的实践，提出一些我认为目前必须探索、解决的问题，以供经济理论工作者和实际工作者参考"。[④]从1978年冬到1979年夏，薛暮桥集中整整8个月的时间，写出了《中国社会主义经济问题研究》的第七稿，由人民出版社于1979年出版。在这部著作中，他"不要求有什么完整的体系，而是力求运用马克思列宁主义的基本原理，来探讨我国社会主义革命和社会主义建设的历史经验，并研究现在还没有解决或者没有完全

---

① 张卓元、张晓晶主编：《新中国经济学研究70年》（上卷），北京：中国社会科学出版社，2019年，第167—173页。

② 张卓元、张晓晶主编：《新中国经济学研究70年》（上卷），第159页。

③ 薛暮桥：《关于社会主义经济的若干理论问题》，《中国社会科学》1991年第1期。

④ 薛暮桥：《中国社会主义经济问题研究》，北京：人民出版社，1979年，"序言"，第2页。

解决的一系列重大的经济问题，以加深对于社会主义经济运动规律的认识"①。这是薛暮桥具有代表性的一部经济学著作，是他长达半个多世纪的经济工作经验和理论研究的结晶。正如有的学者所评论的，"这是一部比较系统地总结我国30年社会主义经济建设经验的经济理论著作"②。该书出版后，在国内外都受到高度重视，一年内重印12次，总印数超过1000万册，成为我国经济学专门著作出版史上的奇迹。日本《产经新闻》描述了当时一书难求的情景："中国有一本书，跑遍全北京都买不到，这就是薛暮桥所著的《中国社会主义经济问题研究》，北京各经济机关、公司和北京各国大使馆都想买，也买不到。"外文出版社把它译成英文、日文、法文、西班牙文出版，联邦德国和南斯拉夫也自己翻译出版。此书被国内不少大学选定为教材或主要参考用书，并成为干部学习、进修培训的主要学习用书。从1959年11月起，孙冶方着手撰写中国特色社会主义经济学教科书；1961年6月，他提出初稿的讨论意见和二稿的初步设想，1962年至1963年一些重要的文稿开始形成，并将其中的主要内容在中国人民大学政治经济系进行了讲授。但直到1983年孙冶方病逝，这部著作也未完成。遵照其遗愿，中国社会科学院经济研究所对有关文稿、讲稿进行整理修改，于1985年以《社会主义经济论稿》的书名由人民出版社出版。这部著作收录了孙冶方从1961年到1983年20余年间的六篇文稿。这六篇文稿分别是《〈社会主义经济论〉初稿的讨论意见和二稿的初步设想》《社会主义经济论》《我与经济学界一些人的争论》《〈社会主义经济论〉提纲（狱中腹稿的追忆稿）》《社会主义政治经济学的几个理论问题——1978年7月在北京大学经济学系的学术报告》《〈社会主义经济论〉导言（大纲）》。该书包含着孙冶方对社会主义经济学一系列重大问题数十年坚忍不拔的探索，提供了一个同传统的社会主义政治经济学迥异的新体系，它的出版足以使中国30年间的政治经济学教科书重新改写。这一论著主要有

---

① 薛暮桥：《中国社会主义经济问题研究》，"序言"，第 2 页。

② 何建章：《总结经验，勇于探索》，《经济研究》1980 年第 7 期。

两大特点：一是形成了包括生产、流通、总过程和消费的理论结构，这一结构影响深远，直到今天仍被许多社会主义经济理论教科书所采纳。二是作者从他的价值论出发，提出了社会主义政治经济学的红线应当是以最少的社会劳动消耗，有计划地生产最多的满足社会需要的产品的主张。这在政治经济学社会主义部分发展史上是开创性的，给人以清新之感。1999年我国经济学界推选"影响新中国经济建设的10本经济学著作"，孙冶方的《社会主义经济论稿》和薛暮桥的《中国社会主义经济问题研究》入选。而在评选"影响新中国60年经济建设的100位经济学家"时，孙冶方和薛暮桥也是众望所归。

　　三是推动经济决策。中国经济体制改革在实践层面的最初擘画，起始于1979年和1980年的两份"初步意见"。1979年7月2日，在国务院财政经济委员会下成立的经济体制改革研究小组（以下简称"体改组"），准备着手制订出一个适合国情、办法配套、步骤恰当的体制改革方案。体改组以张劲夫为组长，薛暮桥为四位副组长之一。到10月，体改组草拟出一份《关于经济体制改革总体设想的初步意见》；12月3日，体改组把《初步意见》提交给全国计划会议。《初步意见》主张用经济手段管理经济，实行计划调节与市场调节相结合，扩大企业自主权，划分中央和地方职权。拟定了五项具体改革目标：把企业从行政机构的附属物改为相对独立的商品生产者；把单纯的行政管理改为经济办法与行政办法相结合；把单一的计划调节改为计划调节与市场调节相结合；划分中央与地方权限，充分发挥地方积极性；重视物质利益的同时，加强思想政治工作。1980年5月，国务院体制改革办公室（以下简称"体改办"）成立，重新起草《经济体制改革的初步意见》。担任办公室顾问的薛暮桥接连发表《关于经济体制改革的探讨》《关于经济体制改革的一些意见》《计划调节和市场调节》等一系列文章。他强调：现阶段，我国社会主义经济只能是一种商品经济；计划调节要和市场调节相结合，在计划指导下，充分发挥市场调节作用。这些思想都被写进了《初步意见》。9月，在中央召开的各省、市、自治区委第一书记会议上，薛暮桥代表体改办做《关于经济管理体制改革的初步意见》的说明。这份由薛暮桥起草的《初步意见》提出："我国现阶段的社会主义经济是在生产资料公有制占绝对优势、多种经济成分同时并存（后曾改为'在国家计划指导下'）的商品经济。"[1]第二份《初步意见》在理论上实现了巨大突破，其中最具突破性的创见是指出"我国现阶段的社会主义经济，是生产资料公有制占优势，多种经济成分并存的商品经济。我国经济改革的原则和方向应当是，按照发展商品经济的要求，自觉运用价值规律，把单一的计划调节改为在计划指导下，充分发挥市场调节的作用"。这是我国经济体制改革中的第一个专门论述改革的综合性文件。薛暮桥所做的是在中央文件中提出社会主义商品经济概念的初次尝试。[2]

第三代学者有相当大的一部分是高学历的经济工程师。他们具有良好的现代经济学专业素养，运用系统的知识和专业的方法，解决各方面的理论和实践问题，在专业的学术领域里发挥应有的作用。

杨荫溥早年留学美国，以《上海金融市场之研究》的论文获商学硕士学位，归国后一直从事财政方面的教学与研究工作，著有《中国金融论》《中国交易所论》《上海金融组织概要》等。全面抗战时期，祝世康在重庆组织成立"民生主义经济学社"，创办《经济论衡》杂志，创建了民生主义经济学派。邹依仁长期从事统计学教学和研究，有关统计学论著颇丰，主要有《工业统计学》《统计抽样法》《统计平均数》《资产阶级统计理论批判》《高级管理统计学》等，其中出版于1957年的《统计抽样法》是中国最早的关于抽样法的著作。致力于中国近代工业史研究的孙毓棠历经数年时间，大海捞针般地搜集汇总了从鸦片战争到中日甲午战争期间有关中国新式工业的基本情况，完成了90余万字的《中国近代工业史资料》（第一辑）的编辑出版。这是我国近代经济史研究中最早编辑的一种资料汇编，以系统翔实见长，在近代经济史史料学建设中做出重大贡献，为中国近代经济史的研究奠定了坚实的基础。汪鸿鼎在大学期间受到欧文

---

① 薛暮桥：《论中国经济体制改革》，天津：天津人民出版社，1990年，"序"，第5页。

② 杨欢进：《薛暮桥经济思想研究》，第126页。

的乌托邦理想和法国的查理季特关于合作经济论述的启发，积极倡导合作经济，并在江苏、浙江付诸实践。张仲礼在中华人民共和国成立后毅然从美国回到国内，精心整理浩如烟海的企业史料，著有《英美烟公司在华企业资料汇编》《沙逊集团在旧中国》等，开创了企业史个案研究的先河。

随着社会主义市场经济的发展，经济学的分类愈发细化。无锡籍经济学家深耕于各自的领域，学有所长，术有专攻。盛慕杰是国内最早提出在国企改革中实行股份制的学者之一，他先后发表《股份制与搞活大中型企业》《搞活大中型企业与实行股份制》等文章；他积极主张建立金融市场，发行股票，允许企业进入市场直接融资。他对如何进行金融体制改革，如何发挥中央银行职责、职能，如何加强中央银行调控等方面进行全面而深刻的思考；对马克思的《资本论》有深入的研究，撰写了《〈资本论〉中的货币银行学》一文，从银行工作实务与金融理论研究相结合的角度来阐述马克思的货币银行学，具有独到的见解。尹伯成在1985年初与他人合作在《复旦学报》上发表了《我国现阶段建立证券交易所问题初探》一文，提出为了方便证券买卖，加速资金流通，促进经济发展，有必要建立证券交易所。六年以后，上海、深圳建立了证券交易所。钱荣堃创办了国内第一个国际金融博士点，以"南开—约克模式"，首倡中国式MBA教育，对国际金融研究做出较大贡献。梅汝和的《国际市场营销学》是国内第一本国际营销学方面的系统专著，他融合了国际市场学的最新研究成果和中国企业经营实际需要，被称为"中国市场营销学的创始人"。农业、农村、农民"三农"问题是中国由农业文明向工业文明过渡的必然产物，是一项事关经济发展和社会稳定的大业。陆学艺、叶谦吉、刘崧生、孙颔、顾纪瑞等从中国国情出发，研究"三农"问题的特性，有针对性地提出切实可行的方法举措。此外，顾松年在区域经济，王振之在成本物价控制，葛霖生、陆南泉在苏联经济研究，徐政旦在会计审计，吴申元在中国人口思想史，陈禹在信息经济学，李炳炎在中国特色利益分享经济学，芮明杰在产业经济学，卢现祥在新制度经济学研究方面也都卓有成绩。

第二章

成果卓著的学术成就

　　从学术角度而言，一般认为中国的经济学是西方传入的"舶来品"。自中华人民共和国成立初期几乎照搬苏联政治经济学理论体系，到今天中国特色社会主义政治经济学理论体系的不断完善，这一巨大发展的背后常常有无锡籍经济学家的身影。孜孜以求、躬耕不辍的他们，或对传统理论进行探索创新，或不断开拓经济理论研究的新领域，形成了多视角、多维度精彩纷呈的学术思想，并取得了丰硕卓越的研究成果。这不仅在国内产生了广泛的影响，更为推动中国经济学科建设和社会主义经济建设的发展做出了显著的贡献。

第一节　理论经济学

　　理论经济学指的是专门研究客观的经济过程、探讨客观的经济规律的科学，包括以生产方式这个统一体中的生产力为对象的生产力经济学，也包括以这个统一体中的生产关系为对象的政治经济学。

一、马克思主义政治经济学

　　马克思主义政治经济学是一门研究社会生产关系（经济关系）及其发展规律的经济学科，揭示资本主义的产生、发展和灭亡的客观运动规律，由马克思和恩格斯于19世纪中叶创立。20世纪初，马克思主义政治经济学传入了中国，李大钊、周恩来、陈独秀等人对《资本论》中的劳动价值论、剩余价值论及资本集中与垄断理论进行过系统介绍。但更进一步地以马克思主义为指导，来认识和研究中国实际经济发展状况还未曾有之，不过中国共产党人深刻地认识到，用其指导革命实践十分必要。陈翰笙实际上在无形中承担起了这一历史使命，由他领导的农村经济调查是马克思主义政治经济学本土化进程中不可忽视的一件大事，实现了马克思主义政治经济学从理论探讨到实证研究的重大突破。[①]

　　陈翰笙被誉为中国现代马克思主义经济学泰斗，首开运用马克思主义方法进行全国农村调查的先河，是中国农村问题研究的开拓者，一生撰有

---

① 汪效驷：《在多学科领域均有建树的陈翰笙》，《光明日报》2008年5月23日。

专著20多种，论文200多篇，5500余万字，其学术研究始终以《资本论》为指导。从1928年至1934年的六年时间里，他多次组织农村经济调查，足迹遍及江苏、河北、浙江、黑龙江、广东、云南、广西、陕西等地，深入研究了中国不同区域农村间的广泛差异、土地计量方法和单位的区域差异、土地分配不均、土地所有权复杂多样、农民沉重的税役负担等农村社会发展状况。据此，陈翰笙完成了《中国农村经济研究之发轫》《亩的差异》《封建社会的农村生产关系》《难民的东北流亡》《黑龙江流域的农民与地主》等著作。他的研究不仅填补了马克思主义者对中国经济状况特别是农村状况认识的不足，而且调查所得的中国重要经济区域的社会经济状况和中国社会性质为半殖民地半封建社会的基本结论，有力地支持了中国共产党领导的土地革命，对反对封建土地制度起了很大作用。

在陈翰笙的团结和培养下，王寅生、张锡昌、姜君辰、孙冶方、薛暮桥、钱俊瑞、秦柳方等一批进步青年运用马克思主义的立场、观点和方法观察分析问题，他们后来也成为著名的马克思主义经济学家。他们持续钻研，对当时的、中华人民共和国成立前的，乃至中华人民共和国成立后的中国农村经济都有着深入的研究，取得的研究成果不胜枚举。

王寅生早在北大求学时期就翻译了《美国佃农劳动者》，编译了《中国农民经济》《世界农民经济》，后两书因政治因素而未能出版。在北京大学，他还与陈翰笙合著调查报告《难民的东北流亡》，就"闯关东"的难民生活情况进行深入研究。随后，王寅生参加了陈翰笙主持的多次农村调查，将调查结果以及他在调查中的思考感悟与马克思主义农村经济理论相结合，写了多部论著：1929年的《黑龙江流域的农民与地主》（与陈翰笙合著）、《亩的差异》（合著）、《中国东北部的兵差与农民》（合著），还发表了《无锡的土地分配与农村资本主义的发展》《高利贷资本论》《太公田与广东农村经济》《土地村公有方案的实际意义》《察绥蒙古底社会关系分析》，以及由国际友人艾格尼丝·史沫特莱译成英文的《西北社会革命背景》等文章。在《太公田与广东农村经济》（《新中华》1934年第12期）这篇不到2000字的短文中，他依据马克思主义阶级分析法，分析了"太公田"的封建性。全面抗战时期，他先后发表了《从动员农村讲到怎样健全乡政组织》《抗战建国的农业政策》《抗战建国农业纲领刍议》等文章，受到了广大农村工作者和农村问题研究者的重视。解放战争时期，他发表了《通货膨胀下的农民》《所谓新第三方面的土地政策》《评土地改革方案》《略谈兵农合一》《怎样实行土地改革》等文章，公开揭露了国民党以土地国有为名剥夺农民，全面介绍了中共取消地主土地所有权，让贫雇农按人口平分，真正实现"耕者有其田"，对党的革命宣传动员工作起到了重要作用。

张锡昌除了参加陈翰笙组织的农村经济调查，还多次应有关组织机构之邀实地参加农村调查，撰写了大量的文章和著作。例如，1933年他受中国太平洋国际学会与中山文化教育馆的委托，与他人一起对山东潍县、安徽凤阳、河南许昌等地进行实地调查，历时两年，撰写了《重重负担下的凤阳农民》《山东潍县的大地主》等文章，分析了封建土地制度的共性和各地不同的特性。又如，1934年他应农村复兴委员会的邀请主持河南省农村调查，撰写了《河南农村调查》一书和《河南省农村经济调查》一文，对河南农村经济加以概述，还对豫北、豫中、豫西南各地区的土地分配、农业经营、税捐、借贷、雇佣关系以及农民离村情况做了详细的分析。1934年，他撰著《农村社会调查》一书，对多年实地从事农村调查的经验进行了总结。他写道："观察一切社会现象，分析一切社会问题，千万不能离开经济结构。社会的变动，是由于经济结构的变动，而经济结构由生产方式和生产关系决定。从经济的观点来分析，都市和农村的分离，是由于商品经济的发展，劳动实行分工以后的第一个巨大结果。在都市与农村经济分离的基础上，发生了都市与农村的极大矛盾，在各种社会形式之下有完全不同的性质。一部社会经济的历史，根本上是都市与农村间矛盾运动中撮要出来的。"[1]这本著作既是他的研究成果之一，也是他多年实地从事农村调查的经验总结。通过农村调查，他个人也从改良主义转向信仰马克思主义。

姜君辰在20世纪30年代发表了《一年来的中国经济》《九一八后的东

---

[1] 张锡昌：《农村社会调查》，上海：黎明书局，1934年，第6—7页。

北经济》《东北农村经济鸟瞰》《一九三二年中国农业恐慌底新姿态——丰收成灾》《最近资本主义国家的经济状况》等卓有见地的文章，以大量翔实的资料论证了1931年后东北土地逐步集中到日本帝国主义者手里，东北经济更加显现殖民化趋向。中华人民共和国成立后，他精研苦思农村商品流通和农村商业体制改革问题，在20世纪50年代撰写了《社会主义基本经济规律在我国过渡时期对个体经济和半社会主义经济的影响和作用》《中国农村供销合作社在过渡时期的作用》《正确地充分地发展农业的多种经济》等文章，主张"供销合作社占领农村商业阵地时，对私商盲目排挤、代替……把属于个体劳动者的小商小贩和资本家不加区别地一律对待，这是不对的"，同时指出"只满足于农业，而忽视副业，不积极去找生产门路""认为搞副业就是资本主义的自发势力，不敢大胆搞"，这些认识"都是必须彻底扫除的思想障碍"。① 改革开放后，他撰写《商品流通问题的调查研究》《关于商品流通的几个理论问题》《总结经验，进一步发展城乡商品流通》《改革商业体制意义重大》等多篇论文。在《关于农村供销合作社体制改革的几个问题》一文中，他认为供销社要进行根本性的改革，必须把供销社的"二官商"改革成为农民自己的合作商业。这些文章对于新的历史时期农村供销合作社的体制改革和商品流通体制改革等问题发表了很多真知灼见。

中华人民共和国成立初期，我国经济学界接受苏联政治经济学理论体系，"苏联范式"成为经济学发展的主导范式。在实践中，经济学界逐渐认识到"苏联范式"存在的局限，一些经济学家开始尝试探讨社会主义经济中生产力和生产关系的相互作用、不同所有制及经济成分的关系、社会化大生产中的商品货币关系、价值规律的作用和按劳分配问题等，并深入思考了计划与市场的关系、政治经济学理论体系构建、社会主义生产目的和分配等社会主义经济建设中的一些重大理论问题。

---

① 转引自朱昱鹏：《姜君辰——社会主义商品流通理论的开拓者》，许卫国主编：《无锡走出的经济学家》，第 203 页。

孙冶方是其中杰出代表之一。由于有着丰富的经济管理工作经验和坚实深厚的经济理论造诣，他对社会主义经济问题的认识探索更加全面深刻，为我国社会主义经济理论创新提出了很多真知灼见。特别是他的社会主义经济中价值规律仍然起重要作用的观点，突破了苏联僵化经济模式的桎梏，推动了中国经济学界的思想解放。1956年他撰写并发表《把计划和统计放在价值规律的基础上》一文，宣传价值规律的客观性，批判经济工作中不讲经济核算、不讲等价交换的错误倾向。此后，孙冶方还撰写了《关于全民所有制经济内部的财经体制问题》《关于等价交换原则和价格政策》《固定资金管理制度和社会主义再生产问题》《社会主义计划经济中的利润指标》等文章和研究报告，以价值规律内因论为基础，以扩大企业经营管理权为突破口，要求正确处理国家和企业的经济关系，改革高度集中的计划管理体制、物资流通体制、企业固定资产管理体制，以及对价格、利润、统计等各方面进行相应改革。1978年，他在《光明日报》发表文章《千规律，万规律，价值规律第一条》，系统地阐述他的经济理论观点。1979年，他在社会主义经济中价值规律问题讨论会上，做了"价值规律的内因论和外因论"的学术报告。同时，孙冶方还在学界积极探索创建社会主义经济学新体系。20世纪50年代中期，他着手编写《社会主义经济论》，坚持联系生产力来研究社会主义生产关系，运用马克思主义的抽象法，以社会主义全民所有制的产品为出发点，把以最少的社会劳动消耗有计划地生产最多的、满足社会需要的产品，作为贯穿整个体系的红线，把对价值范畴的分析贯穿于各章，分析生产过程、流通过程、社会再生产过程，从而揭示社会主义经济发展的内在规律。这是社会主义政治经济学发展中一次大胆的尝试和探索。

与孙冶方一样，薛暮桥也有着丰富的经济管理工作阅历和坚实深厚的经济理论造诣，也是这些经济学家中最著名的人物之一。他坚定地倡导和积极推动经济体制的市场取向改革。早在1953年，他就发表《价值法则在中国经济中的作用》一文，提出计划管理的范围不能无限扩大，必须正确运用价值规律，并在适当范围内让价值规律自发调节、纠正计划管理工作中的主观主义，是较早研究价值规律作用的经济学家。1978年，他基于对计划经济体制弊端的切身体验和感受，撰写图书《中国社会主义经济问题研究》，用马克思主义的观点探讨中国社会主义经济建设的历史经验，系统总结和批判20多年来经济工作中的"左"倾错误，特别是经济政策上的"左"的错误，强调调整国民经济和进行体制改革的必要性，并针对社会主义经济建设的重大问题提出了自己独特的理论观点。当时《参考消息》上转载了日本《经济新闻》的一则消息，"中国有一本书，跑遍全北京都买不到，这就是薛暮桥所著的《中国社会主义经济问题研究》，北京各机关、公司和北京各国大使馆都想买，也买不到"。从这则消息中可以看出，该著作在国内外产生的深刻影响。1980年，他为国务院体改办主持起草《关于经济体制改革的初步意见》，是中国市场取向改革的首个纲领性草案。他顶住压力提出要突破传统的计划经济体制框架，并在一些关键问题上向中央提出重要的政策建议。此外，薛暮桥对于社会主义生产资料所有制、计划和市场关系、城镇劳动就业等问题都有着深刻的见解。例如，对于生产资料所有制问题，他在《再论经济结构和经济管理体制的改革》报告中指出，要在社会主义以公有制为主体的基础上，建设多种经济成分并存的社会主义经济，把中国的社会主义所有制形式变得丰富多样一些。在当时，这是思想观念的一个重大突破。1991年，针对质疑改革的思想倾向，他又写了《关于社会主义经济的若干理论问题》，从商品、货币、市场和计划、劳动工资、财政税收、银行金融、所有制、企业制度等10个方面进行分析，把多年的改革主张进行一次综合论述，把对市场经济的认识升华到新的理论高度。总的来说，薛暮桥的著作和理论，无论是对于研究中国社会主义经济发展史和经济思想史，还是对于研究中国经济体制改革和市场经济理论，都是一份宝贵的遗产。

顾纪瑞是率先提出"社会主义市场经济"概念的经济学家之一。[1]党的十一届三中全会的春风吹开了冰冻的大地。1979年4月，全国价值规律问题讨论会在无锡举行，这是改革开放发轫时期经济学界第一个解放思想

---

① 张卓元、张晓晶主编：《新中国经济学研究70年》（上卷），第171页。

的理论研讨会。会上，顾纪瑞提交了《关于社会主义市场经济的几个问题》的论文。文章分析中国存在和发展社会主义市场经济的客观依据，探索了市场经济的性质、特征、范围和作用，明确提出社会主义市场经济"是指通过市场的供求关系，主要受价值规律的调节而进行生产和交换的那种商品经济"，"凡属国家直接计划以外的商品生产和交换，基本上属于市场经济范围"。这篇论文最先由《经济研究》杂志于1979年6月发表，后被收入《改革开放文库》，列为"经济编"的首篇。在今天看来，正由于提出较早，当初的认识难免有局限性。顾纪瑞强调要以计划经济为主，主张用计划经济指导市场经济，用市场经济补充计划经济。但是，在人们普遍把计划经济当作社会主义，而拿市场经济与资本主义画等号的年代，提出市场经济的概念，意味着要有常人所没有的理论勇气和理论识见。1992年9月，经济学家晓亮在《经济学消息》上发表《社会主义市场经济概念的提出和形成》一文，指出我国经济学界最早提出社会主义市场经济概念，是1979年在无锡召开的价值规律讨论会上。

吴树青聚焦于马克思主义政治经济学理论研究，尤其是对邓小平理论的研究。他在《什么是政治经济学》《政治经济学常识》等专著中系统地介绍了马克思主义政治经济学，并受国家教委委托主编了《政治经济学》统编教材。这部教材吸收当代经济学和社会主义经济理论研究的最新成果，以其全新的理论框架和与时俱进的观点曾经在全国各地高校中风靡一时，影响了20世纪90年代的政治经济学教育。他还是国内较早研究邓小平理论的学者，在《邓小平理论是马克思主义在中国发展的新阶段》一文中指出："搞清楚什么是社会主义、怎样建设社会主义这个根本问题，是邓小平理论的主题。十一届三中全会以来，邓小平理论所致力于解决的，就是这个根本问题。邓小平理论之所以能够成为马克思主义在中国发展的新阶段，根本原因之一就在于对社会主义的认识上，以巨大的政治勇气和理论勇气，坚持解放思想、实事求是，从时代特征和当代中国实际出发，突破了几十年来社会主义模式及其相应的传统观念和习惯势力，形成了新的建设有中国特色的社会主义理论的科学体系，开辟了社会主义建设的新道路。"① "十一届三中全会以后，邓小平理论所致力于解决的，是搞清楚什么是社会主义，怎样建设社会主义这个根本问题。……党的十一届三中全会以来的20年，解放思想的主要内容，集中在搞清楚什么是社会主义，怎样建设社会主义这个根本问题上。邓小平理论之所以能够成为马克思主义在中国发展的新阶段，一个重要的原因就是在这个根本问题上，在总结历史经验的基础上丰富和发展了马克思主义。"②这些思想在社会上和学术界产生了广泛的影响。

李炳炎是以理论创新著称的当代著名经济学家。《新成本论》是他的第一本专著，是对我国企业改革实践经验的系统总结，是他创造性研究的首个思想成果。此后他提出的几个重要创新理论，如需要价值理论、"社本"理论、"自主联合劳动"理论及其所有制模式和经济运行机制等，都可以在这本书中找到雏形。这本书是他经济学思想的奠基之作，为马克思主义中国化做出了重要贡献。《社本论》一书则是将《资本论》基本原理和方法与社会主义市场经济实践紧密结合，深入研究社会主义市场经济条件下的资本理论与资本运营问题，进行了全面系统的理论创新，具有开拓性意义。除此之外，他的主要代表作还有《需要价值理论》《社会主义理论经济学新体系》《公有制分享经济理论》《利益分享经济学》等。在2011年5月美国麻省大学主办的"世界政治经济学学会第六届论坛"上，他以其首创的中国特色社会主义分享经济理论荣获"21世纪世界政治经济学杰出成果奖"，学术成果为国际公认。

二、西方经济学

西方经济学是一门研究主要发达国家经济理论以及根据这些理论制定的经济政策的学科。

我国经济学科的发展，是从引进西方经济学理论开始并发展的。在此

---

① 吴树青：《牢牢把握新时期思想解放的关键》，《北京日报》1998年11月28日。

② 吴树青：《只有解放思想，才能搞清楚什么是社会主义》，《中国党政干部论坛》1998年第7期。

过程中，唐庆增做出了不凡的贡献。1930—1936年间他共出版学术专著编著13部，除了研究中国经济思想史研究的《中国经济思想史》（上卷），这些著作一方面介绍国外经济学家及其经济学理论，如《西洋五大经济学家》《穆勒经济学原理》，另一方面也介绍国外经济制度和经济政策，如《国外汇兑》《国际商业政策史》。这一时期，他在国内各种报刊上发表了大量经济学研究的论说、文章，有近百篇，主要结集为《唐庆增经济论文集》《唐庆增经济演讲集》《唐庆增最近经济文集》，其中相当一部分专论西方经济学理论及其历史变迁，如亚当·斯密的《国富论》、马尔萨斯的《人口论》、李嘉图的《货币理论》、马歇尔的《宏观经济理论》等，以及西方经济学中的历史学派、计量学派（当时称为算术学派）等。许多经济学理论概念，是唐庆增首先介绍到国内的，如"自由贸易"与"保护主义"、"主观价值"与"客观价值"、"直接税"与"间接税"等。

唐庆增的经济学中国化论、中国经济思想史论，以及自由经济论，均属于理论经济学的重要课题。他的理论并非全部由其首创，而是从中国实际出发对西方理论的介绍，其自由主义论的核心是西方古典和新古典经济学。除此之外，他还大量吸收德国历史学派的方法和主张。比如，他对中国经济思想史学科的重视，提倡建立"中国化的经济学系"，以及在自由经济论中同时主张保护关税，均是受历史学派的影响。

赵人俊在为唐庆增的《中国经济思想史》（上卷）作序时曾指出："他日唐君更进而研究吾国历代特殊之经济状况，冥索其变动之因果而归纳之，而演绎之，以创造中国独有之新经济学，其有造于经济科学，岂惟中国，抑寰宇所共同翘首而待馨香以祝者矣。"[1]他对唐庆增创造中国"新经济学"充满期待。唐庆增自己也在书中表示，"欲产生一适合国情之经济思想，非研究中国经济思想之历史不可，学者当注意现在中国经济组织之内容，再细察过去中国经济思想之得失，采用学说之长而创一新思

---

[1]　唐庆增：《中国经济思想史》（上卷），"赵（人俊）序"，第4—5页。

想，以解决现在之经济问题"①。

徐毓枬同样在西方经济学研究中具有极深的造诣。除了前文所述，他还著有《经济学说史》《车尔尼雪夫斯基的经济思想》等书，著有《美国银行制度回顾与展望》《大萧条时期的英国棉花产业》《凯恩斯就业通论简述》《我国外汇政策之前瞻》《物价上涨与工业经营》等论文。

浦山毕业于美国哈佛大学，师从著名经济学家熊彼特。他的博士论文《论技术进步对就业的影响》站在西方经济理论前沿，将熊彼特的技术创新思想与凯恩斯主义的收入决定理论相结合，运用计量经济学统计推理的方法，创建一个内生技术进步的宏观经济模型，试图填补就业决定理论方面的空白，得到了学术界的高度评价。

三、世界经济学

改革开放后，中国积极参与国际分工，不断融入世界经济。研究世界经济运动规律的世界经济学科就变得非常重要，而这一学科之所以能成为一门独立的学科，离不开钱俊瑞的奠基。除此之外，秦柳方、汪鸿鼎、浦山、葛霖生等人也都对该学科的教学和研究工作做出了重要贡献。

钱俊瑞是中国世界经济学的奠基人。1978年，年近70岁的钱俊瑞被任命为中国社会科学院世界经济研究所所长。他先后主持召开两次世界经济学科规划会议，制定《1978年至1985年全国世界经济学科发展规划草案》，把世界经济学作为一门独立的学科进行了全面系统的规划。1980年，钱俊瑞出面发起成立中国世界经济学会，并筹建世界经济资料中心，创建《世界经济导报》，主编世界经济方面的工具书《世界经济百科全书》和《世界经济年鉴》。之后在短短的几年里，他把自己重要的学术讲演稿和论文汇编成《世界经济与世界经济学》《世界经济与中国经济》两书出版，同时组织50多名学者成立写作班子，编写和出版了《世界经济概

---

① 唐庆增：《中国经济思想史》（上卷），"自序"，第1—2、4页。

论》这部篇幅较大的经济学著作，建立了世界经济学作为独立学科的框架体系。这部著作被列为高等学校教材，并获1987年"吴玉章奖金"世界经济学特别奖。钱俊瑞为创建世界经济学几乎倾尽全力，虽然未能在生前完成他创建世界经济学的宏愿，但他对世界经济学作为一门独立学科所进行的有益探索，以及对创建世界经济学所作的初步规划，无疑将对后人起到铺路奠基的作用。

秦柳方曾任中国社会科学院世界经济与政治研究所研究员、《世界经济》编辑部主任、《世界经济调研》副主编等。他就世界石油市场形势、世界自由港和自由贸易区简况、中国的对外贸易发展等重大问题，向有关经济部门提出过意见和建议。其中，他所撰写的《世界石油市场形势》被中国社会科学院评为优秀研究报告。对于世界自由港、自由贸易区简况，他提出："可以考虑在深圳、厦门两个特区之内，先把一个比较合适的港口地区，开辟一个自由港。""可以考虑在上海市港口附近划出一小块区域，开辟一个自由贸易区。"后来的实践证明了他这些建议的正确性和超前性。

汪鸿鼎也是从事世界经济教学和研究的重要学者之一。党的十一届三中全会以后，国家实行对外开放政策，驻外使领馆、对外贸易机构、金融机构和有关研究单位，都需要世界贸易和投资方面的人才，于是决定在全国高校内建立世界经济学科，上海财经学院因此得以复校，汪鸿鼎被召回。回校后，他与武汉大学、北京大学、河北大学、四川大学、复旦大学、厦门大学、暨南大学等10余所高校的教师讨论研究，准备共同推出一个世界经济学科的初步教材，又与另外几位同事一起筹建世界经济学系。他在编写和修改充实世界经济学教材的同时，还经常参加学术讨论会，相继在专业刊物上发表《试论跨国公司对第三世界国家的投资及其影响》《试论跨国公司的投资及其对东道国的影响》《略论世界经济形势与我国对外开放》等论文，并与姚廷纲教授合著《世界经济危机》一书，对世界经济危机形成的原因、对全球经济的危害和应对之策提出了独到的见解。

浦山回国后长期在外交部门工作，直到20世纪80年代重返理论界，研究重心转向了世界经济学领域，曾担任中国社会科学院世界经济与政治研究所所长。他的《法美货币战和资本主义世界国际货币体系的危机》一文，分析了资本主义世界国际货币体系的内在矛盾和法美货币战的实质。该文尖锐地指出，金本位派和凯恩斯派所提出的办法，丝毫无助于解决面临的问题，进而预言了布雷顿森林体系的崩溃和国际金融体系发展的新趋势。这充分显示了浦山对世界经济关系发展变化的深刻洞察能力。《动荡中的世界经济》一文则讨论了"在世界经济格局从美国的经济霸权逐步趋向多极化和集团化的过程中，如何估价国际协调的作用"这一问题，指出，世界经济发展确实迫切要求比较全面的国际协调，但这种国际协调不经过争取和斗争，不可能自动实现。

葛霖生曾任复旦大学世界经济研究所所长，研究方向为苏联经济，以及国际经济计量与比较方法。在苏联经济研究方面，20世纪80年代他发表了《略论勃列日涅夫逝世后的苏联经济改革》《论苏联农村产业结构的调整》《苏联东欧国家的股份经济》等一系列论文，就苏联经济发展战略、经济调整和改革、对外经济关系以及经互会国家的经济一体化问题进行深入研究。20世纪90年代，他依然笔耕不辍，撰写《关于宏观经济效益的国际考察——兼论我国经济增长方式的转变》《经济增长方式转变的评价指标体系》《从苏联向集约化过渡失败看经济增长方式转变》《亚洲"四小"经济增长方式转变探析》《世界主要国家（地区）经济增长方式比较研究》《中外十国经济增长方式比较》等论文。这些文章通过对发达资本主义国家、新兴工业化国家（地区）的成功转型经验，以及苏联未能转变增长方式原因的剖析，系统地论证了我国转变经济增长方式的设想。

陆南泉是研究苏联和俄罗斯经济问题的学者。"苏联"虽然已成为历史名词，但它曾经对于中国的无产阶级革命以及社会主义建设都产生了不可估量的影响，因此研究苏联的体制改革、经济发展、历史演变等，总结其经验教训，对于今天的中国经济发展，以及中俄间经贸发展都具有重要价值。他研究苏联体制改革的成果集中反映在三部著作中。一是2002年的《苏联兴亡史论》（人民出版社），这是1994年国家"九五"课题重点项目。全书洋洋洒洒65万字，采取"史论"的形式，论从史出，以史立论，紧紧扣住苏联体制的形成、发展和衰败这一主线，对苏联兴亡进行历史的考察，指出斯大林模式中的许多东西是从沙俄的历史中移植过来的，这就防止了把斯大林模式的某些弊病归因于马克思主义的社会主义，全书给人敢立新论、耳目一新的感受。二是2007年的《苏联经济体制改革史论——从列宁到普京》（人民出版社），全面系统地总结了苏联经济体制的形成、发展和改革历史，对苏联各个时期改革的成效与失败原因都提出了看法。三是2010年的《苏联真相：对101个重要问题的思考》（新华出版社）。三大本著作155万字，是近20年研究苏联剧变的总结之作，其影响已不仅限于学术领域，也涉及坚持中国特色社会主义道路的问题。

四、民生主义经济学

随着西方经济学的广泛传播及其中国化的进展，构建"有中国风格的经济学派或学说体系"[①]的呼声日益提高。在理论经济学层面，主要表现为民生主义经济学，祝世康、贾士毅、杨荫溥等学者对此多有论述。作为民生主义经济学的积极探索者，祝世康更于1943年组织成立了"民生主义经济学社"，极大地推进了民生主义经济学研究。同年，赵兰坪在《经济论衡》杂志创刊号上著文宣称，民生主义经济学"超然独立于"资本主义经济学和社会主义经济学，"而成经济学史里面三大派别之一"。[②]虽然，民生经济学或民生主义经济学的构建探索，还是非常初步的，仅仅是框架性、原则性的。同时，不同的学者之间在学术上缺乏系统性和关联性，一个具有高度共识和专业基质的学术共同体还远没有成型。但是，这样的探索对于一个缺乏经济学传统的国度而言是弥足珍贵的。祝世康的经济学主张，对中华人民共和国成立初期的新民主主义经济建设及现代的社会主义建设具有一定的借鉴意义。如为防止贫富差距过大，主张征收个人所得税和遗产税；又如提出保障劳工利益、实现劳资合作的方法，非常具有超前意识，对完善社会保障、促进人的全面发展具有重要的理论指导意义。

---

① 程霖、张申、陈旭东：《选择与创新：西方经济学说中国化的近代考察》，《经济研究》2018 年第 7 期。

② 赵兰坪：《民生主义经济学论》，《经济论衡》1943 年创刊号。

五、比较经济体制学

比较经济体制学是一门研究不同经济制度下各种经济类型和现象，并从中探讨不同经济制度国家经济发展规律的经济学分支学科。我国的经济体制改革，始于认识上的飞跃，最早提出"建设社会主义可以有多种模式"，并向国人介绍东欧模式的，就是荣敬本等人。[①]荣敬本长期致力于经济社会体制的比较研究，研究观点集中展现在专著《比较经济学》。该书阐明了比较经济学的对象、方法；比较经济学的产生和发展；比较经济学在当代的新发展——比较制度分析；比较经济学的基本原理——资源配置理论、产权理论、制度变迁和经济发展理论、博弈理论、委托—代理理论等，说明了在开展经济社会体制比较时所必须了解的各种经济社会系统和各种经济模式比较的知识，并且根据最新的资料介绍俄罗斯改革的教训，以及日本和韩国在经济发展中的经济转轨，从比较分析中得出对我国体制改革和经济发展有益的借鉴。1985年，他和吴敬琏、赵人伟等共同发起创办了《经济社会体制比较》期刊，这是我国首个专门从事比较研究的中央级理论期刊。

六、制度经济学

制度经济学是理论经济学的一个分支，主要研究制度对经济行为的影响，以及制度变迁对经济发展的影响。从集体农作制度转变为家庭承包责任制的这一制度变迁，极大地提高了中国农业生产力。基于对这一制度变化的观察，卢现祥得出了一个结论：通过制度创新或变迁能够提高生产率和实现经济增长。从此，他集中力量于该学科的研究工作。在1996年出版的专著《西方新制度经济学》是他的代表作，该书是中国第一部系统地研究西方新制度经济的专著。他认为，通过制度创新或变迁能够提高生产

---

① 朱昱鹏：《荣敬本——中国比较经济学开拓者》，许卫国主编：《无锡走出的经济学家》，第 470 页。

率和实现经济增长。他的重要论文有《中国的家庭产权安排、家族式管理与资本积累》《马克思理论与西方新制度经济学》《论我国市场化的"质"——我国市场化进程的制度经济学思考》等，运用制度分析法分析中国经济改革中的一些问题，在全国产生了较大影响。

第二节　应用经济学

　　应用经济学指的是应用理论经济学的基本原理，研究国民经济各个部门、各个专业领域的经济活动和经济关系的规律性，或对非经济活动领域进行经济效益、社会效益的分析而建立的各个经济学科，包括了农业经济学、区域经济学、产业经济学、国际贸易学、财政学、统计学等经济学科。中华人民共和国成立后，尤其是改革开放后，社会主义各项事业蓬勃发展。无锡籍经济学家立足国情，顺应时代潮流，笔耕不辍，在建设新中国的各个阶段，他们于应用经济学研究的不同领域均有不俗建树。

一、金融学

　　无锡作为中国民族工商业的重要发祥地，且与近代中国金融中心上海有着紧密的联系，因此近现代无锡走出了一批卓越的金融学家。

　　杨荫溥是近代从事金融问题研究而著述较多的一位学者。1930年由商务印书馆出版的《上海金融组织概要》，对上海金融市场的各类金融机构做了全面系统的论述，并在金融学术界中第一次对各类金融机构的财力做了测算。为研究上海金融组织，尤其是研究中外银行机构在金融市场上的地位，该书提供了分析数据。1932年由商务印书馆出版的第一部关于中国交易所的学术专著《中国交易所论》，系统论述交易所的基本理论问题，揭示了交易所这类特殊经济组织的含义和作用。1936年由商务印书馆出版的《中国金融研究》一书是他研究金融理论问题的代表作，该书汇集他在20世纪30年代中国金融危机日益加深的社会经济背景下发表的一批论文，着重对中国金融业面临的困境以及中国银行制度存在的弊端等问题加以剖析，并从货币政策、国际收支、财政制度、金融市场等方面进行了理论探讨。

盛慕杰长期从事金融工作，这为他的理论研究奠定了很强的实务基础，他的研究也多聚焦于国企股份制改革、金融市场建立、金融体制改革、金融教材撰写等方面。他是中华人民共和国成立后最早提出在国企改革中实行股份制的学者之一，发表了《股份制与搞活大中型企业》《搞活大中型企业与实行股份制》《宏观控制与大中型企业股份化》等文，提出通过股份化改革增强大中型企业的活力，这不仅有利于明晰国有企业产权，而且可以通过所有权证书的转让交易，作为市场政策工具调控金融运行，这是金融宏观控制的最重要工具。他还积极主张建立金融市场，发行股票，允许企业进入市场直接融资，为此撰写了《中国证券交易所的历史启示》《论股票、债券的发行》《商业信用与票据承兑贴现》《开办再贴现，创建人民银行调节金融的新机能》《发挥票据交换所管理同业拆款的机制》等文章。他也对如何进行金融体制改革，如何发挥中央银行职责、职能，如何加强中央银行调控等方面，进行了全面而深刻的思考，撰写了《加强中国人民银行的地位和机能》《加快专业银行转变步伐问题》《实行分层金融调控，建立中央银行资金管辖行》，为建立中央银行大区分行制、发展金融市场和建设金融安全区等提供了理论依据。同时，他对于金融教材编写工作也做了开创性贡献。1985年，他与人合作主编并主审的《中国近代金融史》作为高等财经院校试用教材出版发行。1989年，他主编我国第一部高等教育中央银行学教材《中央银行学》。

钱荣堃是国际金融研究的先行者。早在南开大学攻读硕士期间，他就与他人合作翻译了塞耶斯（R. S. Sayers）的《银行学新论》，连载在《金融知识》杂志上。从英国留学回国不久，他回到南开大学金融系任教。从教期间，他与两位同事合作翻译了苏联古莎科夫和德姆斯茨的《苏联货币流通与信用》。他还为全国金融专业的师生编写了不少教科书和专著，例如《国际金融专题研究》《国际金融专论》《国际金融》等。他担任主编的《国际金融》一书，是国家教委组织编写的12门财经学科核心课教科书之一；作为全新的金融教学教材，全书对国际收支、外汇和汇率、国际金融市场和国际资本流动、国际货币制度、我国对外金融等主要问题做了研究和论述，并很好地反映了金融业的新发展，体现了国际金融这门学科的发展方向。除此之外，由于西方国家的宏观经济政策对国际金融和汇率变动的影响很大，他对此问题也进行了深入研究，这方面的论著有《八十年代西方国家"滞胀"的转变》《简析加拿大遏止通货膨胀的货币政策》《八十年代英国美国对通货膨胀的治理》《西方国家市场经济中金融体系的作用》《加拿大的中央银行和货币政策》《西方七国中央银行战后50年内调控宏观经济的经验》《战后西方国家中央银行在调控宏观经济中的重要性》《没有通货膨胀的经济增长——西方国家中央银行调控宏观经济的新目标》等。

徐滇庆有着"民营银行总设计师""中国金融安全的守望者"的美誉，其对民营银行的发展和房地产市场走向都有着深入研究和深刻见解。亚洲金融危机为中国的金融业敲响了警钟，而居高不下的银行坏账也使中国的银行业从业者和政府官员感到不安。针对中国金融业的现状，徐滇庆撰写了《民营金融（十论）》《民营银行答疑（十论）》等30多篇著述，主编了《民营银行二百问》，力主成立民营银行，打破金融领域的垄断局面，增强金融系统的竞争力。2001年，他与台湾地区的于宗光教授合编出版了《从危机走向复苏——东亚能否再度起飞》一书，探讨了金融危机的原因和对策，该书被经济学界称为总结亚洲金融危机经验教训的最好著作之一。[①]此外，他还撰写并出版了《房价与泡沫经济》《徐滇庆再论房价》《房价与物业税》等专著，以自己独到的见解分析了中国房价以及中国是否存在房地产泡沫经济等问题。

潘洪萱并非经济学专业出身，但他十分关注金融证券市场，著有《走向新世纪的上海市场——商品服务市场卷》《走向新世纪的上海市场——

---

① 朱昱鹏：《徐滇庆——国际经济学殿堂优秀的中国"建筑师"》，许卫国主编：《无锡走出的经济学家》，第547页。

要素市场卷》《走向新世纪的上海市场——金融市场卷》等书。他还以中国投资发展报告形式，主编出版了《迈向稳定的中国证券市场》一书，以学者的视角审视中国证券市场。他在书中阐述，随着我国改革开放的不断深入、经济全球化趋势的加速，必须时刻关注国际形势的变化，有必要尽早建立起一个稳定、健康发展的证券市场。近几年国家在投资领域改革与发展的脉络始终应该遵循如下模式：培育和发展多元化投资主体，拓展资金来源的多渠道；转变融资方式，扩大直接融资规模；加快投资运作市场化，提高资金使用效率。

王国刚是中国社会科学院金融研究所原所长，是最早推动设立、主持设计、催生助长创业板的经济学家之一，主要从事资本市场、公司金融等理论与实践问题的研究。[①]他出版的专著《中国创业板市场研究》是第一本有关中国创业板的力作。书中介绍了设立中国创业板市场的政策研究和实质推进过程，研讨创业投资在多层次资本市场体系中的地位和作用，探索设立中国创业板市场过程中的实务操作问题，提出公司在创业板上市的几个政策性建议。针对社会上对设立创业板的种种质疑，王国刚还写了大量论著予以论述，如《创业板公司上市的几个政策性问题》《创业板上市应注意的八个问题》《设立创业板市场需要解决的十个认识问题》《如何看待创业板市场的风险》等。由此，他曾被媒体称为"创业板之父"。当前，他已发表《中国企业组织制度的改革》《资金过剩背景下的中国金融运行分析》《货币政策与价格波动》等著作40多部，在《中国社会科学》《经济研究》等刊物上发表论文数百篇，主持过近百项科研课题，其中包括省部级重大、重点课题40多项。

无论是担任证监会主席，还是掌舵央行，周小川都始终不遗余力地推行金融领域的各项改革。20世纪末至21世纪初，我国的金融状况不容乐观。当时作为国有独资商业银行股份制改革试点工作领导小组办公室主任

---

① 王粤海：《王国刚——站在金融理论前沿的精英》，许卫国主编：《无锡走出的经济学家》，第574页。

的周小川是国有银行股份制改革方案的主要设计者和推动者之一。[①]21世纪初期，他进入央行工作，在汇率改革、人民币利率、国际化等方面有深入思考。值得一提的是，由于他致力于持续推动人民币汇率的改革，2005年他推动人民币汇率与美元"脱钩"，从固定汇率制变成了有"一篮子货币"的浮动汇率制，由此他也被称为"人民币先生"。[②]周小川之所以在金融改革领域取得巨大成绩，和他一直以来的学术研究和思考密不可分。周小川的著述丰厚，先后在国内外发表学术论文上百篇，出版著作十余部。其中《走向开放型经济》一书获1994年度"安子介国际贸易研究奖"，论文《企业与银行关系的重建》和《社会保障：经济分析与体制建议》分别获1994年度、1997年度孙冶方经济科学论文奖。2010年，周小川与吴敬琏、郭树清等一起以"整体改革理论"获得第三届"中国经济理论创新奖"。

二、财政学

自近代以来，由于政局不安、军阀混战，我国的财政一直陷于入不敷出的泥潭中。胸怀"财政救国"理想的贾士毅学成回国后，从开展财政教学和研究到任职政府财政部门，经纬国家财政大计，外争国权，内治苛捐杂税。他学贯中西，将所见所闻所得汇集成财政史学专著，为国计民生出谋划策。其代表作是1917年出版的《民国财政史》和1932年出版的《民国续财政史》。《民国财政史》共六编1800多页，分上下两册，上册包括总论和岁入，下册包括岁出、公债、会计、泉币和附录，详细地叙写了1912年至1916年间我国的财政史实，包括国家与地方财政划分、财政政策、财政收支、整理税制、公债现状、预算决算等，并谈及其研究之旨是能够成为财政政策之参考，"使国计之沿革，新政之设施，已著之成效，未来之伟画，一一贡献于吾国民之前，于以察既往审将来，立永久之大纲，采

---

①② 第一财经：《改革者周小川》，https://baijiahao.baidu.com/s?id=1594746149 403442955&wfr=spider&for=pc，2018 年 3 月 12 日。

精当之良策"①。此书由梁启超和熊希龄分别作序，梁启超说："今得贾君是篇而读之……岂仅国政稳受其益，抑社会实利赖焉。"②熊希龄说："是书之成，其庶几通古今中外之邮，我国财政之得成为独立科学，或借是以为椎轮矣乎。"③日本同文社出版了该书的日文版，欧美图书馆也纷纷收藏该书。《民国续财政史》共七编3100多页，共分为总论、岁入、岁出、公债、会计、泉币和地方财政，记叙1917年至1931年间我国的财政实况。两部史书，均"以准诸现制参用学理为主"，记叙了民国财政发展的历史轨迹，对国家及地方财政之划分、税赋、财政费、实业公债、预算决算、银行等具有现代财政与会计的内容，以及国家财政的基础概况，财政与社会政治、经济和军事的关系，财政制度的利弊等都进行了深入的探讨和详细的阐述。此两部著作具有明显的"史""论"结合特点，于史记中阐述了财政会计理论，可谓寓理论于史记之中，史记之中见理论。两书问世后，产生了较大的社会影响，被学界奉为研究民国财政的开山之作。贾士毅尽管未明确提出中国财政学，但是他对于中国财政学成为独立学科做了先行探索，在研究对象与研究目的方面为中国财政学提供了理论元素。

三、国际贸易学

胡纪常（鸿勋）从法国留学回国后，进入中央研究院担任院长蔡元培的秘书，并在社会科学研究所担任研究员。在此期间，他主要从事外贸和商会组织的研究。1927年，他翻译了Henri. See的《法国近世资本主义发展史》，由新月书店出版。1933年，胡纪常的《国际商会论》由商务印书馆出版。这本著作介绍了国际商会之成立、组织、工作及中国出席该会的经过，并附录了国际商会组织法、国际商会办事细则、国际商会中国分会章程草案等重要史料，直至今天仍是研究我国民国时期商会的主要参考材料。他和樊明茂合著的《国际贸易统计上之货物名目及分类》，作为"中

---

① 贾士毅：《民国财政史》，上海：商务印书馆，1917年，"序"，第3页。
② 梁启超：《序》，贾士毅：《民国财政史》，第2—3页。
③ 熊希龄：《序》，贾士毅：《民国财政史》，第2页。

央研究院社会科学研究所丛刊"第三种，1935年由商务印书馆发行。在这部著作中，他们对当时海关报告货物分类存在的分类标准不确定、分类内容芜杂、货物归类欠准确、货物分类中数量比例悬殊等问题提出了批评，并提出了建议，得到了海关的采纳。1937年，他在《外交评论》发表了《五年来中国之关税政策》，论述1930年至1935年中国关税政策的演变。到了抗战胜利后的1946年，他还翻译出版了法国纪德的《合作主义国际贸易论》，由商务印书馆印行。

许心礼是一位致力于研究经济国际化的世贸专家。十一届三中全会召开后，改革开放的春风吹遍中华大地，他回到上海财经大学，以研究国际贸易、国际经济为重点，撰写发表了多部专著和数百篇论文、讲稿，如《战后美国经济》《西方国际贸易新理论》《国际贸易与金融》《当前国际贸易形势和中国对外贸易》《社会主义初级阶段外贸发展战略》《沿海地区外向型经济若干问题探讨》《中国复关对经贸影响和对策》等。他在这些著作中分析了当时国内外贸易的经济形势，就对外贸易政策、开放经济中的外贸宏观管理、中国加入WTO对农业的影响、进出口业务管理和进出口配额管理等重大问题，提出了自己的见解。这一系列论著在当时具有一定的代表性，成为论述GATT、WTO方面的权威读物，对我国国际贸易发展战略的研究和制定起到了重要的作用，产生了一定的社会影响。

季崇威在我国对外开放的理论研究史上首次提出了"外向型经济"这一较完整的概念，"以国际市场的需要为导向，以扩大出口为中心，调整产业结构和经济结构，积极利用国际资源、资金和先进技术，开展对外交流，积极参与国际分工和国际竞争，从而带动本国或本地区经济的发展"①。他的主要论著有《对外开放政策和对外经济贸易战略》《外向型经济的国际比较》《论中国对外开放的战略和政策》《中国利用外资的历程》等。其中，1999年出版的传世之作《中国利用外资的历程》一书，

---

① 《纪念我国利用外资的坚定倡导者和理论家——季崇威》，《中国外资》2002年第11期。

是从他在改革开放20年来发表的论文、国内外重要会议的演讲稿、调研报告，以及报刊专访中遴选出来，经过加工集纳而成的。该书比较全面地反映了中国利用外资所走过的历程，论述和分析了不同历史阶段利用外资所面临的尖锐问题和矛盾，同时对中国利用外资的成就、经验、特点和存在的问题，以及展望21世纪中国利用外资的前景给予权威性评说。

四、农业经济学

中国是世界上人口最多的国家之一，农业在国民经济中占据举足轻重的地位。因此，农业经济学作为一门致力于解决农业发展中的问题、提高农民收入和农村经济整体水平的学科，自然吸引了众多学者的关注，并取得了丰硕的研究成果。陆学艺在1979年撰写的《包产到户问题应当重新研究》是国内研究包产到户最早的调查报告之一，最早从理论上论证了农村实行家庭联产承包责任制的必要性、合理性。1986年，他在当时社会舆论对农村农业形势一片叫好的情况下，发表《农业面临比较严峻形势》一文，力排众议，指出农业发展的十一大制约因素。中国社会科学院将此文评为优秀论文一等奖，还特别将他的这一成果列入建院30年来为数不多的几个突出贡献之一。2001年，陆学艺主持的当代中国社会结构变迁课题组完成了《当代中国社会阶层结构研究报告》，在学界内外受到了深入讨论和广泛好评。除此之外，他的主要著作还有《农业发展的黄金时代》《当代中国农村与当代中国农民》《三农论》《三农新论》《当代中国社会流动》《当代中国社会结构》等。作为一名"三农"问题专家，陆学艺提出了许多解决"三农"问题的改革方案和对策，较早地指出"计划为体、市场为用"的体制在中国农村行不通，应走出"城乡分治，一国两策"的困境，并认为中国农村必须在实行家庭联产承包责任制和其他一些初步改革的基础上进行"第二次改革"，其学术思想在实践和理论层面对中国农村改革产生了深远的影响。[1]

---

[1] 《著名社会学家陆学艺去世》，《中华读书报》2013 年 5 月 15 日。

叶谦吉是著名生态农业经济学家。1982年，在全国首届农业生态经济学术讨论会上，他发表了一篇题为"生态农业——我国农业的一次绿色革命"的论文。正是在这篇论文中，他首次提出了"生态农业"这一符合中国国情的理论。1983年，在重庆进行生态农业户和生态农业试验区的试验后，他把试验的初步成果向国家有关部委报告。在他的努力和学术界的共同影响下，1985年国务院环境保护委员会制定发布了文件《关于发展生态农业，加强农业生态环境保护工作的意见》，其中明确写道："全国各省、市、自治区要把生态农业建设作为基本国策。"这是我国第一次将生态农业建设正式写入国家政策文件之中。1987年，农业出版社发行他编著的264万字的《英汉农业经济词典》，为当时农业科学研究领域的中外合作、交流架起了一座沟通的桥梁。1988年，重庆出版社出版他的专著《生态农业——农业的未来》。除此之外，他还撰写了"论生态农业发展阶段"系列论文，形成了较完整的生态农业理论体系。

孙颔是一位长期关注农业发展、农业资源与农业区划等领域的农业经济学家，对那些质疑中国农业发展和粮食安全的学者给出了科学、理性而又坚毅的回答。1979年，他作为主笔，参与编写了《中国综合农业区划》一书，该书是首部较系统、全面论述中国农业自然资源与农业区划的科学著作。1987年，他与多位中美学者合作编著《Feeding A Billion》（《温饱十亿人》），介绍中国农业生产和科技发展的伟大成就，总结了中国解决庞大人口温饱问题的经验。这本书先后被翻译成日语、俄语、西班牙语等多种文本出版。1989年出版的《江苏农业资源与综合区划》一书，为江苏省因地制宜规划和指导农业生产提供了科学依据，对促进农业和农村经济发展发挥了重大作用。1994年出版的《中国农业资源与区域发展》，系统总结了全国10多年来开展各项农业自然资源调研与区域发展工作的成果。此外，他还发表了《必须合理利用农业自然资源》《我国农业发展的几个战略性问题》《我国粮食生产的发展战略》《解决食物短缺的对策》《我国人口资源与食物问题》《必须抓紧粮食生产》《确保国家粮食安全》等系列论文。

五、工业经济学

工业经济是现代发达国家发展的重要支柱，实现工业化也是中国现代化建设的第一步，秦柳方等无锡籍经济学家从中华人民共和国成立前就一直密切关注着我国工业经济的发展动态，深入研究其路径和模式，并为其提供理论支持和政策建议。

秦柳方对于工业经济，尤其是工农业产品价格有着深入研究。20世纪40年代，他实地调查桂林、柳州工业生产情况，编写了《桂林市工业调查》《柳州工业概况》。这时期他就工业经济问题为《中国工业》撰写了"今后的工业建设""论工业贷款""税捐与工业""当前工业的救济问题"等多篇专题论文。他还受工业合作国际委员会的委托，用近三个月的时间调查了重庆市的35个工业合作社，就该市工合社的分布、社员、资金、生产情况、社务情况、工资待遇、产品推销、贷款、联合社与工合事务所等情况，进行详细的调查，撰写《渝市工合社调查报告》，发表在中国工业合作协会出版的《工业合作》月刊上。中华人民共和国成立后的20世纪60年代初，他与经济研究所和国务院财贸办公室物价组的有关同志一起，从事中、英、美工农业产品交换比价的研究，并编制了《近百年中英美工农业产品交换比价表》。这项研究报告对于国家当时调整农产品收购价格起了重要的参考作用。针对国内工农业产品交换比价和工资问题，1979年他根据实地考察和综合研究的结果，对国务院有关合理调整销价、适当增加工资的方案提出意见。1983年，他向物价和工资管理部门提出《物价对工资的影响和建议》的报告，针对当时物资积压严重、资金不能加速周转的现实问题，科学地分析了问题存在的原因，提出了相应的建议措施。

薛葆鼎长期从事工业经济管理和工业经济研究工作。1978年他任中国社会科学院工业经济研究所副所长，在这期间他从国内外工业经济的学术研究中冷静地思考过去近三十年新中国工业发展史的经验和教训，先后发表20余篇关于工业经济的学术论文。1980年他在中央党校做了《中国现代化的整体论》和《再谈中国现代化的整体论》两次长篇报告，谈论工业现代化和生产力经济学有关问题。他主张从中国的国情出发，社会经济必须作为一个整体，统筹规划、全面安排，反对片面的"洋跃进"，反对形而上学。中央党校为此出版了其所作报告的单行本，在国内引起一定反响。

裴叔平也曾任中国社会科学院工业经济研究所副所长，围绕调整工业发展战略、建立社会主义市场经济体制、走新型工业化道路等重大课题深入研究工业经济。他借鉴国际经验，研究工业经济体制改革，主笔撰写的《日本中小企业考察报告》于1981年由社会科学出版社出版发行，是我国阐述中小企业问题的重要专著之一。该书通过对日本三井精机等企业的考察，向国人介绍了股份制、有限公司、连锁等企业组织制度，以及国外企业的运作和内部管理，阐述了对企业现代化、企业竞争力、政府管理体制等问题的深层次思考。裴叔平还以乡镇企业为着眼点，研究中国工业化的所有制结构和区域布局，在1993年出版了《苏南工业化道路研究》一书。该书的最大成果就是颠覆了此前发达国家城市工业化的模式，提出了"农村包围城市"的观点，确立了城乡工业同时发展、实现工业化的双轨制模式，这是具有中国特色的现代化建设道路的具体体现。1989年裴叔平又与陈乃醒合作编写了《乡镇企业产业政策研究》一书，提出"发展乡镇企业是完成我国二元经济结构转变的战略选择"，强调"农村工业化是乡村城市化的主要内容"，并肯定了"以工补农"是实现农业现代化的路子。1990年，周叔莲、裴叔平合作的《中国产业政策研究》一书正式出版，特地增加了"乡镇企业产业政策"一章。同年，马洪等主编《中国工业经济效益问题研究》，裴叔平与陈乃醒合作撰写了《乡镇工业的经济效益》专章。

六、区域经济学

顾松年是追踪区域经济学领域发展前沿理论的专家。他注重现实经济问题研究，倡导跟踪实践与超前研究相结合，立足江苏，面向全国，放眼世界，概括新经验，探索新问题，提出新对策。他先后主持和完成国家和省级重点课题多项，编著著作10多部，在全国和省内报刊先后发表论文、调研报告等400多篇。在具体研究方向上，他着重于中心城市作用、城镇体系建设和城乡经济协调发展等方面。江苏大中城市多，在传统管理体制下市县关系不顺，导致重复建设和产业结构趋同。1982年，他先后撰写了《发挥城市在地区经济中的作用》《略论经济网络》《小议苏锡常城市分工》《上海经济区的前进有赖于经济技术协作网络的纵深发展》《打破条块分割，开拓共荣之路》等多篇论文，为省委、省政府提供了高质量的决策咨询服务。在此基础上，他还到南通和无锡进行区域中心城市的成长和发展问题的个案调查研究，编写并出版了《明星城市南通之路》和《开放型区域经济中心——无锡》两本专著。

十一届三中全会之后，经济建设成为中心任务，经济社会跨入现代化发展的新时期，也进入了城市化加速发展的引领期。张仲礼负责主持国家"七五"期间哲学社会科学的重点研究课题"近代上海城市研究"项目。该项目突破以往纯经济史研究的框架，扣住上海城市研究的主题和城市发展的历史脉络走向开展研究，在资料、见解和研究方法方面均有创新，有史有论，史论结合。20世纪90年代，学界开始关注城市群、城市带的研究。为此，张仲礼主持推动后续项目"东南沿海城市与上海的城市发展"，该项目被列入国家"八五"重点课题，把原先对单一的城市研究扩大为区域城市团组的研究，使得上海社会科学院经济研究所的城市史研究在国内继续保持领先地位。这一研究较好地揭示了东南沿海地区以五口通商城市为主体的城市群体在带动区域近代化和中国近代化中的历史地位和作用；这一课题也纠正了以往个案城市研究存在的孤立和静止的缺陷，提升了城市史研究的层次和水准。其后，张仲礼又主持被列入上海市哲学社会科学"九五"规划重点项目的"长江沿江城市与中国近代化"课题研究。这一课题通过研究长江流域城市在中国近代化过程中的轨迹和地位，及其与中国近代化的关系，以了解中国城市在近代演变的总体轨迹，为新时期推动长江流域城市建设提供有益的借鉴。这样，张仲礼主持完成了中国近代城市史研究"三部曲"，其本人也被誉为"真正有世界影响的中国学者"①。

---

① 姜义华：《中华文明的经脉》，北京：商务印书馆，2019年，第334页。

七、统计学

1952年，为着手实行第一个五年计划，中央决定成立国家计划委员会和国家统计局。薛暮桥被任命为计委委员（1954年起为计委副主任）兼国家统计局局长。同期，孙冶方从华东工业部副部长调任国家统计局副局长，分管综合平衡、劳动工资和农村统计工作。当时，我国统计工作的基础基本上空白，工业品中只有30多种有统计资料，这与计委制订经济计划的要求形成了尖锐的矛盾。为了尽快建立起中国的统计制度，1956年，孙冶方亲自到苏联去学习、考察，向苏联统计专家请教，详细了解计划经济之初如何开展统计工作。回国后，孙冶方专门撰写了《介绍苏联国民经济平衡统计工作》。[①]他指出，统计是为国家建设和国家管理服务，必须建立和加强国民经济的综合平衡统计工作，这样才能更好地发现国民经济发展中的一些重大问题，便于党政领导正确地指导国民经济发展。在他的推动下，国家统计局建立起物质产品平衡表体系。1957年12月，他又邀请时任苏联中央统计局国民经济平衡司索包里司长来华讲学。孙冶方十分重视投入产出工作。1959年，孙冶方在出国访问回国途中经过莫斯科，聆听了投入产出分析方法创始人里昂惕夫的报告，并访问苏联中央统计局，了解投入产出法在苏联发展的曲折经历。他认为这种平衡表是统计和计划部门计算比例关系的好方法。20世纪80年代初，孙冶方在经济计量学年会上的书面发言中提出，希望在5—6年时间内或者两个五年计划时间内，建立起中国经济计量学和棋盘平衡表（即投入产出表）。[②]1982年，国家统计局、国家计委和有关部门编制了1981年全国投入产出价值表和实物表。1987年，国家统计局建立了周期性的投入产出调查制度，投入产出技术在我国宏观和微观经济领域获得了广泛应用。中华人民共和国成立后的很长

---

① 《介绍苏联国民经济平衡统计工作——摘自国家统计局孙冶方副局长在第六届全国统计工作会议上所作的"考察苏联统计工作报告"》，《统计工作》1957年第20期。

② 许涤新、孙冶方、于光远等：《在全国数量经济学第一次讨论会上的发言》，《经济研究》1982年第4期。

一段时间内，我国政府统计体系中重视经济统计，忽视对数理统计的应用，对统计的发展造成不利影响。孙冶方发现这个问题后，在1981年提出"社会经济统计有定性和定量两个方面；而定量计算是在定性指导下进行的"，并指出在开展国民经济综合平衡、投入产出计算、物价涨落的连锁反应评估等方面，必须广泛运用运筹学、线性规划等知识，在抽样调查过程中必须运用概率论原理。孙冶方对统计发挥监督作用方面有创新性的思考，指出"在宪法上明确统计的这种职能，确立统计机关作为国家的一个检查监督机关的地位"①，建议统计机构应改为由国务院和各地政府直接领导统计机关的体制，最好由各级人民代表大会常务委员会直接领导各级统计机关。1980年12月29日，孙冶方拖着病体参加全国统计局局长会议，发表了《关于加强统计工作和改革统计体制的问题》的讲话。1982年12月8日，已经病入膏肓的孙冶方写下《统计要独立》的短文，"我主张统计要独立。国家统计局在党的工作方面由党中央直接领导，在行政工作方面受全国人民代表大会常务委员会领导，并应同党的纪律检查委员会挂钩"。②依法统计是现代政府统计工作的基本原则和重要保障，孙冶方积极建言献策，指出世界上许多国家都有比较完善的统计法规，建议制定《中华人民共和国统计法》，由全国人大常委会批准实施。1983年，全国人大常委会审议通过《中华人民共和国统计法》，这是新中国第一部统计法律，标志着我国统计工作从此步入了法治轨道。孙冶方有关统计的代表作有《计划和统计放在价值规律的基础上》《价值规律和改进计划统计方法问题》《江苏农村统计工作视察报告》《介绍苏联国民经济平衡统计工作》等一系列论文和报告。薛暮桥的统计思想更为系统。1986年，统计出版社出版了《薛暮桥统计论文选》，汇集了他在统计局的言论，该书的序言简要回顾了中国统计事业的创建历史。

邹依仁是中国数理统计学的奠基者之一。他历任上海财政经济学院

---

① 孙冶方：《加强统计工作改革统计体制》，《经济管理》1981年第2期。

② 孙冶方：《统计要独立》，《统计》1983年第1期。

教授兼统计系主任、上海社会科学院部门经济研究所研究员。他的学术成果丰硕，专著有《高级统计学》《质量管理原理和方法》《高级管理统计学》等20余部及论文百余篇，并在人口统计、全面质量管理等应用统计学方面独辟蹊径、成就卓著。学成归国后，他编撰《高级统计学》，介绍了数理统计的基本理论与方法。改革开放以后，他更是大力倡导应用数理统计学。1980年，他在《经济研究》上发表《试论统计学的性质及其与数理统计学的关系》一文，对我国统计界人为地把统计学和数理统计学区分为两门不搭界科学的观点和做法进行了批评。1957年出版的《统计抽样法》，是中国最早的关于抽样法方面的著作，1982年他又对该书做了较大修改补充。1985年出版的《高级管理统计学》是邹依仁一生的学术总结，全书对数理统计及其分支管理统计学做了系统阐述。另外，他也是中国数理统计学及其派生学科——质量管理学的开创者。1951年出版的《工业统计学》一书系统介绍了美国等国家产品质量的选样检验和控制、统计管制图形的编制与应用等基本方法。1983年出版的《质量管理原理和方法》一书也获得好评和赞扬，著名质量管理专家、美国的朱兰和日本的石川馨都说，这本书的出版对中国推行全面质量管理起了极大的作用。

八、物价学

王振之是物价战线的资深学者。在理论层面，他力主自觉利用价值规律，"第二种含义的社会必要劳动时间"是价格理论的重大突破。改革开放后他撰写的第一篇论文《关于增加企业盈利、加速资金积累的问题》，力主利用价值法则搞经济核算。在政策层面，他提出渐进改革新思路，参与制订国家价格改革方案，撰写《我国价格体系改革的初步意见》《关于"七五"期间生产资料价格改革的建议》《深化价格改革的思路》等，提出许多真知灼见。在实践层面，他注重调查研究，对农副产品价格体制改革、试行工业产品浮动价、降低商品流通费用等众多方面提出创新意见。在《我国农产品价格改革的思考与对策》一文中，他提出尽快建立和完善农产品价格新模式，提出粮食收购价格、粮食销售价格、经济作物价格、蔬菜价格、生猪价格五个方面的对策。

九、经济地理学

经济地理学是研究经济活动的区位、分布和空间组织关系的学科。胡焕庸是我国近现代该学科的奠基人。全面抗战期间，他先后完成一系列的经济地理著作，包括《中国经济地理》《美国经济地理》《苏联经济地理》《世界经济地理》。这些著作都以商品为经，以地区为纬，强调各地各类自然资源的分布状况，重视供需关系，并且通过进出口贸易的分析，说明其有余和不足的状况，力图从比较和借鉴中为积贫积弱的祖国在经济建设方面贡献心力。同这些著作相配合的，是《世界经济统计》一书。此外，他在自然地理学和人文地理学的多个领域皆有不俗建树，著述甚丰。他一生发表论著320余篇（部），其中著作83部、论文239篇，另有译文18篇、译著2部。晚年他依然站在学术前沿，从1985年到1990年正式搁笔，胡焕庸平均每年发表成果10.4种。用学生吴传钧的话说，"在他生命的最后阶段竟然出现了他一生中最高产的奇迹"[①]。

十、专业经济学

在基本建设经济学研究领域，薛葆鼎是该学科建立的积极倡导者。1981年，国家建委和中国社会科学院调他任中国基本建设经济研究所（后城乡建设经济研究所）所长，他开始从事经济发展战略、地区发展战略、中小城市发展战略、生产和建设过程中成本和经济效益等方面的研究。1987年4月，他在《人民日报》上发表《加强建设经济的系统研究》一文，倡导以系统论为指导建立"建设经济学"，并且勾勒了学科的框架。他认为，"用系统的观点考察建设经济，就要注意使内涵、联合和外延三种建设类型及其规模相互协调配套；使建设类型与规模、投资方向与结构、生产力布局三个经济建设的内在要素和构成协调配套；并使建设与整个社会经济的运行发展协调配套，从而发挥其独立的功用和效益"。他发

---

① 转引自《胡焕庸：开创人口地理学，超越人口地理学》，《文汇报》2019年11月14日。

表了《中等城市经济发展战略的若干问题》《城市经济发展战略与城市规划》《我国地区社会经济发展战略研究中的几个问题》等系列文章，阐述他的立论观点："对一个社会主义大国来说，区域规划正是全国开展国土整治的第一步。"针对"城市规模越大越好"的误解，他较早提出控制城市规模的观点，"聚集的人口规模增大到一定规模后，所带来的非经济性后果就要超过聚集所带来的利益"。他呼吁关注城市—区域现象，赞同"市管县"，是国内较早研究都市圈问题的专家之一。

在信息经济学研究领域，陈禹是从信息系统与信息管理角度探讨信息经济的早期探索者，是中国计算机网络实验经济学教学与研究的先行者。自20世纪80年代起，随着个人计算机的推广、通信数字化、互联网的普及，信息产业呈现爆炸式成长，推动着经济科学的发展，信息经济学应运而生。信息经济学是一门研究经济活动中的信息现象及其规律的经济学。1986年，陈禹的《信息系统的分析与设计》一经出版，便成为经济信息管理课程全国第一本教材，在国内产生较大影响，为许多学校与部门所采用。1998年，他本着文理结合和文理渗透的理念，编写出版《信息经济学教程》一书，以博弈论取代一般均衡理论的方法论，视信息为不可缺少的经济变量，把厂商的信息行为、市场信息效用分析、最优信息经济分析、信息资源配置理论、信息产业经济等内容吸收进了经济学教科书。

在消费经济学研究领域，顾纪瑞是系统进行该学科研究的先行者。在1988年出版的《家庭消费经济学》一书中，他就从中国国情出发，以大量统计数据为依据，分析不同家庭规模和类型对消费的影响，当时阶段家庭消费水平、家庭消费结构、消费心理和行为、家庭消费决策、日常消费和非日常消费的特点，以及今后消费发展趋势。本书在国内首次系统阐述消费经济学科的研究对象、范围和方法，搭起了体现中国特色的学科研究框架。随着消费问题受到政府和社会各方的重视，他的研究范围也不断拓展。党的十四大提出建立社会主义市场经济体制后，他发表《建立市场经济对消费水平的长期影响》论文。当全国通货紧缩市场一度低迷时，他发表《扩大内需必须重视培养消费热点》论文。在中国加入WTO后，他又相继发表《加入WTO对国内消费热点的影响》《中国中等收入群体的界定和消费特征》等论文。

　　在产业经济学研究领域，芮明杰先后在SCI、SSCI、国家权威和核心学术刊物上发表论文近百篇，出版著作（包括合著）30余部。其中，反思中国工业化道路的《社会主义工业论》，运用马克思主义的观点，分析了各种理论流派、西方发展经济学、斯大林及苏联学者的观点，并比较了它们的异同，同时对社会主义工业化的一系列问题提出了创新的观点，得到经济学界的一致好评。他主编的《产业经济学》多次修改再版，一直是复旦大学产业经济学专业的重点建设教材，尤其是产业经济专业本科生、研究生产业经济课程的基础教材，也是复旦大学MBA、EMBA学生学习产业经济的重要教材。同时，该书还可作为企业家、高级管理者学习产业经济知识、提升产业发展结构的参考书，也是金融证券业开展信贷与投资，进行产业分析与研究的参考书。

第三节　管理学

管理学和经济学是密切相关的学科，它们研究对象重叠，方法论彼此相近；管理学需要借助经济学的理论和方法来解决实际问题，例如企业的成本分析、市场的供求关系、价格的决定等。在现代被划分为管理学科的各个领域中，无锡籍经济学家也取得了累累硕果。

一、会计学

潘序伦力主革新单式簿记，推广借贷复式簿记。借贷复式记账法的引入、传播与推行，标志着中国现代会计制度的确立，他因此成为中国现代会计学的奠基者。为了建立我国现代会计学学科体系，他致力于推进事务所、学校、出版社"三位一体"的立信会计事业。立信会计学校开创了立体式会计职业教育的先河，自1927年"立信"簿记补习班发展而来的立信会计教育，其办学形式有全日制，业余日班、晨班、夜班、星期日班和函授，办学层次包括了初级（训练班）、中级（中专）、高级（专科），是一所集职业培训与学历教育于一体的会计职业教育学校。"立信"从创办到中华人民共和国成立之初的1952年，培养的会计人才难以计数。1948年《立信会计学校概况》一书出版，潘序伦在序言中说："20年前，序伦与立信会计师事务所诸同人，鉴于我国工商组织之不健全，经济情况之不振，以为必需确立现代会计制度，使工商业依循正轨，始能获得稳固的发展与繁荣。因即立下信心：以教育会计人才供国家社会应用为己任。"①
在办学的同时，潘序伦还致力于编辑出版会计专著。早在留美期间，他就
陆续写过一些经济、会计方面的论文，在上海的英文报纸《大陆周刊》上
发表，推介西方会计学说。归国初期的1925年，潘序伦又在商务印书馆出
版了《公司理财》《簿记与会计》两本英文版会计专著。后来，潘序伦编
辑出版了包括簿记、会计、审计等内容的"立信会计丛书"。据不完全
统计，"立信会计丛书"先后收入各种会计书籍150多种，其中由潘序伦
撰著、翻译和主编的近40种。这些著作也有较高的学术价值，杨纪琬评论
说："'立信会计丛书'是我国自己编写的第一套比较系统、完整、水平
也较高的会计著作，……全国各地包括解放区也都流传很广，在发展中国
的会计学理论、推动会计工作、培养会计人才等方面，这套丛书起了很好
的作用。"②对于编辑出版"立信会计丛书"，潘序伦也颇为自得。晚年
的他在其回忆录中说："如果说我对我国会计学术有所贡献的话，当以编
辑出版立信会计丛书为最。"③1933年的潘序伦所著《会计学》是"立信
会计丛书"的开山之作。此书厚厚四大册，洋洋百万字，集各门会计之大
成，除阐述普通会计学原理，还涉及公司会计、成本会计、解散及破产会
计、遗产及信托会计等专门会计内容，对预算控制、财产估价、决算报表
分析、统计报表应用等内容，也做了深入的研究，宛如现代会计的一部百
科全书。在会计学科建设上，1950年他又写了《基本会计学》，1983年已
年届九旬的他还与人合著了《基本会计学——西方会计》，对会计学学科
建设起到了提纲挈领的作用。

徐政旦是我国当代享有盛誉的审计理论和会计理论大家之一，在审计
学、会计学等学科领域具有很高的学术造诣。他主编的会计学著作有《会
计辞典》《现代管理会计学》《成本会计学》《工业会计学》等，其中

---

① 潘序伦：《序》，立信会计学校编：《立信会计学校概况》，1948年，第1页。
② 杨纪琬：《序》，潘序伦：《潘序伦回忆录》，北京：中国财政经济出版社，
1986年，第7页。
③ 潘序伦：《潘序伦回忆录》，第39页。

《会计辞典》是我国第一本会计辞书，初版发行量超过百万册，在国内外会计界有广泛影响；主编的审计学著作有《内部控制制度及评审》《内部审计学》《现代内部审计学》等，其中《内部审计学》一书，总结以往内部审计工作的实际经验，并阐述了我国大中型企业和事业单位内部审计的基本理论和方法，堪称我国第一本系统阐述内部审计理论与实务的科学论著和基础教材。

二、市场营销学

梅汝和是中国市场营销学的创始人，以及国际营销理论研究与推广的开拓者与第一人。改革开放后，随着市场化改革的推进，国内企业将逐步脱离原来统购统销的经营模式，市场营销人才将会成为社会上急需的人才，于是郑祖荫开始在上海财经学院贸易经济专业招收市场学方向的研究生，这是市场营销学这门学科在中国的奠基之举。他的主要著译有《营销管理》（中译本）、《国际营销管理学》、《市场调查与预测》等，发表《现代资本主义市场》《销售学术的发展》等数十篇论文，填补了国内市场学教材的空白。其中，他最早组织翻译的菲利普·科特勒《营销管理》（中译本）是中国高校开设市场营销学的经典教材。1980年发表的论文《现代资本主义市场和销售学术的发展》是全国最早一篇关于市场营销的专论。1983年他和余名岳合著的《市场调查和预测的应用》是中国市场调研界较早的一部专著。1989年出版的《国际市场营销学》被学术界有关人士评价为"第一部既介绍国际市场学的最新成就，又结合我国当前实际需要"的专著。

三、农业经济管理学

刘崧生是创建中国农业经济管理专业的学者。在课程建设和教材编写方面，曾先后主编《社会主义农业经济学》《中国农村经济管理概论》《发展经济学》等全国农业经济专业统编重点教材。1963年由其负责主编的《社会主义农业经济学》是我国第一部社会主义农业经济学教材，对我国农业在国民经济中的地位和作用做了详细的阐述，并提出农业经济研究对象，农业生产的特点、规律等方面的重要观点，从而为我国农业经济学的教学和研究奠定基础，之后曾多次修订补充，成为农业经济学的权威著作。在重大课题研究上，他紧密结合中国特色社会主义农业建设和发展的实践，聚焦农村合作经济、农业技术经济、经济发达地区农业发展战略、农村商品经济发展方向的重大课题，共主持国家、部省级科研课题10余项，其中主要有"江苏省沿海地区社会经济状况及海岸带土地资源不同利用方式经济效益综合调查分析""江苏省太湖地区和徐淮盐地区农业发展中若干问题的技术经济评价""经济发达地区农业现代化的途径和模式""江苏省粮棉稳定增长的对策""农村非农产业发展及政策研究"等。代表作有《试论社会主义农业经济学的对象》《农业现代化与农业经济管理》《经济发达地区农业生产责任制形式的发展与农村建设方向问题》《论我国解决粮食问题的若干途径》《我国农业的特点和生产优势》《在社会主义实践中不断发展马克思主义合作经济理论》等。

四、工商经济管理学

邵品刿不仅是全美第一位取得工商管理学博士的华人，而且是美国名校工商管理杰出教授。他的主要著作有《管理与财经数学》《商务经济数量方法》《商务统计基础》《商务经济计量法》等书，被众多大学广泛采用，还被译成西班牙文、法文、德文等多种语言。其中，1962年出版的《管理与财经数学》是其第一本著作，短短9个月里就被29所美国大学采用作教材，到1998年已出第8版。1978年，欧特明尼大学商学院全体正教授联名书请校方授予邵品刿"杰出教授"称号，是该校获此荣誉的第一人。

周三多是中国当代管理学的开拓者，为我国工商管理学科的建立和发展做出了积极的贡献。由他推动的南京大学与哥伦比亚大学MBA合办项目，开启了我国管理学中外合作办学的先河；由他推动的南京大学新加坡MBA班，开创了中国大学到境外办班的先例；由他领衔的MBA入学考试研究机构攻克我国MBA发展瓶颈，疏通了前进道路上的"堰塞湖"。他编著的《管理学原理与方法》（复旦大学出版社），曾荣获国家教委高等学校优秀教材一等奖，累计发行量已达300万册；"面向21世纪课程教材"《管理学》（高等教育出版社）累计发行量超过200万册。两本管理学教材为全国600多所高校所采用，年发行量在50万册以上。他所写的文章《中国经济现状和企业改革新进展》发表在英国著名杂志《技术创新》1992年第9期上，后被收入美国科学情报研究所"社会科学引文索引"（SSCI），实现了南京大学经济管理类论文发表在SSCI上零的突破。

第四节 经济史与经济思想史

经济史和经济思想史是理论经济学的重要分支。在此研究领域，涌现出了许多杰出的经济学家。他们的学术观点和成果有助于深入了解过去的经济制度、政策和思想，从而更好地把握当前的经济现象，并为未来的经济发展提供有益的参考和启示。

唐庆增是研究中国经济思想史的先驱。他认为国内有关中国经济史的著作非常缺乏，研究中国经济思想史的学者也鲜有，报纸杂志偶有这方面的研究文章，大都片段残缺，敷衍成章，尤其缺少关于历代经济思想方面的作品，与西洋经济思想史的专书相比，无法匹配。而且各大学文科或商科中虽设有经济思想史的课程，但其中材料往往倾向于西洋各国的经济学说，而忽略中国先哲的经济思想。他深感有必要发掘祖国经济思想的理论宝库，研究和传播中国先哲们的经济理论贡献。1928年春，他开始在上海交通大学开设中国经济思想史课程。其中有关古代经济思想的一部分内容由商务印书馆在1936年出版，这就是《中国经济思想史》（上卷）。这是一部比较系统地研究中国先秦时期经济思想的学术著作，分"绪论""老孔以前之经济思想""儒家""道家""墨家""法家""农家及其他各家""政治家与商人""史书与经济思想""结论"十编。书中关于中西经济思想比较研究的方法至今仍值得借鉴。该书内容为原始社会至秦末的上古经济思想史，是唐庆增"中国经济思想通史"三部中的一部。对中国经济思想史的研究，同样是唐庆增出于对建立中国近代经济学的考量。他在《中国经济思想史》（上卷）自序里说："世界各国实情不同，其历史的背景亦迥异，处今日而欲创造适合我国之经济科学，必以不背乎国情为尚"，所以"非审度本国思想上之背景，不足以建设有系统之经济科学也"。①最难能可贵的是，他虽然承认先秦之后中国经济思想远远落后于世界经济思想，但他并未因此而妄自菲薄，而是客观、公正地评价了中国经济思想在世界经济思想中的地位和作用。他指出，历史上出现过东学西渐的局面，他以法国重农学派为例，从自然法、农产品以及租税等角度，论证了"中国上古经济思想在西洋各国确曾产生有相当之影响，尤以对于法国之重农学派最为显著……远较罗马学说、基督教思想、圣经等重要"②。唐庆增通过这种对比，倡导了一种中外比较的研究方法，并且有意识地把中国经济思想史研究纳入世界经济思想史体系之中，拓宽了中国经济思想史研究的领域和视野。殊为可惜的是，他其余两部有关研究中世纪和近代经济思想史的专著没有最后完成，但他现有的一系列的研究，已经奠定了中国经济思想史作为经济学的独立分支学科的学术基础。

孙毓棠是研究近代工业史的先驱。自20世纪30年代起，他长期从事历史科学的教育和研究。他的代表作品有《中国近代工业史资料》（第一辑）、《中国古代社会经济论丛》等著作。其中《中国近代工业史资料》（第一辑）是中国近代经济史资料中较早出版的一种，在国内外产生过很大影响。全书凡90万字，汇集鸦片战争到中日甲午战争期间有关中国新式工业基本情况的资料，征引中外档案、报刊、私人著述不下300种。除了编辑上述资料集外，孙毓棠还写下一系列有关中国古代经济史的论文，如《汉代的驿制》《战国时代的农业与农民》《汉代的财政》《西汉的兵制》《汉代的交通》《战国秦汉时代的纺织业》《关于北宋赋役制度的几个问题》《清代的丁口记录及其调查制度》等，展示了他在中国古代经济史专题研究方面的深厚造诣。尤其是《战国秦汉时代的纺织业》一文，填

① 唐庆增：《中国经济思想史》（上卷），"自序"，第1页。
② 唐庆增：《中国经济思想史》（上卷），第366页。

补了中国古代经济史研究领域，特别是手工业生产史上的一项空白。[①]

近代在华大型外资企业的档案整理工作，是研究中国近代经济史的重要一环。张仲礼精心整理浩如烟海的企业史料，整理撰成了《英美烟公司在华企业资料汇编》《沙逊集团在旧中国》等。前者约110万字，分"在华垄断组织的成立和发展""生产的扩大和垄断""垄断烟叶原料""垄断销售市场""享受优惠税捐特权""买办与买办制度""工人生活状况和工人运动""中国人民对英美烟的抵制斗争""资本积累和高额利润"等九个部分，每一部分都选列档案资料说明不同时期的主要问题。后者共有八章，共13万字，详细整理了沙逊家族及沙逊集团在中国操纵鸦片市场、控制租界房地产、投身金融市场以及撤出中国的全过程。

尹伯成是我国改革开放后第一位经济学说史研究生。在教学工作中，他聚焦于西方经济学说史，向学生们比较全面、系统地讲述了西方各个经济学派的产生、基本理论和政策主张，指出其中的谬误，分析其有利于发展生产力的有益成分，以此开阔学生们的视野，扩大其知识面。《简明资产阶级政治经济学史》（与石士钧合著）、《西方经济学说史》等书籍，是其撰写的西方经济学说史教材，《简明资产阶级政治经济学史》是根据其授课的讲义整理出版的著作。《西方经济学说史》的版本不断更新，即使在他步入70岁高龄以后，他仍然坚持修改并出版《西方经济学说史》第二、第三版。此外，他还担任《辞海》第五、第六版的外国经济学说史部分的分科主编。

吴申元长期从事中国人口与经济思想史的研究工作。他的硕士毕业论文《明代中后期经济思想初探》，首次发掘出陆楫等先前从未被人论及的古代思想家。他开拓性地把研究的领域放在人口思想领域，代表作是1986年出版的《中国人口思想史稿》一书。该书是中国第一部系统研究中国人口思想史的学术专著，力图摒弃传统观念，不以历史人物的阶级立场、政

[①] 尤学民：《孙毓棠——近代工业史研究的开创者》，许卫国主编：《无锡走出的经济学家》，第241页。

治态度作为评价其人口思想的基调，而是运用马克思主义的立场和方法，依据史料实际做出实事求是的评价。此书获美国王安研究院1986—1987年度汉学研究奖，吴申元因此也成为国内获此奖的第一人。王安研究院认为这一成果"对中国历史、社会和文化有重大贡献"。①

---

① 转引自管欣：《吴申元——中国人口思想史的拓荒者》，许卫国主编：《无锡走出的经济学家》，第523—525页。

第三章

经世致用的研究特色

　　无锡籍经济学家的学术研究，不仅在经济学的各个学科门类都有或扩大或深入的成就，而且切入不同的研究层次，从经济学的宏观研究、综合研究，到各学科的微观研究、专题研究，都潜心发力，形成别有创见的研究编纂成果。正因为这些研究是在经济学的蓬勃发展阶段，特别是在马克思主义中国化的大背景下展开，又紧紧贴近国内经济建设和发展的具体实践，各种观念相互碰撞、交汇融合，再加上在研究写作之中倾注了作者或浓烈或淡泊的感怀情愫，所以百余年间无锡经济学家的学术思想更显得姿态万千、异彩纷呈。

第一节　辨析社会发展方向

　　1928年6月至7月间在莫斯科举行的中国共产党第六次全国代表大会，总结了1924年至1927年大革命失败及八七会议前后党所领导的革命斗争的历史教训，对有严重争议的一系列有关中国革命的根本问题做出了基本正确的回答。六大确认中国仍然是半殖民地半封建的社会，重申"中国革命现在阶段底性质，是资产阶级民主革命"。六大通过的土地问题决议案指出："农民的土地革命，仍旧是中国革命现时阶段底主要内容。"更深入地表述了把反帝、反封建两大革命任务紧密结合的完整的革命纲领。六大还明确指出"党的总路线是争取群众"，把工作重心从千方百计组织暴动转到从事长期的艰苦的群众工作。[①]但是，党的六大的这些论点当时并未进行深入和科学的论证，缺乏一定的学理支撑。为此，在党的领导下，中国理论界先后展开了三次旨在重新认识、界定中国社会性质的论战，其间，由陈翰笙领导的、大批无锡籍经济学家参与的"中国农村派"深入其间，并担纲了被称为"论战核心"的农村社会性质问题的论争。

　　陈翰笙是马克思主义农村社会经济学的先驱，20世纪20年代初在北大任教期间受李大钊的影响和感召，逐步接受马克思主义，投身于革命的洪流。李大钊牺牲后，陈翰笙来到莫斯科，担任第三国际农民运动研究所研究员，收集并整理翻译中国农民运动的资料。1927年，大革命失败后，陈翰笙来到苏联，加入国际农民运动研究所。1928年，研究所东方部部长匈

---

① 转引自薛暮桥：《薛暮桥回忆录》第2版，第45页。

牙利人马季亚尔的《中国农村经济研究》一书在莫斯科出版，对"亚细亚的社会"特征进行了系统的论述和总结，否认中国的半殖民地半封建社会性质，认为中国农村已进入资本主义时代。[①]陈翰笙与其"发生过几次激烈争论"，但"由于不了解中国农村的具体情况，因而拿不出更充分的理由、实例来驳倒马季亚尔"，遂决定"一定要对中国的社会作一番全面的调查研究"[②]。一年后，陈翰笙毅然返回中国，担任中央研究院社会科学研究所副所长，主持该所的工作。他决定借此机会补上实地调查这一课，遂将中国的农村研究作为该所研究工作的首要课题。

从1929年至1934年六年间，陈翰笙在全国范围内共组织了六次社会经济调查，足迹遍及大半个中国。1929年7月至9月，陈翰笙组织对江苏无锡进行农村和市镇调查；此次历时3个月的调查逐户调查22个村，概况调查55个村，并对其中8个市镇1204户居民的经济生活进行调查。1930年5月至8月，到河北保定共调查了6个农村市场，78个村庄和11个村中1773户农户。1932年11月至1934年5月底，到广东岭南梅县、潮安、惠阳等16个县进行了详细调查，而后用一个半月时间在番禺10个代表村中调查了1209户，同时进行的还有50个县335个村的通信调查。至1933年，陈翰笙调查了河南、山东、安徽三省的烟草产区，揭露外国资本如何渗入中国农村，对中国农民进行直接剥削。1934年，他利用中山文化教育馆的资助到广东进行更为详细的调查，并且要薛暮桥带领广西师专的学生进行广西农村经济调查。1940年，陈翰笙还到云南西双版纳进行傣族农村土地所有制的调查。在这些调查的区域中，江苏无锡、河北保定、广东岭南三地"工商业比较发达且农村经济变化最快"，陈翰笙之所以选择这三个地区作为调查地，是想彻底了解这里的生产关系在这些地方的演进，认识这些地方的社会结构的本质。他说："假使我们能彻底地了解这三个不同的经济区域的生产关系如何演进，认识这些地方的社会结构的本质，对于全国社会经济

---

① 马季亚尔：《中国农村经济研究》，上海：神州国光社，1930年。
② 陈翰笙：《四个时代的我》，北京：中国文史出版社，1988年，第40页。

发展的程序，就不难窥其梗概，而对挽救中国农村的危机，也就易于找出有效的办法了。"①1929年秋，美国记者、著名作家史沫特莱到无锡，陈翰笙亲自陪同她访问了几个自然村。1930年，史沫特莱在美国《新共和》（*The New Republic*）杂志发表《中国人的命运》（*Chinese Destinies*，1933）和《中国的战歌》（*Battle Hymns of China*，1943），报道了此项活动。

此后，陈翰笙在旅居日本和苏联期间，根据调查得来的材料写就了大量农村问题论著。1929年，他写了《亩的差异》《黑龙江流域的农民和地主》；1930年，他写了《中国农村经济研究之发轫》《封建社会的农村生产关系》《东北的难民与土地问题》；1933年，他向加拿大太平洋国际学会提交了英文论文《中国当前的土地问题》，该文被认定为"关于中国土地问题的权威著作"②；1934年，他以岭南调查资料写成了《广东农村生产关系和生产力》，1936年又用英语写成了《中国南方农业问题》。根据烟农调查资料，1940年他用英文写成了《工业资本与中国农民——中国烟农生活研究》；1946年，他在印度用英文写成《中国农民》；1949年，他写成了《西双版纳的土地制度》。1984年，这些调查报告、专著、论文等被整理汇编为《解放前的中国农村》。

为了进一步团结和整合学术队伍，推动和加强农村经济研究，在陈翰笙的倡导下，以参加农村调查的骨干分子为基本力量在1933年12月组织成立了中国农村经济研究会。1934年8月，中国农村经济研究会在上海举行扩大会议，选举陈翰笙为理事长，吴觉农为副理事长，日常工作负责人是薛暮桥。同年10月，中国农村经济研究会创办《中国农村》月刊。该月刊"以研究中国农村经济底结构为宗旨"③，薛暮桥担任月刊主编。随着时局的变化，中国农村经济研究会几经易处，《中国农村》也随之不断更换地点，辗转南昌、汉口、桂林、重庆等地。陈翰笙说："中国农村经济研

---

① 陈翰笙：《四个时代的我》，第46页。
② 陈翰笙：《四个时代的我》，第49页。
③ 《中国农村经济研究会简章》，《中国农村经济研究会会报》1934年4月第1期。

究会和《中国农村》以合法公开的活动方式，有力地支持了我党的土地革命，对反对封建土地制度起了很大的作用。"①

很快，一场围绕"中国农村社会性质"的论战爆发。论战一方正是以《中国农村》为主要阵地的"中国农村派"，以陈翰笙、钱俊瑞、薛暮桥、孙冶方为代表的马克思主义经济学者是其主要代表。他们的对立方，是以王宜昌、张志澄、王景波、张志敏等为代表的"中国经济派"，以南京中国经济研究会《中国经济》杂志为阵地。

本次论战的导火索是由王宜昌撰文引发的。他于1935年1月26日在天津《益世报》的"农村周刊"上发表的《农村经济统计应有的方向转换》的文章，针对《中国农村》创刊号上《怎样分类观察农户》一文，提出农村经济的研究"在人和人的关系底注意之外，更要充分注意人和自然的关系"，以此作为中国经济研究的"第一方向转换"，两派之间的论战由此拉开了序幕。韩德章紧随其后，也在《益世报》"农村周刊"上发声，赞同王宜昌的观点。薛暮桥回忆："他（王宜昌）咄咄逼人，写信给《中国农村》编辑部，要我们'表示意见'。我们理所当然地给予回答。"②薛暮桥随后于1935年3月在《中国农村》第1卷第6期上发表《答复王宜昌先生》一文以回应王宜昌的指摘。他认为，包括过去中国农村经济研究的全部著作，被人们忽略的是生产关系，而不是生产技术。"例如研究土地问题时候，往往只看土地的自然面积和自然性质，以至垦殖、灌溉等类技术问题；对于土地分配尤其是土地经营方式这些社会问题，反而常被忽视。"③同时钱俊瑞也发表了《现阶段中国农村经济研究的任务——兼论王宜昌韩德章两先生农村经济研究的"转向"》，指出："无论王宜昌先生的论点与所得的结论对与不对，他对于中国农业经济处理的方法，是和韩德章先生迥然不同的。王先生和韩先生的论点既然迥不相同，为什么韩先生又能这样和王先生'桴鼓相应'呢？原因很简单，那是因为王先生在

---

① 陈翰笙：《四个时代的我》，第 50 页。

② 薛暮桥：《薛暮桥回忆录》第 2 版，第 54 页。

③ 薛暮桥：《答复王宜昌先生》，《中国农村》1935 年第 1 卷第 6 期。

方法论上犯有跟韩先生同样的错误。"

　　接着，王宜昌在天津《益世报》"农村周刊"第54期发表《论现阶段的中国农村经济研究——答复并批评薛暮桥钱俊瑞两先生》，又发表《关于中国农村生产力与生产关系——答赵梅生余霖诸先生》，重申自己的观点。"中国经济派"成员继续发表文章支持王宜昌的主张，向"中国农村派"发起进攻，两者论战愈加强烈。张志澄发表《关于中国农村经济研究方法——略评中国农村社的钱余诸先生》，王航诠发表《关于农村经济研究之方向及任务的讨论》。为了应对他们的挑战，《中国农村》相继发表了陶直夫（即钱俊瑞）的《中国农村社会性质与农业改造问题》、余霖（即薛暮桥）的《中国农村社会性质问答》、薛暮桥的《研究中国农村经济的方法问题》、钱俊瑞的《现阶段中国农村经济研究的任务》、周彬（也是钱俊瑞）的《中国农村经济性质问题的讨论》，以及孙冶方的《农村经济学底对象》等文章。[1]1935年6月，托洛茨基派的"理论家"尹宽写了《关于中国农村问题的研究之试述》，用笔名王景波向《中国农村》投稿，说中国是一个"半殖民地的资本主义国家"，城乡经济都在帝国主义控制之下，帝国主义通过中国买办资产阶级控制并剥夺中国农村，因此中国农民已经成为帝国主义资本"外在的工人"。薛暮桥说："这种在资本主义之前加上'殖民地'字样的说法，比'中国经济派'的教授们要'高明'一点。"[2]

　　这次论战讨论的重点有两个：第一个是研究农村经济的方法问题，即应重视生产力还是重视生产关系。"中国经济派"认为只有从研究生产力入手，剖析生产力各个因素在农村社会中表现形式及相互关系，才能摸清中国农村的经济状况，进而对农村社会的性质予以准确定位。王宜昌提出有了生产力的进步，生产关系才有进步的可能，故而在对于中国农村经济的研究当中，不能只注意人与人之间的关系，人和自然的关系更应引起注意。王宜昌概括自己与"中国农村派"关于生产力的争论要点，"则一点是生产力的技术性，二是生产力决定生产关系和社会，三是技术的生产

---

① ②　薛暮桥：《薛暮桥回忆录》第2版，第54页。

力又表现为社会的历史的生产力"，而"社会的进步发展，是人类和自然的矛盾中，人类更服从而更征服自然。人类征服自然的程度，以技术或生产力表现出来"。①韩德章、王毓铨等人认同此观点。"中国农村派"则持不同的观点，认为生产关系才是研究农村经济问题最应关注的问题。他们指出，农村经济学的研究对象"应当是农业生产过程中人与人的关系（农业生产中的社会关系），而不是人与自然界（人与土地、机械、肥料等）的关系"、农业资本家与雇农的关系、"农村与都市经济以至于国际市场（对殖民地而言为国际帝国主义）的关系"。农村经济学要解决的具体问题是地主、资本家是如何剥削农民、雇工的，农民是如何分化的，工业资本，城市、国际资本和帝国主义是如何剥削、压榨农村并使农村破产的；而人与自然的关系等种种技术性问题是农学家或农业经营学的对象，绝非农业经济学的对象。也就是说，"中国农业经济研究的对象是中国农村的生产关系，或是农业生产、交换和分配过程之中人与人间的社会关系，而不是别的"②。他们还指出："假如我们研究的出发点是在旧秩序的持续和局部改良，那末我们一定会以片段的、静止的对于生产力的技术的考察，作为我们的主要任务。反之，假如我们的出发点是在求农业彻底的改造，那末我们一定会以对于农村生产关系在其发生、成长和没落的过程之中全面地把握其本质与归趋，作为我们的主要任务。"③薛暮桥说："各种生产关系常是生产技术各个发展阶段的产物，不过决定社会性质或是阶级关系的直接因素不是生产技术而是生产关系。"④他指出，王宜昌把技术当作生产力，并且把两者机械地混同起来，认为技术的进步就是生

---

① 王宜昌：《关于中国农村生产力与生产关系》，《中国农村》1935年第1卷第10期。

② 孙冶方：《农村经济学底对象》，《中国农村》1935年第1卷第10期；钱俊瑞：《现阶段中国农村经济研究的任务》，《中国农村》1935年第1卷第6期。

③ 钱俊瑞：《现阶段中国农村经济研究的任务》，《中国农村》1935年第1卷第6期。

④ 薛暮桥：《答复王宜昌先生》，《中国农村》1935年第1卷第6期。

产力的进步。虽然不可否认技术在社会劳动过程中及生产力的进步上具有很大作用，然而促进生产关系和社会形态变革的，仍是生产力与生产关系的辩证地促进作用，技术只不过发挥次要的作用。孙冶方也认为，生产力是生产资料与劳动力的总和，因为生产资料如不与劳动力结合，生产便无法实现，所以问题不在于"有否注意生产力"，而在于"怎样注意生产力"，因此应从研究社会经济改造规律这一角度和出发点来注意、研究生产力。①总而言之，在生产力与生产关系这一对范畴的关系问题上，两个学派持有截然相反的观点。为了论战的需要，"中国经济派"更多地看到了生产力对于生产关系的决定和支配作用，对于生产关系的反作用则不予承认。与之针锋相对的"中国农村派"则对生产关系的反作用进行了更多的论述，他们认为生产力与生产关系对彼此的作用是双向的。当社会的生产关系同生产力的发展相适应时，生产力会得到更蓬勃的发展，当生产关系不能与生产力相适应时，生产力的发展则会受到生产关系的阻碍。只有从分析农村社会中的生产关系入手，才能号准中国农村的脉，从而为中国农村社会的性质下一个较为准确的定论。钱俊瑞就指出："我们并不否认'生产关系的发展依赖于生产力的发展状况'；可是我们同时不愿忽视生产力的进步。"②对于将两者完全切开来、单独研究一方的观点和做法，都是他所不敢苟同的。

第二个是关于中国农村社会性质问题，即中国是半殖民地半封建社会还是资本主义社会。在"中国经济派"看来，随着自然经济的逐步瓦解，以及与世界经济的联系日益加强，中国已经步入了资本主义社会的轨道，相应的中国的农村社会也已经进入了资本主义社会。王宜昌在《论现阶段的中国农村经济研究》一文中直言："今日中国农村经济，已是商品经济，而且资本主义已占优势。"在他看来，在农村生产关系中占主要地位的已经不是土地关系，而是资本关系。"据我的意见，资本分配问题才是

---

① 孙冶方：《农村经济学底对象》，《中国农村》1935 年第 1 卷第 10 期。
② 薛暮桥：《答复王宜昌先生》，《中国农村》1935 年第 1 卷第 6 期。

重要的，土地分配问题在一九二七年大革命以后便过去了"，"据我的研究，今日中国农村经济，已是商品经济，而且资本主义已占优势，土地所有形态已经被资本制生产屈服了。所以'问题的中心'并不再是土地所有形态、地权、租佃关系等，而是资本制的农业生产过程的分析"①。他进而从帝国主义与中国经济、地权和地租形式和技术、经营方面论述当时的中国农村不存在封建因素而肯定中国农村社会的资本主义性质。土地集中于少数人手中的趋势越加明显，没有土地的农民越来越多。"地租已发展了货币形式，生产出资本制了"②。农业机械和人造肥料的使用，表明资本主义制度下的农业生产力的进步，也表现出农业资本在农村中占有比例的增多。同时，他认为应该以研究农业资本为现阶段农村经济研究工作的中心，对于土地所有、商业资本等问题的研究，只是为了说明农业资本的种种变异或升华。王宜昌的观点得到了"中国经济派"学者的响应，但他们的论证方法和角度略有不同。如王景波就认为："中国是一个殖民地，殖民地就是世界资本主义的一个乡村"，因此"外国资本的支配必然要在中国造成以它为主体的商品生产的体系"，"资本主义商品经济之发展不仅加重剥削，并且要改变中国国民经济的构成"，所以"中国的一般的经济关系，无论在城市或乡村，都是资本主义的"。这样，"为争得民族的经济之自由发展，所要推翻的生产关系，不是'封建剥削'，而是外国资本的统治"。③薛暮桥在回忆录中言简意赅地分析了当时"中国经济派"林林总总的观点："托派认为，中国早已发展商品经济，连土地也已经商品化，可以自由买卖。地租中已经发生钱租，无疑已是资本主义性质。有的人说，在农村中已经有农业机械和化学肥料，可见农村已经'资本主义化'了。有的还说，在农村生产关系中占主要地位的已经不是土地关系，而是资本关系。对于帝国主义问题，'中国经济派'一些人认为不论外国

① 王宜昌：《论现阶段的中国农村经济研究》，《中国农村》1935 年第 1 卷第 7 期。
② 王宜昌：《从土地来看中国农村经济》，《中国经济》1935 年第 3 卷第 1 期。
③ 王景波：《关于中国农村问题的研究之试述》，《中国农村》1935 年第 1 卷第 10 期。

资本还是中国资本，都是资本主义，不必讨论。尹宽则认为，中国的城市和农村都受帝国主义支配，因此都是受资本主义支配，农村社会性质问题可以不必讨论。尽管他们之间也有些论点不尽相同，但实质相同，得到的仍然是同样的结论，即中国已是资本主义社会。"[1]对此，"中国农村派"同样予以反对。他们认为，帝国主义的侵略并未使中国农村资本主义化，同时帝国主义的统治是通过中国买办性资本和封建势力的结合来实现的，其结果"使中国农村直接间接地更隶属于列强资本的支配，它使中国农村中半封建的剥削以更加尖锐的形式，起着更加酷烈的作用。同时，我们说这种变化并没有使农村结构起了质的变化；它只是使中国的殖民地性和半封建性格外尖锐罢了"[2]。在地权和地租的问题上，"中国农村派"的观点是佃农数量的增长与资本主义农业的迅速繁荣之间并没有必然的联系，还要审视当时增加的佃农主要是何种类型的佃农。如果多是半封建的零细佃农，则表示失地农民成了地主经济的支柱；如果是富农或者地主将一部分土地分出来租予佃农，就更说明资本主义农业发展的困难性。至于农业技术和农业经营，钱俊瑞认为，不能仅以经营面积来判定农业经营的性质，还应观察农具、劳动力使用等条件。中国小农经营的生产条件极为落后，排斥着可以使生产力提高的任何可能性。[3]"中国农村派"从农村土地关系、农民所受剥削、农村副业、农产物商品化等方面论证，始终坚持中国农村的半殖民地半封建性质的观点。他们认为，虽然封建制度已经不再是政治制度的主角，但是几千年的封建思想依旧对人民的生活有深远影响，压在人民肩上的封建大山并未完全土崩瓦解，落后的农村和偏远的山区，封建剥削更是有增无减。

此次论战深化了社会各界对于中国社会性质的认识，且最终以"中国农村派"取得胜利而告终。1935年9月30日，《中国农村》第1卷第12期付印，《编后余记》指出："我们以为过去所做论战工作，到此可暂时告

---

① 薛暮桥：《薛暮桥回忆录》第 2 版，第 55 页。
②③ 陶直夫（即钱俊瑞）：《中国农村社会性质与农业改造问题》，《中国农村》1935 年第 1 卷第 11 期。

一段落。""此次论战虽然不能够说已经获得正确结论，但是自信已把多数读者的水准提升一个较高阶段。"①同年9月，薛暮桥等人用"中国农村经济研究会"的名义，将论战双方的主要论文汇编成《中国农村社会性质论战》一书，由新知书店出版。1937年1月，生活书店出版了何干之的《中国社会性质问题论战》，7月出版了他的《中国社会史问题论战》，对20年代末到30年代中的这场大论战分别做了较为系统的论述。根据农村调查所得的第一手资料，陈翰笙指出："中国社会是什么社会呢？中国社会是一个非常特别的社会，纯粹的封建已过去，纯粹的资本主义尚未形成，正在转变时期的社会——我们给它一个名字叫前资本主义的社会。在这个社会里，田地所有者和商业资本及高利贷资本三种合并起来，以农民为剥削的共通的目标"②，"在半封建制度的情形下，就大大不同了。一方面忍受封建的余毒，另一方面又逃不了资本主义之剥削。这一种双重的压迫已经够受了。又加上中国沦于半殖民地的地位"③。陈翰笙通过对历史与现实的关切思考，明确指出中国就是一个半封建半殖民地社会。这一结论经过"中国农村派"经济学家的阐发，在社会性质的论战中产生了广泛而深远的影响。非马克思主义社会学家李景汉在1937年出版的《中国农村问题》一书中也认为："农村的主要问题是由社会生产关系而起的阶级的冲突问题，或是在农业生产、交换和分配过程之中人与人间的社会关系问题。农业生产的根本工具是土地，因之土地问题可说是农村问题的基点。""农村问题之解决的最大障碍是现有的土地制度。土地问题解决了以后，农村问题才有解决之可能。我们亦要认清土地问题之重心是土地制度，即生产关系而不是生产技术。"④何干之在总结社会性质论战时说："现在试任意执住一些肯和实际问题接近的青年，问他中国是一个什么社会，我想除了极少数头脑已经硬化的不算外，一定会回答道：帝国主义支

① 中国农村经济研究会：《编后余记》，《中国农村》1935年第1卷第12期。
② 陈翰笙：《中国田地问题》，《农业周报》1930年第53—55号。
③ 陈翰笙：《三十年来的中国农村》，《中国农村》1941年第7卷第3期。
④ 李景汉：《中国农村问题》，商务印书馆，1937年，第23、127页。

配下的半殖民地化的半封建社会。"①

　　除了与"中国经济派"展开论战，"中国农村派"还与形形色色的改良主义派别之间爆发了两次论争。20世纪30年代，一些关心国家命运的爱国知识分子主张用改良的办法来代替革命，抱着拯救农村、复兴国家的愿望投身乡村建设，形成了派别众多的改良主义，其中最著名的是梁漱溟领导的"乡村建设派"和晏阳初领导的"平民教育派"。国民党统治者则利用乡村改良主义运动影响广大青年知识分子的政治选择。"中国农村派"着重批判了改良主义者将改良作为解决农村经济问题的唯一法宝，而对从事乡村工作的青年则进行了肯定："许多从事乡村改良主义运动的工作人员的精神，是可以佩服的，他们抛弃了都市的享乐，而到农村中去做那些艰苦工作……对于这样的人，在个人人格道德上，是没有可以被人指摘的了。"②千家驹的《中国的歧路——评邹平乡村建设运动》、孙冶方的《私有？村有？国有？》等文章后来结集成《中国乡村建设批判》一书，于1936年由新知书店出版。此外，南京金陵大学农学院的美籍教授卜凯分别于20世纪20年代前半期和30年代前后主持了对中国农村的两次大范围调查，并据此写成了《中国农场经济》和《中国的土地利用》两本著作。卜凯认为，中国农村的出路在于以资本主义方式兴办大型农场，采用大机器生产。陈翰笙在1930年发表的《中国农村研究之发轫》一文中对其提出了批评，言其"不但对于各种复杂之田权及租佃制度未能详细剖析，甚至对于研究农村经济所绝不容忽视之雇佣制度，农产价格，副业收入，借贷制度等等，也都非常忽略"③。《中国农村》创刊号上登载了钱俊瑞的《评卜凯教授所著〈中国农场经济〉》，对该书的研究范围、研究方法及所提的建议和意见逐一进行了驳斥。

---

① 何干之：《中国社会性质问题论战》，生活书店，1937年，"序言"，第1页。

② 孙冶方：《为什么要批评乡村改良主义工作》，《中国农村》1936年第2卷第5期。

③ 陈翰笙：《中国农村研究之发轫》（1930），中国社会科学院经济研究所学术委员会编：《陈翰笙集》，北京：中国社会科学出版社，2002年，第7页。

今天，进一步拓宽考察的视野，可以发现20世纪30年代中期关于中国农村社会性质的论战，实际上是关于中国社会性质两次大规模论战的延续和深化。前后三次的大论战，从20世纪20年代末开始，直至抗日战争全面爆发而正式结束。参与的派别和阵营众多，各派在中国的社会性质和中国革命前途等问题上各抒己见，思想交锋激烈，在中国近现代史上具有重要的历史意义。中共六大在总结过去革命战争经验的同时，也对当时中国的社会状况进行了基本正确的分析。然而，这引起了各种反马克思主义的学派和阵营的不满，他们针对中国社会性质问题与马克思主义阵营的学者们展开了激烈的论争。中国的基本"国情"，即中国的社会性质究竟是什么？革命的前途又在哪里？"为了解决这些问题，宣传党对中国革命的正确主张，党中央决定发起关于中国社会性质的论战。"①中国社会性质论战也于此时最先进行。此次论战的主要问题是当时中国究竟是什么性质的社会。这一时期的论战涉及三个方面的内容：帝国主义的入侵对中国经济产生的影响、近代中国资本主义的发展水平状况、封建势力在中国农村社会关系中所处的位置。论战的派别主要有三个：其中一方是以任曙、刘仁静以及严灵峰等人为代表的"动力派"；他们通过创办《动力》杂志，先后发表了许多歪曲中国社会性质和革命性质的文章。另一方是以陶希圣、梅思平等人为代表的"新生命派"；该派别通过建立新生命书局，以《新生命》月刊为主要阵地，主张"中国封建制度崩坏论"，认为中国是资本主义性质的社会。第三方则是代表中国共产党立场的"新思潮派"，以张闻天、王学文等人为代表；他们对中国的经济发展状况进行了认真的分析，在《新思潮》杂志上发表了许多重要的观点。他们通过分析指出，虽然帝国主义的入侵使中国资本主义经济有了相当程度的发展，但是封建的、半封建性质的经济，仍然在整个中国经济中起主导作用，因此近代中国是半殖民地半封建社会。随着中国社会性质论战的进一步深入，中国史

---

① 周子东、杨雪芳、季甄馥等：《三十年代中国社会性质论战》，北京：知识出版社，1987年，第117页。

学界又发生了中国社会史论战。这一时期的论战，主要关于亚细亚生产方式的具体内涵、奴隶制在中国是否存在、中国封建社会的划分阶段三个核心问题。这一阶段的论战双方主要是以胡秋原、陶希圣、李季等人为代表的非马克思主义派别，和以李达、郭沫若、吕振羽、何干之、侯外庐等人为主要成员的马克思主义派别。在中国社会史论战中，关于亚细亚生产方式，陶希圣等人对这一问题虽然观点各异，但他们都认为马克思所谓的亚细亚阶段和中国古代奴隶制是并行的，是东方社会特有的，从而歪曲中国的社会性质；而马克思主义学者们都将唯物史观的社会形态理论与中国具体的史料相结合，指出亚细亚的生产阶段不是东方国家所特有的社会发展阶段，是人类社会普遍存在的一个社会发展阶段。关于奴隶制和中国封建社会问题，陶希圣的观点相互矛盾，一会儿说中国"从没有封建制度存在"[1]，一会儿又说"在儒家所讴歌的井田时代，封建制度完全发展于中国"[2]，而这种封建制度"在春秋时已经崩坏，所以中国早已不是封建国家"[3]，所谓的"半封建社会"是"模糊不清的概念"[4]，同时认定中国是资本主义社会"也是错误的"。[5]马克思主义阵营的学者们则指出，中国和其他国家一样，都经历过奴隶制社会，中国的封建制度从西周开始，"并不曾有本质的变化"[6]。在中国社会史论战中，李达等人以马克思主义唯物史观为指导，依据马克思主义社会形态发展理论，首次把中国从原始社会到封建社会的社会形态演变过程，进行了较为详细的描述，论证了近代中国半封建性质，沉重地打击了当时盛行的谬论，为中国社会性质的论证提供了科学且重要的历史依据。继前两场论战而起的，正是中国农村社会性质论战。中国农村社会性质论战虽然持续时间不长，但作为"总

---

① 陶希圣：《中国社会之史的分析》，上海：新生命书局，1929 年，第 26 页。

② 陶希圣：《中国社会与中国革命》，第 195 页。

③ 陶希圣：《中国社会之史的分析》，第 26 页。

④ 陶希圣：《中国社会与中国革命》，第 194 页。

⑤ 陶希圣：《中国社会与中国革命》，第 96 页。

⑥ 李达：《李达文集》（第 2 卷），北京：人民出版社，1981 年，第 613 页。

的论争的核心"①，一脉相承，是对前两次论战的重要补充。陈翰笙说："20年代末30年代初的这次农村社会调查，其范围、时间、影响都是空前的。我终于能够以大量的第一手资料和充分的事实来驳斥马季亚尔及中国托派的谬论，也揭穿了当时国民党政府关于'农村复兴'的谎言，为我党在农村实行正确的策略提供了可靠的依据。"②薛暮桥晚年说："我们批评了美国资产阶级学者卜凯的错误论点，同中国托洛茨基派进行了关于中国农村社会性质的论战；还批评了以晏阳初、梁漱溟为代表的乡村改良主义运动。其中尤以同托派关于中国农村社会性质的论战最为重要，它是30年代国民党统治区由我们党领导的马克思主义学者同国民党改组派文人、托洛茨基派以及一些资产阶级改良派学者就中国社会和中国革命的根本问题所进行的一场大论战的组成部分，具有广泛、深远的影响。"③

　　近代中国究竟是一个什么样的社会，这是新民主主义革命理论首先要解决的问题，只有弄明白了这一基础性的问题，才能进一步地解决中国革命的其他问题。毛泽东同志在《中国革命和中国共产党》中指出："只有认清中国社会的性质，才能认清中国革命的对象、中国革命的任务、中国革命的动力、中国革命的性质、中国革命的前途和转变。所以，认清中国社会的性质，就是说，认清中国的国情，乃是认清一切革命问题的基本的根据。"④大论战重新定义了中国社会性质，为新民主主义革命理论提供了国情依据和理论来源。这一影响集中表现为大论战后共产党人开始完整、准确地表述中国的社会性质，以及在使用"半殖民地半封建"表述的内容和频率上产生的变化。同时，大论战深化了对革命动力和对象、革命性质和革命道路的认识，为新民主主义革命理论提供了内容来源。大论战

---

① 何干之：《中国社会性质问题论战》，第5页。
② 陈翰笙：《四个时代的我》，第49页。
③ 薛暮桥：《薛暮桥回忆录》第2版，第44—45页。
④ 毛泽东：《中国革命和中国共产党》，《毛泽东选集》（第二卷），北京：人民出版社，1991年，第633页。

之前，中国共产党人对联合农民、民族资产阶级以及其他革命力量进行革命，还未进行深入和科学的论证。大论战发生后，"中国农村派"通过广泛的社会调查，深刻地论证了农民阶级的重要性，以及实行农村土地革命的必要性；另外，对中国资本主义发展进行的详细分析，证明了民族资产阶级和城市小资产阶级可以作为革命的动力，无产阶级可以联合他们进行革命。大论战明确了革命的任务及性质，共产党人认识到在半殖民地半封建的中国，要进行的革命是在无产阶级领导下的、反对帝国主义和封建主义的新民主主义革命。由于大论战科学论证了土地问题是中国农村社会的核心问题，所以为新民主主义革命理论提出的农村包围城市、武装夺取政权的革命道路提供了理论支撑。在论战中，"中国农村派"毫不讳言自己"反帝反封建"、进行社会革命的目的。钱俊瑞认为，"我们对于中国农村社会性质问题的讨论，目的不在学院式的争辩，而在根据具体的事实跟经验，决定目前中国农业改造运动或农民运动的任务与性质"，而这在"规定中国整个改造运动的任务与性质的时候，是有决定的作用的"。[①]陈翰笙说："我更明确地看到中国就是一个半封建半殖民地社会，废除封建的土地制度，进行土地革命，是解决农村问题的唯一正确的道路。"[②]胡绳充分肯定了陈翰笙和以他为中心的这个学术群体的理论贡献，指出农村调查"论证改革封建土地所有制的必要性，对党所领导的土地革命起配合作用"[③]。此外，从学术层面来看，马克思主义学者真正掌握了马克思主义理论的核心要义，运用唯物史观的观点和方法分析中国革命问题，在与各种反对阵营的交锋中得出了科学的结论，不仅捍卫了马克思主义的真理性，而且进一步促进了马克思主义在中国的传播和运用，推动了马克思主义中国化的发展进程。

---

① 陶直夫（即钱俊瑞）：《中国农村社会性质与农业改造问题》，《中国农村》1935 年第 1 卷第 11 期。

② 陈翰笙：《四个时代的我》，第 49 页。

③ 胡绳主编：《中国共产党的七十年》，北京：中共党史出版社，1991 年，第119 页。

第二节 揭示经济运行规律

经济运行规律，是经济运行中固有的、内在的、本质的联系，是不以人们的主观意志为转移的。人类社会经济发展的历史及马克思主义理论表明，任何一个社会发展阶段的经济运行都受一定规律所支配，既有一切社会阶段都适用的普遍规律，也包括几个社会阶段共有的规律，还有该社会发展阶段的特殊规律。人们为了使自己的实践活动更有成效，应尽可能全面地认识和运用它们，尤其要致力于揭示和运用其中的特殊规律。经济规律体系主要包括价值规律、供求规律、竞争规律、比例发展规律、周期波动规律、平均利润率规律、货币流通规律等。它们之间相互作用、相互协调，从而不断地推动着经济的运动、变化和发展。无锡籍经济学家在长期的研究中，运用各种科学手段对经济运行过程中繁杂的经济现象及其关系进行梳理，客观分析存在的问题，揭示经济运行的规律和本质，提出解决问题的措施和建议。

一、揭示价值规律

价值规律是规律体系中最基本、最一般的规律，反映的是不同商品生产者互相交换劳动所遵循的一般规律。其他规律则是由这一基本规律派生出来的，而价值规律的内容和要求，也正是在这些经济规律的共同作用下才得以实现和贯彻。价值规律的基本内容和要求是：商品的价值由生产商品的社会必要劳动时间决定，商品的交换按照其价值来进行，即通过等价交换实现商品的价值。价值规律在经济运行中像一只看不见的手，在商品生产者的背后，调动着社会的资金和劳动力不断地从利润低的部门流向利润高的部门，从而把生产资料和劳动力按比例地分配到社会生产的各部门中去，起到了明显的资源配置作用。由于社会必要劳动时间决定商品价值量，驱使商品生产者在竞争中求生存、求发展，追求利润最大化，进而转化为主动性、积极性和创造性的经济活力；激励生产者在低于社会平均劳动量的前提下，降低成本，节约能耗，提高质量、技术、管理水平和经济效益，从而促进社会生产力的发展。此外，价值规律还具有显著的利益分配作用。通过价格与价值的背离及其波动，实现不同生产者和消费者之间经济利益的再分配，并直接影响到生产者、消费者的生产和需求积极性。

20世纪50年代，随着社会主义三大改造的完成，社会主义计划经济体制在我国确立。我国的整个社会经济关系经历了重大的变化，社会主义经济逐渐成为整个社会唯一的经济基础，生产资料的全民所有制和集体所有制已经确立。如何对待计划经济和价值规律的关系问题，亟待理论界作出回答。当时，在斯大林《苏联社会主义经济问题》一书的影响下，对于价值规律作用的认识，国内经济理论界普遍的观点是：随着社会主义公有制的确立，国民经济有计划按比例发展规律就取代价值规律而成为生产的调节者，生产资料甚至"脱出了价值规律发生作用的范围"[1]；随着计划管理范围的扩大，市场和价值规律的作用范围被限制在了一定的范围之内。

1953年5月，薛暮桥发表了《价值规律在中国经济中的作用》一文。在这篇文章中，薛暮桥首先说明：国营经济领导权的确定，使价值规律的自发作用受到了一定程度的限制，但这并不是说已排除了价值规律，取消了价值规律所起的一切作用。他具体分析了价值规律对不同经济成分的作用：对于分散的个体农业，其商品生产部分主要受价值规律调节；私营工业的生产，一般仍受价值规律调节；为数很多的小工业和手工业，几乎完全由价值规律调节；国营工业基本上受社会主义基本经济规律等的调节，

---

[1]　斯大林：《苏联社会主义经济问题》，《斯大林选集》下卷，北京：人民出版社，1979年，第578页。

但价值规律对国营工业的生产也有一定程度的影响。这是由于，第一，在计算成本、规定价格、实行经济核算时，必须考虑价值规律的作用；第二，国营与私营工业生产的同类产品，需要用同一价格在同一市场上出售，国营工业产品的价格，不能不受价值规律制约。由此，薛暮桥得出结论："我国在过渡时期内，由于建筑在生产资料私有基础上的小商品生产和资本主义商品生产广泛存在，价值规律所起作用，比在社会主义的苏联显然要大得多。"他强调，"不能因为我们有了社会主义国营经济的领导，制定了国有计划，就抛弃价值规律，凭主观来进行经济建设，这是严重的错误思想"[1]。薛暮桥的这篇文章发表后很快由苏联译成俄文转载，并作为中国的代表作被选入《1953年社会主义各国经济论文选集》。在某种意义上，可以说薛暮桥是我国研究社会主义商品经济和价值规律的开端。[2]

到了1956年10月28日，薛暮桥在《人民日报》发表《计划经济与价值规律》一文，不久又在1957年第2期《计划经济》发表《再论计划经济与价值规律》一文，揭开了理论界对于价值规律作用全国性讨论的序幕。总体而言，在这两篇文章中，薛暮桥对价值规律持"限制论"。这是他商品经济理论的一个基本观点，也是他的一贯主张。直到1978年，薛暮桥在《利用价值规律来为经济建设事业服务》的报告中，仍然坚持限制价值规律的观点。他说："在社会主义国家，价值规律发生作用的范围已经受到一定的限制。因为价值规律是商品经济的规律，而商品生产历来是以生产资料私有制和生产的无政府状态为其基础的。现在我们已经基本上消灭了生产资料私有制和生产的无政府状况，所以在生产中起决定作用的已经是国民经济有计划发展规律和体现这种规律的国家计划，价值规律一般来说已经不能自发地起调节作用，因而价值规律的作用已经受到一定的限

---

[1] 薛暮桥：《价值规律在中国经济中的作用》，《学习》1953年第9期。

[2] 杨欢进：《薛暮桥经济思想研究》，北京：中国经济出版社，1992年，第117页。

制。"①虽然他主张对价值规律进行限制，但同时反对过分强调计划价格和计划供应的做法，落脚点是要使国家计划符合价值规律的要求。晚年的他在回忆录中这样叙述当时的认识："在这几年和此后一段时间，我多次说到价值规律已经受到限制，甚至说受到严格的限制。这是由于我们广泛实行计划价格，生产资料实行计划调拨，粮食和棉布等消费品实行计划供应，价格开始背离价值。我当时是赞成计划供应制度的，认为某些重要消费品在供不应求时如果不限制价值规律的自发作用，任其涨价，那么，富人仍可充分满足需要，穷人就不能满足需要；实行计划价格和计划供应以后，便能同样满足需要。有些同志过分强调计划价格和计划供应的优越性，说对各类产品都应当广泛采用。我则认为这是在产品供不应求时不得已而采取的办法；最好能做到供求平衡，尽量缩小计划价格和计划供应的范围。"②

同时期的孙冶方，对价值规律"限制论"持批评和反对态度。由于实行集中统一的计划经济体制以后，国民经济重要比例关系一度失调，产品品种少、质量差、消耗大、效率低，经济增长速度减慢，同时以阶级斗争为主线，盲目冒进，不算经济账，造成很大的损失和浪费。孙冶方敏锐地察觉到了这些弊端。1956年6月，他在《经济研究》上发表了著名的《把计划和统计放在价值规律的基础上》一文，这是他在价值规律理论方面具有典型意义的论文。他认为，价值规律的基本内容和作用，即通过由社会平均必要劳动量决定价值来推动社会生产力的发展，以及调节社会生产或分配社会生产力等，在社会主义和共产主义社会都是存在的；只有在私有制度下的商品经济中，它是通过商品流通，通过市场竞争来起作用，来体现自己的，因而它是带着破坏性的；而在计划经济中，是应该由我们通过计算来主动地去捉摸它的。他强调，社会主义经济发展计划必须以

① 薛暮桥：《利用价值规律来为经济建设事业服务》（1978），《当前我国经济若干问题》，北京：人民出版社，1980年，第101页。
② 薛暮桥：《薛暮桥回忆录》第2版，第183—184页。

价值规律为基础。①除了这篇著名的论文，1959年孙冶方还发表了《要用历史观点来认识社会主义社会的商品生产》和《论价值》等文章，继续阐发他的价值规律思想。孙冶方的观点突破了传统社会主义经济理论的框架，鲜明地提出了被后来实践证明是正确的见解。这样，他就把社会主义经济中价值规律的作用，提到了空前未有的高度。②孙冶方的这些文章可谓"石破天惊"。后来的经济学家就说："出现了少数文章，突破了《苏联社会主义经济问题》的框框，鲜明地提出了被后来的实践所验证是正确的见解。"③这里所提的就是孙冶方和顾准的文章。薛暮桥也称他的文章《把计划和统计放在价值规律的基础上》是"一鸣惊人"④。然而，他的观点在当时并未被理论界所认识、理解和接受。由于当时存在"左"的思想倾向，这些文章遭到了非难，它被斥责为价值规律理论方面的"异端邪说"。这种责难也种下了孙冶方后来遭受打击迫害的祸根。

1978年以后，随着党的工作重心转移到以经济建设为中心的轨道，价值规律的作用重新引起了人们的重视。1979年4月16日至29日，全国第二次经济理论讨论会在江苏省无锡市举行。从25日起大会发言，薛暮桥、孙冶方、骆耕漠等做了专题学术报告。薛暮桥和孙冶方在会议开幕和闭幕时都讲了话，并分别向大会做了学术报告。会议重点讨论了三个问题：一是社会主义经济中的计划和市场的关系问题；二是价值规律与扩大企业权限问题；三是价格问题。会议认为，价值规律对社会主义生产仍然起调节作用。从实践来看，一些过分强调集中统一计划领导、不重视价值规律调节

---

① 参见孙冶方：《把计划和统计放在价值规律的基础上》，《经济研究》1956年第6期。

② 张卓元、张晓晶主编：《新中国经济学研究70年》（上卷），第85页。

③ 孙尚清、张卓元、陈吉元：《试评我国经济学界三十年来关于商品、价值问题的讨论》，《我国社会主义经济的计划性与市场性的关系》，长春：吉林人民出版社，1980年，第62页。

④ 薛暮桥：《向孙冶方同志学习》，孙冶方经济科学基金会编：《孙冶方经济观点评述》，太原：山西经济出版社，1998年，第9页。

的国家，都碰到了共同性问题，即重要比例关系失调，产品品种少、质量差、消耗大、效率低，经济增长速度减慢。今后，应在经济管理中首先尊重有计划发展规律的同时，重视价值规律的调节作用，充分利用市场机制，在理论上和实际工作中都应把有计划规律的调节作用同价值规律的调节作用统一起来、结合起来。这样，就从理论上突破了社会主义经济中计划和市场的相互排斥论。[①]这次会议对启动中国市场化改革起着先导的作用[②]，价值规律理论逐步被经济学界所认可和肯定。

在此前的1978年10月，孙冶方在《光明日报》上发表著名的《千规律，万规律，价值规律第一条》一文。他指出，依据恩格斯所言"价值是生产费用对效用的关系"，因此，重视"价值"概念，在我们社会主义社会中就意味着重视经济效果。[③]在实际经济工作中不计工本，滥用浪费，效率低下，根本原因在于经济工作人员脑海中没有价值概念。而没有价值概念，就没有经济比较，也就不会节约时间，从而就不会重视经济效果。而没有价值概念，又是由于传统的社会主义经济理论受自然经济论的深刻影响，排斥价值和价值规律，把它们看成社会主义经济中异己的东西。所以，不批判自然经济论，不打破传统经济理论的束缚，不树立价值概念，就不可能真心讲求经济活动的效果。他明确指出，价值规律对社会主义生产仍然起调节作用，"对整个社会主义生产来说，起决定作用的毕竟是时间节约意义上的那个价值规律"，"价值规律是计划工作的主要依据"。[④]

孙冶方始终认为，价值规律是在任何社会化大生产中"根本不能取

---

① 中国社会科学院经济研究所资料室等编：《价值规律作用问题资料》，北京：中国社会科学出版社，1979 年，第 103—104 页。

② 张卓元、张晓晶主编：《新中国经济学研究 70 年》（上卷），第 159 页。

③ 孙冶方：《论价值——并试论"价值"在社会主义以至于共产主义政治经济学体系中的地位》，《经济研究》1959 年第 9 期。

④ 孙冶方：《千规律，万规律，价值规律第一条》，《光明日报》1978 年 10 月 28 日。

消"的规律，它不仅在社会主义社会，甚至在共产主义社会都仍将起作用[1]，并且"不论在共产主义社会的最高阶段或是初级阶段，这规律将始终存在着而且作用着，所不同的只是作用的方式而已，只是这规律体现自己的方式而已。在商品经济中，它是通过商品流通，通过市场竞争来起作用，来体现自己的，因而它是带着破坏性的；而在计划经济中，是应该由我们通过计算来主动地捉摸它的"[2]。他认为，社会主义条件下的价值规律，不仅通过流通领域间接地对生产起调节和促进作用，而且在生产领域也直接地起着调节和促进作用，通过对社会平均必要劳动量的认识和计算来推进社会生产力的发展。不仅如此，就连当时学界普遍认为的社会主义社会所要遵循的主要经济规律包括基本经济规律及有计划、按比例发展规律等，实际上也是通过价值规律来实现的。他认为，基本经济规律说明的是社会主义的生产目的，有计划、按比例发展规律说明的是经济发展的条件，而要实现这个目标和条件，必须自觉运用和充分发挥价值规律的作用。[3]

就价值规律的作用而言，孙冶方指出："无非有这样几条：首先，价值规律就是商品（产品）价值由社会平均必要劳动时间决定的规律。必须强调价值规律的节约时间的作用。其次，价值规律是商品（产品）交换比例由价值调节的规律。必须强调价值规律的等价交换原则。第三，由上述两种作用而产生的实现对生产的调节和对社会生产力的比例分配，价值规律是制定计划的根据和基础。这三条作用是价值规律在社会主义条件下所起的不以人的主观意志为转移的客观作用，它起因于社会化大生产的要求。"[4]

---

① 参见孙冶方：《价值规律的内因论和外因论——兼论政治经济学的方法》，《中国社会科学》1980 年第 4 期。

② 孙冶方：《把计划和统计放在价值规律的基础上》，《经济研究》1956 年第 6 期。

③ 参见孙冶方：《把计划和统计放在价值规律的基础上》，《经济研究》1956 年第 6 期。

④ 孙冶方：《价值规律的内因论和外因论——兼论政治经济学的方法》，《中国社会科学》1980 年第 4 期。

孙冶方提出了一个简明公式："最小—最大"，即"讲经济就是要以最小的消耗取得最大的效果"。①他强调，人们必须计划生产各种产品时所消耗的社会劳动，要力求以最小的劳动耗费取得最多的社会产品，要反对只有使用价值观念无价值观念，只对物量感兴趣而不关心劳动花费的自然经济观念，这种学术见解对我国社会主义经济建设是很有意义的。尤其可贵的是，孙冶方的这些思想出现于"大跃进"年代，是在一片"只算政治账，不算经济账"的声浪中，是在批判"得不偿失"论、批判"右倾保守思想"的政治高压下提出来的，这充分显示出他的理论勇气和探索精神。

孙冶方分析了价值规律与社会主义经济规律的关系，提出了社会主义经济建设必须高度重视价值规律的重要性。他指出：社会主义经济的基本规律是通过高度发展劳动生产率以保证最大限度地满足社会需要，而"要高度发展劳动生产率就得掌握价值规律"，"价值规律同国民经济的计划管理下是互相排斥的，同时也不是两个各行其是的并行的规律。国民经济的有计划按比例发展必是建立在价值规律的基础上才能实现。那些无视价值规律，光凭主观意图行事的经济政策（包括价格政策）和经济计划，到头来就是打乱了一切比例关系，妨碍了国民经济的迅速发展；主观主义的强调计划，它的结果只是使计划脱离了实际"。②在孙冶方看来，"只有把计划放在价值规律的基础上，才能使计划成为现实的计划，才能充分发挥计划的效能。因而统计工作者也不应该把自己的任务仅仅限于国民经济计划执行情况的检查；而且应该以更多的力量来掌握价值规律，来挖掘发展国民经济的潜力"③。孙冶方将价值规律作为社会主义经济规律的重要部分，分析了社会主义经济建设中忽视价值规律的严重性，要求在国民经济中充分重视价值规律的基础作用，这是对社会主义经济规律的积极而又

---

① 参见孙冶方：《讲经济就是要以最小的耗费取得最大的效果》（1981），《孙冶方选集》，太原：山西人民出版社，1984 年，第 738—739 页。

②③ 孙冶方：《把计划和统计放在价值规律的基础上》，《经济研究》1956 年第 6 期。

成功的探索。

孙冶方的价值规律理论，敢于突破斯大林《苏联社会主义经济问题》中的条条框框，提出了新颖的见解和思想。虽然斯大林根据客观实际提出了社会主义还要利用价值规律的观点，但把价值规律的作用范围限制在全民所有制外部。这是因为社会主义公有制有两种形式，两种公有制形式之间还存在商品交换，所以价值规律在社会主义经济中可以部分存在并发挥作用。但在全民所有制经济内部，商品交换关系不存在，故价值规律不起调节作用。对此，孙冶方把斯大林这种观点冠之为"价值规律外因论"，这种观点是从社会主义社会存在两种所有制之间的商品交换关系出发，来论述价值、价值规律的作用的，因而价值、价值规律对全民所有制生产关系来说，是从它与集体所有制的相互交换中引到内部来的。[①]并进一步指出，这种观点实际上是"自然经济论"的产物。斯大林对于生产关系的定义，就是把所有制从生产、分配关系中独立出来，而把交换（流通）从生产关系中排除出去。[②]而"价值规律外因论"对实际工作带来的危害就是不讲经济效果、不讲等价交换，实际上取消了综合平衡。那么孙冶方就运用科学的研究方法，从全民所有制出发来研究整个国民经济问题，研究价值规律，坚持价值规律内因论观点。[③]内因论则认为价值、价值规律首先是全民所有制内部的产品交换关系的产物。按照马克思的观点，资本主义灭亡之后，消失的不是价值本身，不是价值实体，而是交换价值或价值形态。在全民所有制内部的产品交换关系中仍然存在着价值的实体——社会平均必要劳动时间，因而，价值、价值规律仍起作用。[④]

二、揭示供求规律

价值规律是综合了供求规律和竞争规律的。价格是价值的货币形态，

---

① ② ④　孙冶方：《关于价值规律的内因论与外因论》，《经济研究》1979 年增刊"社会主义经济中价值规律问题讨论专辑"。

③　孙冶方：《价值规律的内因论和外因论——兼论政治经济学的方法》，《中国社会科学》1980 年第 4 期。

是用货币形式表现的价值；价值必须通过价格才能表现出来。商品的供给和需求之间存在着一定的比例关系，其基础是生产某种商品的社会劳动量必须与社会对这种商品的需求量相适应。供求关系变化的基本法则就是供求规律，其主要内容包括：（1）供求变动引起价格变动；（2）价格变动引起供求的变动。通俗而言，在人们的商品交换活动中，买的人多了，商品价格就会上升；买的人少了，商品价格就会下降。这种规律，一般人也是能够认识到的。然而，长期以来，我国对供求规律的理解是不够的。由于认为生产资料不是商品，价值规律对生产资料生产是不起调节作用的，所以在制定产品价格时，仅仅考虑产品成本，并在成本的基础上加上一定比例利润，使价格既不反映价值，又不反映供求，导致价格关系的严重扭曲。后来我国虽然开始重视价值规律的作用，但仍然把供求规律与价值规律机械地割裂开来，对价值规律及供求规律是采取限制的。对放开的价格，也担心在价值规律的作用下"盲目"波动，当市场价格上涨一定幅度，往往采取限价办法。学术界也曾对价值价格问题进行过广泛的研讨，但只重点研究了哪种社会必要劳动时间决定价值，而对价格、价值与供求关系的联系问题却不够重视。

以薛暮桥、孙冶方为代表的部分经济学家较早地认识到了价格的重要性，开始了对价格机制和供求规律的研究。在薛暮桥看来，人们对供求规律的认识要早于对价值规律的认识。①

计划经济时代的价格是国家统一制定和调节的，在保证经济规模的同时，也存在着效率低下、无法反映市场需求的严重弊病，经常造成资源的误配和生产的低效性。制定合理的价格，也就关系到资源的有效配置。那么，怎样在计划经济时代去制定合理的价格，最大限度地克服计划机制的各种弊端呢？薛暮桥在《价值规律和我们的价格政策》中，阐述了商品生产和商品交换条件下价值规律在价格制定中的重要作用，明确提出了社会主义社会不仅存在着价值规律，而且价格制定必须严格遵循价值规律的

---

① 薛暮桥：《试论广义的价值规律》，《中国社会科学》1989 年第 1 期。

重要思想。他指出，根据价值规律的要求决定价格的客观因素主要有三项：（1）商品的价格主要决定于它本身的价值；（2）货币是衡量价值的尺度，货币所代表的价值如果发生变化，商品价格也将跟着发生变化；（3）商品的供求关系也在一定程度上影响商品价格。[1]

物价制定后能否稳定，避免起伏过大，薛暮桥认为关键取决于人民币的币值是否稳定。因为在存在商品货币关系的条件下，"货币是衡量各种产品的价值的计量单位，也是经济核算的计量单位。为着保持物价的相对稳定，保证经济核算有高度的准确性，就必须严格保持货币的稳定，像标准计量器那样，经常代表一定的数值"。[2]因此，"物价的稳定必须以人民币的币值稳定为前提"是薛暮桥稳定物价的思想观点。此外，薛暮桥不仅强调物价稳定的重要性，也强调物价调整的重要性，要求做到稳定物价和调整物价的统一，而要在物价基本稳定中实现物价的调整，关键在于物价调整要有计划、有步骤地进行，不搞大量、大幅度地提价或降价。"健康的价格政策应该体现稳定物价和调整物价的统一"，这是薛暮桥所主张的观点。

价格政策必须尊重价值规律成为学界的基本共识，那么在社会主义制度下，计划价格形成的基础是不是生产价格？对于这个问题，经济学界有不同的观点，为此引发的讨论异常激烈。孙冶方认为，在社会主义制度下，价值转化为生产价格具有客观必然性，生产价格是商品计划价格形成的基础，即以部门平均成本加上平均资金利润率确定的利润为基础。承认生产价格是承认资金利润率的必然的逻辑的结论，同时也只有承认生产价格才能贯彻投资效果的计算。社会主义经济中生产价格的形成是受物质技术条件（主要是对劳动者的物质技术装备）在社会主义生产过程中起着日益重要的作用和社会主义社会化大生产的经济条件制约的。为了在经济上承认物质技术条件在社会主义经济中的作用，要求价值转化为生产价格，

---

[1] 薛暮桥：《价值规律和我们的价格政策》，《红旗》1963 年第 7、8 期。

[2] 薛暮桥：《稳定物价和我们的货币制度》，《经济研究》1965 年第 5 期。

以便使国民经济各部门创造的剩余产品，按照各部门资金占用量的多少进行分配。他指出，等价交换的原则必须贯彻执行，价格应该以不背离价值为原则，党的价格政策必须以等价交换的原则为依据。他还列举了当时三种错误的说法：（1）价格同价值相符是经济原则，而价格背离价值则是政治挂帅；没有价格同价值的偏离，便没有价格政策。（2）在实践中，执行等价交换的原则还要照顾政策。（3）价格是国民收入再分配的杠杆，是社会主义积累的手段，农产品的采购价格应该低于其价值，工业品的销售价格应该高于其价值。[①]孙冶方的上述观点，同他主张"千规律，万规律，价值规律第一条"是相一致的。

工农业产品价格"剪刀差"及其扩张，严重抑制了农业生产的发展，造成工农业的严重失衡。对此，孙冶方尖锐地批评斯大林通过"剪刀差"向农民筹集国家工农业化资金的政策，主张改变通过级差利润形式积累资金的办法，应该实行税收的形式。因为，直接税同间接税相比较，前者是比较合理和进步的一种负担形式。工农业产品价格的"剪刀差"是一种隐蔽的间接的负担形式，其缺点在于它的隐蔽性，使国家和农民双方都不能清楚知道国家到底从农民手中取得多少积累。[②]

当然，从今天的眼光来看，不能对当时"生产价格论"讨论的评价过高。20世纪60年代初期，我国仍实行传统的社会主义经济体制，传统的社会主义经济理论仍处于主流的地位。薛暮桥和孙冶方等经济学家试图冲破传统理论的束缚，但也仍或多或少受传统体制和理论的影响。比如，在论述"生产价格论"的客观必然性时没有从市场竞争特别是不同部门之间的市场竞争形成平均利润率从而使价值转化为生产价格来论证自己的观点，因而在一定程度上显得逻辑推论多，现实经济运动的必然趋势的分析比较单薄，说服力不够充分。尽管如此，生产价格论的提出，已经在经济运行

---

① 参见孙冶方：《关于等价交换原则和价格政策》（1961），《社会主义经济的若干理论问题》，北京：人民出版社，1979年，第152—156页。

② 参见孙冶方：《把计划和统计放在价值规律的基础上》，《经济研究》1956年第6期。

的最重要环节突破了传统的模式，从而在价值规律问题的探索上迈出了不小的步伐。

党的十一届三中全会以后，孙冶方的价格理论有了进一步的深化。他在《价格和价格政策》一文中指出，价值理论是用来说明定价原则的，在说明价值和价值规律的理论之后，就必须讨论价格的问题，说明价格和价值的关系，也就是所谓的"价格政策"的依据。他坚持认为，价格应该以基本上符合价值为原则，因为这样才能对产品生产过程中费用和效用的关系做精确的考核，以求得用最小的费用取得最大的效用。同时，也只有价格基本上符合价值的情况下，才能正确反映各类产品之间，也即各部门之间的比例关系。而价格背离价值的政策，不利于正确核算各种产品的劳动消耗，从而不利于企业进行严格的经济核算；也不利于正确评价各项经济活动的效果，妨碍社会生产的按比例发展和社会经济效益的提高。①

在价格思想与理论方面，薛暮桥是在物价问题领域卓有建树的新中国第一代经济学家。计划经济时期，他的物价思想主要体现在制定价格、稳定价格和调整价格等方面，旨在为新中国创立一套物价管理制度。如果说计划经济时期，薛暮桥的物价思想更多地体现在如何制定价格、稳定价格及调整价格等方面的话，那么到了改革开放时期，薛暮桥已逐渐从一个旧的物价管理体系的坚决拥护者变成质疑者和批判者，他已不满足于暂时稳定物价，而希望通过价格改革使价格逐步走上市场化，价格改革成为这一时期薛暮桥物价思想的主旋律。

20世纪70年代末期，我国的价格体系相当不合理，主要表现在农产品的价格偏低；原材料特别是矿产品价格偏低，加工工业品的价格偏高；为了稳定物价，政府补贴过多。这不仅导致产业部门比例失调，不利于经济核算，也使得运用经济手段管理经济遇到困难，而且巨大的财政补贴负担会增加财政赤字，加剧通货膨胀。不合理的价格体系已经成为我国经济发

---

① 孙冶方：《价格和价格政策》，《财贸经济》编辑部汇编：《孙冶方社会主义流通理论》，北京：中国展望出版社，1984年，第202—207页。

展和改革的重要障碍，必须进行全面、彻底的调整。1980年前后，薛暮桥根据多年的实践经验和我国的实际情况，提出了调整不合理价格体系的设想：首先就指出我国价格体系不合理的根本原因在于价格背离价值。价格体系的调整，就是要让价格真正符合价值规律的要求，要沿着这个正确的方向坚定不移地推进，这一设想为价格体系调整明确了方向。此外，他还提出要分期分批、先易后难、综合配套以及及早着手，稳步推进等有关物价调整的设想，这在当时是符合我国的实际情况的。

　　不合理的价格体系是旧的物价管理体制的结果。如果只是调整不合理的价格，而不触动旧的物价管理体制，是不能够从根本上解决问题的。因此，薛暮桥认为必须在调整不合理价格体系的同时改革旧的物价管理体制。在多年物价管理工作实践中，薛暮桥深深感受到原有价格管理体制的诸多弊端：一是计划定价算不清；二是价格基础千变万化跟不上；三是统一定价控制太死。完全用行政办法高度集权的物价管理体制，否定了社会主义经济是商品经济的事实，排斥了市场调节对价格形成的作用，所带来的必然是价格的僵化，长期大幅度地偏离价值。薛暮桥指出："我们改革物价管理体制，应当摆脱自然经济思想的束缚，老老实实地承认我们目前的经济还是社会主义商品经济，必须善于利用市场调节作用来保持国民经济的平衡。在这种思想指导下，来逐步完成物价管理体制的彻底的改革。"[1]1980年他提出了对改革物价管理体制的设想：在指导思想上，充分利用价值规律，使价格尽可能符合价值；在管理权限上，给予地方政府、业务部门和企业自主权；在管理方式上，尽可能少采取或不采取征购、派购和定量供应方法，而用价格调节保证供求平衡；在组织职能上，逐步使物价部门从制定具体价格的机关，改变为调整物价、制定方针政策和对物价进行监督、指导的机关。[2]

　　1984年底，我国发生一定程度的物价上涨。1986年、1987年两年又

---

① 薛暮桥：《关于调整物价和物价管理体制的改革》（1980），《当前我国经济若干问题》，北京：人民出版社，1980年，第245页。

② 薛暮桥：《关于调整物价和物价管理体制的改革》（1980），《当前我国经济若干问题》，第177页。

由于财政补贴近600亿元而造成不小的财政赤字。再加上基本建设规模失控、消费基金失控，且由于货币发行偏多，物价难以稳定，不得不从严控制价格。在这种情况下，有些学者主张"绕过价格改革来扩大企业的自主权"。薛暮桥不赞同这一观点，依然旗帜鲜明地高举价格改革的旗帜，指出不能回避价格改革，而是要下决心摆脱财政赤字、通货膨胀的困扰，为价格改革创造条件。他说："如果我不下决心摆脱这种状况，从加强宏观控制，避免通货膨胀来为理顺价格体系，从而理顺整个经济体系创造条件，有计划的商品经济就难以形成，充满生机和活力的有中国特色的社会主义是难以实现的。"[1]

三、揭示比例发展规律

比例发展规律，是指社会化生产过程中国民经济按比例发展的必然性。任何社会化的大生产，客观上都要求把社会劳动（包括表现为生产资料的物化劳动和表现为劳动力的活劳动）按照一定比例分配到生产各部门中去，生产社会化程度越高，社会生产各部门间彼此联系和相互依赖程度便越大，按一定比例分配社会劳动的必要性也便越大。这种客观必然性，无论是在资本主义条件下，还是在社会主义条件下，都同样存在着，并且随着生产力的发展，愈加明显地表现出来。比例发展规律所要求的比例关系主要有：（1）社会生产各大部类及其内部的比例关系，这是比例发展的基础性比例关系。（2）农业、轻工业和重工业及其内部的比例关系，工农业生产与交通运输业之间的比例关系。（3）现行生产和基本建设之间的比例关系。基本建设的规模和速度，取决于国民经济和工农业的发展水平，以及消费与积累的比例关系等。（4）物质资料生产和人口生产的比例关系。此外，还有社会商品供给量与社会购买力之间的比例关系，经济建设与文化教育、国防建设之间的比例关系。

---

[1] 薛暮桥：《计划经济与商品经济，计划调节与市场调节》，《改革》1988年第1期。

在急于求成的"左"的思想指导下，我国1958—1960年开展了"大跃进"。"大跃进"不仅造成农业大减产，而且带来整个经济的大滑坡。尽管1958年我国经济增长达到21.3%的高峰，但1960年、1961年、1962年连续三年经济负增长，其中1961年经济下降27.3%，是中华人民共和国成立以来下降幅度最大的一年，使我国社会主义建设受到重大挫折。首先暴露出来的问题，就是国民经济主要比例关系的严重失调。在"以钢为纲"的口号下，以牺牲农业为代价，重工业一马当先，结果是粮食等主要农产品大幅度减产，工业生产一时上去了又掉下来，这是严重违反国民经济按比例发展规律的结果，是严重违反社会再生产的客观规律的结果。为了从思想上、理论上总结三年"大跃进"的惨痛教训，中国经济学界从1960年起在薛暮桥、于光远、孙冶方的主持和组织下掀起了关于社会主义再生产、经济核算和经济效果三大问题的讨论。在这前后，《经济研究》《人民日报》《光明日报》等发表了大量研讨文章，发表了不少有价值的见解，并取得了一定的共识。学者们逐渐认识到，解决社会主义再生产中的中心问题——国民经济按比例发展问题，首先必须正确处理速度与比例的关系，高速度必须建立在保持国民经济各部门的基本比例关系互相协调的基础上。[1]

关于速度与比例关系的问题，学者们也认识到高速度必须建立在保持国民经济各部门的基本比例关系互相协调的基础上。薛暮桥指出："不是说在提高速度的时候，可以不考虑客观的可能性，可以不考虑国民经济各部门的比例关系。速度必须建立在客观可能性的基础上；而且必须保持国民经济各部门的基本的比例关系，这样才能保证国民经济的高速度发展。"[2]

针对"大跃进"中提出的所谓要算政治账不要算经济账，不计工本，不讲经济核算和经济效果带来的惊人浪费和损失，经济学家提出了加强社

[1]　张卓元、张晓晶主编：《新中国经济学研究70年》（上卷），第96—103页。
[2]　薛暮桥：《社会主义经济的高速度和按比例发展》，《人民日报》1959年1月7日。

会主义经济核算的观点。薛暮桥认为，社会主义经济核算应包括生产中的经济核算和建设中的经济核算。"社会主义的经济核算，包括生产中的经济核算（主要是劳动成果和生产成本的核算）和建设中的经济核算（主要是投资效果的核算）。前者保证现有生产能力的合理利用，发挥最大的经济效果；后者保证用尽可能少的活劳动和物化劳动的消耗，创造出尽可能多的新的生产能力。"①经济核算中有没有一个最综合的或中心指标？如有，这个指标是什么？这也是当时讨论的一个热点，而且颇具超前性。1957年，孙冶方在《从"总产值"谈起》一文中，就提出所谓中心指标应该是企业管理的一个中心环节，抓住了它便能带动其他指标，"利润这个指标的最大好处，就在于它反映了生产的实际情况，能推动企业管理"②。同时，孙冶方主张以资金利润率作为评价企业经济效果的综合指标。1963年9月18日，孙冶方写了一个内部研究报告《社会主义计划经济管理体制中的利润指标》，明确提出应以资金利润率作为企业经济效果的最综合指标。他说："在上述定生产方向、定协作关系、严格执行供产销合同、遵守计划价格等条件下，利润的多少是反映企业技术水平和经营管理好坏的最综合的指标。社会平均资金利润率是每个企业必须达到的水平，超过平均资金利润率水平的就是先进企业，达不到这水平的就是落后企业。"③用最少的劳动消耗取得最大的经济效果是社会主义经济活动的最高准则，这是孙冶方一以贯之的著名观点。

三大问题的讨论，归根结底，核心问题是价值规律问题。经济核算和经济效果问题，是价值规律作用的具体表现领域，是人们运用价值规律改进社会主义经济管理问题，自不待言。社会主义再生产问题，实质也是价值规律问题。因为社会主义再生产问题的中心是国民经济按比例发展，而正是价值规律要求"在社会总劳动时间中""只把必要的比例量使用在不

① 参见薛暮桥：《关于社会主义的经济核算》，《红旗》1961年第23期。
② 孙冶方：《从"总产值"谈起》，《统计工作》1957年第13期。
③ 参见孙冶方：《社会主义计划经济管理体制中的利润指标》（1963），《社会主义经济的若干理论问题》，第265页。

同类的商品上"。三大问题的讨论使大家认识到，人并不是无所不能的，并不是只要敢想敢干什么事都可以干成的；人必须尊重客观经济规律，如果违背客观经济规律，则人的主观能动性越大，其破坏作用也越大。

第三节　探讨市场经济模式

　　正确认识我国的基本国情和所处的历史阶段，是建设中国特色社会主义的首要问题，是我党制定和执行正确的路线和政策的根本依据。

　　我党对中国基本国情的认识经历了一个曲折的过程。在新民主主义革命时期，中国共产党正确认识到了中国处于半殖民地半封建社会的社会性质，并从这一国情出发，将马克思主义的普遍原理与中国革命的具体实际创造性地结合在一起，通过对中国社会主要矛盾的深刻分析，提出了正确的路线、方针和政策，终于赢得了民主主义革命的胜利。但在中华人民共和国成立以后，特别是在完成生产资料私有制的社会主义改造之后，我党在探索社会主义建设的道路上曾经脱离了中国的实际情况，忽视了中国生产力落后、商品经济不发达、社会发展不平衡的基本国情，采取了一系列超越历史发展阶段的错误路线和政策，过分强调"一大二公三纯"，使生产关系和上层建筑与当时的生产力状况严重脱节，严重阻碍了经济的发展。在改革开放以前，中国的生产力发展缓慢，人民的生活水平没有大的提高，社会主义的优越性没有得到充分的体现。党的十一届三中全会以来，我党正确地分析国情，做出了我国正处于并将长期处于社会主义初级阶段的科学论断。[①]这一论断既揭示了中国的社会性质，又阐明了中国目

---

① 张卓元、张晓晶主编：《新中国经济学研究70年》（上卷），第204页。

前所处的社会发展阶段，是对中国国情最简明、最准确的概括。[①]

　　社会主义初级阶段理论的形成和获得广泛共识，邓小平起着关键作用。1980年4月，他说："要充分研究如何搞社会主义建设的问题。现在我们正在总结建国三十年的经验。总起来说，第一，不要离开现实和超越阶段采取一些'左'的办法，这样是搞不成社会主义的。我们过去就是吃'左'的亏。第二，不管你搞什么，一定要有利于发展生产力。"[②]在这一思想指导下，1981年6月党的十一届六中全会第一次明确提出："我们的社会主义制度还是处于初级的阶段。"1987年8月，邓小平又说："我们党的十三大要阐述中国社会主义是处在一个什么阶段，就是处在初级阶段，是初级阶段的社会主义。社会主义本身是共产主义的初级阶段，而我们中国又处在社会主义的初级阶段，就是不发达的阶段。一切都要从这个实际出发，根据这个实际来制订规划。"[③]1992年在著名的南方谈话中，邓小平又说："我们搞社会主义才几十年，还处在初级阶段。巩固和发展社会主义制度，还需要一个很长的历史阶段，需要我们几代人、十几代人，甚至几十代人坚持不懈地努力奋斗，决不能掉以轻心。"[④]对于社会主义初级阶段理论的形成和传播，我国经济学界也做出了自己的贡献。

　　薛暮桥是社会主义初级阶段论的主要提出者之一。[⑤]1979年，薛暮桥出版了著名的《中国社会主义经济问题研究》。在这部著作中，他通过对过去数十年我国社会主义经济建设的系统总结，提出了"低级阶段"论。他认为：我国的社会主义是两种公有制并存的社会主义，和马克思所设想

①　张卓元、张晓晶主编：《新中国经济学研究70年》（上卷），第204页。

②　邓小平：《社会主义首先要发展生产力》，《邓小平文选》（第二卷），北京：人民出版社，1994年，第312页。

③　邓小平：《一切从社会主义初级阶段的实际出发》，《邓小平文选》（第三卷），北京：人民出版社，1993年，第252页。

④　邓小平：《在武昌、深圳、珠海、上海等地的谈话要点》，《邓小平文选》（第三卷），第379—380页。

⑤　杨欢进：《薛暮桥经济思想研究》，第80页。

的共产主义第一阶段有明显的区别。但是，"由于生产资料已经公有（包括劳动人民集体所有），人对人的剥削已经基本消灭；所以无疑地已经是社会主义社会了"。同时，社会主义也需要划分几个阶段。在小农经济广泛存在的国家，社会主义存在一个低级阶段，这是"还没有完全成熟的，不完善的社会主义"阶段，"我国现在正处于这个阶段"。这样，整个社会主义社会，就分成两种公有制共存的"低级阶段"和单一的全社会公有制的"成熟阶段"这样两个发展阶段。把社会主义社会划分成这样两个阶段十分重要，可以避免把马克思所说的共产主义第一阶段的某些原理，生搬硬套到我国社会中来。应当充分认识社会主义的长期性和阶段性，不能急于过渡，急了只能适得其反。[1]虽然薛暮桥的某些观点在当时还有待于实践的进一步检验，但是从总体上说这种探索是很有深度的。何建章认为"这样明确地把社会主义社会划分为'不完善的'和'完全成熟的'两个阶段，并详细论述由前者向后者过渡的条件，在国内尚属首创"，"无疑是对发展社会主义政治经济学的一个贡献"。[2]

薛暮桥提出的"低级阶段"论，在20世纪80年代初期随着他的著作得到非常广泛的传播，为越来越多的人所接受。1981年6月通过的《中国共产党中央委员会关于建国以来党的若干历史问题的决议》中，就采用了"我们的社会主义制度还是处于初级的阶段"这样一种提法。[3]此后，这一提法进一步得到系统阐述，并最终在党的十三大上成为全党的共识。1987年召开的党的十三大，系统地提出了社会主义初级阶段的理论。相较两者的表述，不仅在文字上基本一致，而且在内容上也非常接近。首先，都明确肯定这一阶段的社会主义性质；其次，都认为这是小农经济广泛存

---

[1] 薛暮桥：《中国社会主义经济问题研究》，北京：人民出版社，1979年，第23—27页。

[2] 何建章：《薛暮桥同志在社会主义经济理论上的重要贡献》，《经济研究》1984年第10期。

[3] 《中国共产党中央委员会关于建国以来党的若干历史问题的决议》，北京：人民出版社，1981年，第53页。

在的落后国家进入社会主义后经历的一个特殊阶段；最后，都强调了认识这一阶段对我国经济发展的极端重要性。薛暮桥对初级阶段论给予极高的评价。他认为："这个论断，是我们党总结30多年的实践经验，不断深化对社会主义的再认识，切实弄清我国国情而取得的重大成果。它给我们防止'左'的或右的错误提供了思想武器，为建设有中国特色的社会主义提供了坚实的理论基础。这个论断的意义是不可低估的，它丰富了科学社会主义学说的理论宝库，为中国的社会主义事业指出了正确道路，因而必然会引起国内外舆论的广泛重视。"[1]

社会主义经济是公有制基础上有计划的商品经济，这一命题作为党和全国人民统一的认识是在1984年10月以后确立的。[2]党的十二届三中全会做出了《中共中央关于经济体制改革的决定》，明确社会主义经济是有计划的商品经济，对20世纪80年代初开始关于社会主义经济是不是商品经济的讨论做了科学总结，从而为确立社会主义市场经济论迈出了决定性的步伐。[3]我国经济学界则在20世纪70年代至80年代初就一直有学者写文章提出并论证上述论断。在这些经济学家中，就有薛暮桥。

1980年9月，在中央召开的各省、市、自治区委第一书记会议上，薛暮桥代表国务院经济体制改革办公室做《关于经济管理体制改革的初步意见》的说明。这份由薛暮桥起草的《关于经济管理体制改革的初步意见》提出："我国现阶段的社会主义经济是在生产资料公有制占绝对优势、多种经济成分同时并存（后曾改为'在国家计划指导下'）的商品经济。"[4]《初步意见》是我国经济体制改革中的第一个专门论述改革的综合性文件。薛暮桥所做的正是在中央文件中提出社会主义商品经济概念的初次尝试。[5]1980年12月，薛暮桥在中央党校的报告中提出："生产资料

① 薛暮桥：《破除教条主义和僵化模式》，《人民日报》1987年12月7日。

②③ 张卓元、张晓晶主编：《新中国经济学研究70年》（上卷），第214页。

④ 薛暮桥：《论中国经济体制改革》，天津：天津人民出版社，1990年，"序"，第5页。

⑤ 杨欢进：《薛暮桥经济思想研究》，第126页。

也是商品，当然也可以进入市场，今年在这方面大有进展。所以，我们有时候把社会主义经济表达为在生产资料公有制占绝对优势条件下的社会主义商品经济。当然这种商品经济已经与资本主义商品经济不同，是国家计划管理下的商品经济。"[1]这一观点，是在1980年前后我国新时期最早提出社会主义仍然是商品经济的观点之一。[2]但是，这一认识当时没有得到党内高层的认同，坚持社会主义经济是计划经济的观点仍占主流。[3]1981年4月，在以中共中央书记处研究室的名义印发的一份材料上，按照对计划和市场的态度，经济学家被划分为四类：第一类是坚持计划经济的；第二类为赞成计划经济但不那么鲜明的；第三类为赞成商品经济但不那么鲜明的；第四类则是主张发展商品经济的。薛暮桥、廖季立、林子力等被列为第四类。[4]1982年后，在商品经济论受到较有权威的指责和批评后，薛暮桥又对这一提法产生了动摇，对它的科学性提出了疑问。[5]但是，他并没有停止对商品经济理论的探索和思考，对社会主义商品生产的认识继续得到了深化。

关于社会主义商品经济的范围，薛暮桥在20世纪五六十年代就认为社会主义商品生产广泛存在，但认为国营企业间的交换是"部分的"商品交换性质。经过20多年的实践，薛暮桥对国营企业的相对独立性看得更清楚了，对国营企业间交换产品的传统"商品外壳论"的反驳也就更为有力。他在1979年就指出："从理论上说，国营企业的生产资料和劳动产品都属于国家，可以在全国范围内统一核算。事实上，这是行不通的。实践证明，我们既要有全国性的统一核算，又要有分级核算，使基层企业成为

---

① 薛暮桥：《再论经济结构和管理体制的改革》（1980），《我国国民经济的调整和改革》，北京：人民出版社，1982年，第15—16页。

② 杨欢进：《薛暮桥经济思想研究》，第126页。

③ 张卓元、张晓晶主编：《新中国经济学研究70年》（上卷），第215页。

④ 吴敬琏：《二十年来中国经济改革和经济发展》，《百年潮》1999年第11期。

⑤ 薛暮桥：《关于经济管理体制改革理论问题的讨论》（1982），《我国国民经济的调整和改革》，第108—109页。

一个独立的核算单位。""各国营企业作为具有特殊利益的独立的经济核算单位，它们之间进行产品交换时，还必须承认对方的经济利益，像两个所有者那样进行等价交换。特别是在扩大了企业的自主权，实行利润提成制度以后，企业对于盈利多少会更加关心。所以它不只是保留了商品交换的外壳，而且具有商品交换的性质。"①值得注意的是，在此时他的表述中，原先的"部分的商品性质"变成了"完全的商品交换性质"，"部分的"三个字取消了。这反映了薛暮桥对全民所有制企业间商品交换关系认识上的进展。商品交换关系在各种交换中同等地存在，遍及社会主义经济整体。薛暮桥的上述观点，是进入新时期后明确确认国营企业间的交换是商品交换的最早的观点之一。②

对社会主义社会商品经济的性质，薛暮桥的认识在这一时期发生了根本性的变化。几十年的实践使他看清了资本主义与商品经济性质上的区别。他认识到："其实商品经济和资本主义经济不是一个概念，马克思把简单商品经济（小生产者的商品经济）和资本主义商品经济区别开来，我们现在也可以把建筑在生产资料资本家私有制基础上的商品经济，同建筑在生产资料社会主义公有制基础上的商品经济区别开来，前者称为资本主义商品经济，后者称为社会主义商品经济。"③薛暮桥还对社会主义社会和资本主义社会的商品经济的异同进行了比较，认为二者的共同点是在交换中都必须遵守价值规律，不同点在于所有制基础和价值规律发挥作用的方式。④

对商品经济性质的认定，是社会主义商品经济理论中一个根本性的问题，也是决定我们对商品经济态度的关键。20世纪五六十年代，由于薛暮桥认为商品生产和价值规律具有资本主义性质，所以不论他在实践中感到

---

① 薛暮桥：《中国社会主义经济问题研究》，第 104—105 页。
② 杨欢进：《薛暮桥经济思想研究》，第 127 页。
③ 薛暮桥：《再论经济结构和管理体制的改革》（1980），《我国国民经济的调整和改革》，第 16 页。
④ 薛暮桥：《计划经济和市场调节》（1982），《我国国民经济的调整和改革》，第 232 页。

商品关系和价值规律多么重要，总是自觉不自觉地过分强调对商品生产和价值规律的限制。正如他自己所总结的，多年来我们也宣传过要利用商品货币关系，要利用价值规律的作用，但在实际工作中并没有很好地贯彻执行。由于分不清什么是社会主义，什么是资本主义，往往把利用价值规律的一些经济政策和措施，当作资本主义来批判。为此，薛暮桥提出了我国商品货币关系还要大发展的观点。他指出，"特别是我国过去商品经济很不发达，商品货币关系在社会主义经济中还要大大发展"，社会主义社会"在一定时期内还必须发展商品生产和商品交换"[1]。

对社会主义商品生产和商品交换存在的原因，薛暮桥在这一时期认识上的突出特点是提出了"劳动力的部分个人所有"。这一分析是在《中国社会主义经济问题研究》中做出的："为什么社会主义社会必然存在，而且一定时期内还必须发展商品生产和商品交换呢？这主要是由于社会主义社会存在着生产资料的两种公有制，存在着劳动力的部分个人所有，以及由此而产生的按劳分配制度和物质利益原则。"[2]薛暮桥用劳动力的部分个人所有来说明劳动者个人利益的形成，从而说明消费资料交换的商品性。在我国经济学家当中，像薛暮桥这样明确承认劳动力个人所有，并以此作为社会主义商品生产存在原因的，并不多见。这成为薛暮桥社会主义商品经济理论的显著特色之一。[3]

1984年10月，党的十二届三中全会召开，做出了《中共中央关于经济体制改革的决定》，明确了社会主义经济是在公有制基础上的有计划的商品经济。这对20世纪80年代初开始的关于社会主义经济是不是商品经济的讨论做了科学总结，从而为确立社会主义市场经济论迈出了决定性的步伐。[4]薛暮桥对这一论断给予了高度评价，指出："事实证明，不论生产资料还是消费品，都必须商品化，必须在计划指导下广泛利用市场调节。

---

① 薛暮桥：《中国社会主义经济问题研究》，第97页。
② 薛暮桥：《中国社会主义经济问题研究》，第101页。
③ 杨欢进：《薛暮桥经济思想研究》，第129页。
④ 张卓元、张晓晶主编：《新中国经济学研究70年》（上卷），第214页。

十二届三中全会决定指出，我国的社会主义经济是在生产资料公有制基础上的有计划的商品经济。这是理论上的一大突破，是完全符合马克思的历史唯物主义学说的。"①他还多次强调："这是马克思主义的社会主义经济学说的一个重大突破。"②"这是马克思主义历史上关于社会主义经济的一个新的认识，为我国经济管理体制的改革指明了正确方向。"③"这是在理论上的又一次重大突破。"④

1985年后，薛暮桥社会主义商品经济理论研究的侧重点之一，是从社会经济发展的角度深刻阐明社会主义条件下发展商品经济的必要性、重要性和可能性，将社会主义经济是有计划的商品经济这一论断具体化，使之得以丰富和发展。

他认为，商品经济是生产力发展的巨大力量。过去，在谈到商品经济的作用时，由于历史条件的限制和"左"的偏见，只是大讲其两极分化、导致经济危机等消极的一面，闭口不谈其积极的历史作用。薛暮桥以实事求是的历史唯物主义精神，肯定了商品经济的巨大积极作用。他指出："在历史上商品经济跨越几种社会经济形态，对社会生产的进步起着巨大的推动作用。"⑤"商品经济是促进生产力发展的巨大推动力量。……到资本主义初期，商品经济迅速发展起来，使生产力得到历史上从未有过的大发展。新诞生的社会主义国家决不应当摒弃这个生产力的巨大推动力

---

① 薛暮桥：《要把马克思主义这门科学不断推向前进》，《人民日报》1987 年 3 月 20 日。

② 薛暮桥：《建设有中国特色的社会主义的必由之路》，《经济日报》1987 年 3 月 5 日。

③⑤ 薛暮桥：《〈中国社会主义经济问题研究〉修订版日译本跋》，《经济研究》1986 年第 10 期。

④ 薛暮桥：《九年来的改革与理论上的突破》（1987），《改革与理论上的突破》，北京：人民出版社，1988 年，第 210 页。

量，而应当把它继承下来。"①

　　他认为，社会主义只能建立在商品经济充分发展的社会化大生产基础上。社会化大生产是建立社会主义的物质基础。那么，这种作为社会主义物质基础的社会化大生产从何而来呢？薛暮桥揭示了商品经济与社会化大生产的内在联系，说明了商品经济的发展在社会化大生产形成中的决定性作用。他依据马克思和恩格斯的分析指出："封建社会的自然经济阻碍生产力的发展。后来商品经济广泛发展，产生日益复杂、日益扩大的分工协作，由此，产生现代化大工业和社会化大生产，使生产力得到很大的发展。"②薛暮桥在这一时期的著述中，经常使用"从商品经济发展起来的社会化大生产"这样的论述。这一论述的反复使用，表明了薛暮桥对商品经济和社会化大生产之间因果关系的认识。他把社会化大生产归结为商品经济发展的结果或产物，说："在历史上，社会化大生产是在商品经济的不断发展中自发地发展起来的。社会主义经济必须建立在社会化大生产的基础上，这是谁也不会怀疑的。值得讨论的是在建立生产资料公有制以后，能不能不发展商品经济，而由国家通过国家计划来塑造一个社会化大生产呢？"③薛暮桥从社会主义经济几十年的历史发展中看到，高度集中的计划体制，排斥商品交换和价值规律，条块分割，缺乏横向联系，是一种封闭式的僵化的经济结构。薛暮桥将其称之为"人工塑造"的"社会化大生产"。它的特征是缺乏活力、缺乏分工和专业化协作，缺乏动力，效率低下。他在回顾了我国正反两个方面的经验后指出："通过这些大量的事实，大家都越来越深切地认识到，违反经济规律，企图塑造一个没有商品经济的社会主义，是根本不现实的。"④"实践证明，排斥商品经济，由高度集中的行政管理来塑造社会化大生产，事实上是不成功

---

①②③　薛暮桥：《要把马克思主义这门科学不断向前推进》，《人民日报》1987 年 3 月 20 日。

④　薛暮桥：《建设有中国特色的社会主义的必由之路》，《经济日报》1987 年3 月 5 日。

的。"① "历史事实是没有商品经济的发展就没有社会化的大生产，而没有社会化的大生产也就不可能有社会主义的胜利。"②他认为，中国不能跳过商品经济的发展阶段。中国作为一个落后的发展中国家，在特定的国际环境和国内形势下，超越了资本主义的充分发展阶段而走上了社会主义道路。这样，就面临着一个值得慎重思考而又必须回答的问题：在中国这样一个自然经济传统浓厚、长期重农抑商、生产社会化程度很低的国度，"能不能跳过商品经济发展这个阶段直接建立按计划生产、按计划分配这样的社会主义制度呢？"薛暮桥提出了这个问题，并进行了深入的探讨。他通过对历史经验的总结，否定了由国家计划支配人工塑造社会化大生产的可能性。他指出："唯物主义者对商品经济不应抱敌视的态度。商品经济是社会经济发展不可逾越的阶段，自然经济总要发展到商品经济。"③ "特别是农民仍占80%左右、自然经济仍占优势的中国，企图跳过商品经济的发展，用国家对产品的计划分配来代替市场商品交换，那是违反社会发展客观规律的，纯属主观主义的一种空想。"④像中国这样经济落后的国家，不仅不能跳过商品经济的发展阶段，而且必须尽快补上商品经济这一课。通过发展商品经济来发展社会化的大生产，建立和发展社会主义的物质基础。"为了加快从小生产到社会化大生产的发展过程，应当遵循社会经济发展的客观规律，大力发展社会主义商品经济。"⑤只有"通过商品经济发展富有生命力的社会化大生产……才符合于经济发展的客观规律，符合于马克思的历史唯物主义学说"⑥。大力发展商品经济，是建立和发展社会化大生产的必由之路，是社会主义得以建立和发展的基础。要在中国这样落后的国家坚持社会主义道路，巩固社会主义制度，根

---

① 薛暮桥：《九年来的改革与理论上的突破》（1987），《改革与理论上的突破》，第210页。

②③⑤ 薛暮桥：《〈中国社会主义经济问题研究〉修订版日译本跋》，《经济研究》1986年第10期。

④⑥ 薛暮桥：《要把马克思主义这门科学不断向前推进》，《人民日报》1987年3月20日。

本的问题在于发展商品经济。

他认为，商品经济可以在公有制的基础上发展。商品经济的发展，对于社会主义来说，不仅是必要的，而且是可能的。以前，人们把社会主义公有制和商品经济对立起来，认为公有制是排斥商品经济的。在提出要大力发展商品经济之后，有些人又走到另一个极端，认为商品经济不可能在公有制基础上得到发展。薛暮桥在充分说明了商品经济对社会主义的必要性之后，又阐明了社会主义公有制基础上发展商品经济的可能性。他指出："发展商品经济能不能以生产资料公有制为基础呢？我认为是可以的，只要我们以生产资料公有制为主体，不排除其他经济成分、经济形式的发展；只要我们的生产资料公有制也是采取灵活的经营方式，每一个公有企业都有生机与活力，像生物肌体上的细胞，而不是巨大建筑物上的没有生命力的砖瓦。社会主义公有制并不排斥商品经济，只是赋予商品经济以不同于资本主义经济的性质，并使之具有计划性。"[1]

在这一时期，正是在这些认识的基础上，薛暮桥对物资管理体制、财政管理体制、金融管理体制、劳动工资管理体制等的改革，进行了广泛的探讨。他在探讨中提出的许多改革主张，如发展横向联系、建立经济区、建立生产资料市场、发展多渠道多形式的社会商品流通等，在改革实践中取得了很好的效果。

在提倡和论证社会主义市场经济的长长的经济学家名单中，除了薛暮桥，还有从无锡走出来的顾纪瑞和吴树青。

1979年4月，在江苏无锡召开的价值规律问题讨论会上，一批学者对市场经济和社会主义市场经济的概念，发表了肯定的意见。会上，顾纪瑞提交了《关于社会主义市场经济的几个问题》的论文。文章分析了中国存在和发展社会主义市场经济的客观原因，探索了市场经济的性质、特征、范围和作用。他阐述了存在社会主义市场经济的三条理由：（1）生产决

---

[1] 薛暮桥：《九年来改革与理论上的突破》（1987），《改革与理论上的突破》，第210—211页。

定交换，交换反作用于生产；（2）目前是几种所有制并存；（3）计划经济不能包罗万象，需要市场经济给以补充。他还明确提出：社会主义市场经济"是指通过市场的供求关系，主要受价值规律的调节而进行生产和交换的那种商品经济"，"凡属国家直接计划以外的商品生产和交换，基本上属于市场经济范围"。在今天看来，顾纪瑞当初的认识难免有局限性，但他是当时明确提出"社会主义市场经济"概念的少数几个学者之一。①在人们普遍把计划经济当作社会主义，而拿市场经济与资本主义画等号的年代，提出市场经济的概念，意味着要有常人所没有的理论勇气和理论识见。

之后，顾纪瑞对社会主义市场经济的研究并没有停止。他对建立和培育社会主义市场体系进行了系统研究，指出旧的经济体制是集中管理、忽视市场机制、限制商品经济的僵化体制，在这种体制下形成的我国市场，存在着不完全性、垄断性、封闭性、短缺性等弊端。商品经济的发展，需要发达的商品市场。经济运行的统一性需要市场体系；实现资源的有效配置需要市场体系；利益结构的灵活调整需要市场体系。江苏人民出版社1989年出版了《社会主义商品经济新论》，其中第五章"建立和培育社会主义市场体系"由顾纪瑞执笔。在此文中，他对市场三要素（价格、供求、竞争）的作用、市场主体、市场客体的内涵及特征、市场环境的优化进行了探讨。

吴树青也是比较早地论证中国处于社会主义初级阶段的学者之一。②1987年3月，他在《光明日报》上发表的"关于社会主义初级阶段的几个问题"一文中，就比较系统地论证了这个问题。他认为，社会主义初级阶段这一概念包括两层含义：（1）我国现阶段社会性质是社会主义，具有同社会主义其他发展阶段共同的本质属性；（2）我国现阶段的社会主义的特点不是已经成熟和高度发达的社会主义，而是处于尚未完全摆脱贫穷落后和不发达状态的初级阶段的社会主义。由此出发，吴树青把社会主义初级阶段的主要特征概括为：（1）虽然有了一定发展程度的现代化

---

① 晓亮：《社会主义市场经济概念的提出和形成》，《经济学消息》1992年第76期。

② 北大校办：《吴树青——创新现代政治经济学学科体系》，许卫国主编：《无锡走出的经济学家》，第452页。

经济，但社会生产力还不够发达且发展不平衡；（2）社会主义所有制已经确立并占统治地位，但整个社会的所有制结构是以全民所有制为主导的多种经济成分组成的体系，表现为以公有制为主体、多种经济成分并存的所有制体系；（3）有计划商品经济正在发展，计划机制与市场机制相结合是经济运行模式的基本框架；（4）与多种经济成分的共同发展相适应，收入分配也是一个以按劳分配为主体，多种分配方式并存的收入分配体系；（5）初级阶段的民主和法制还不够完善，建立高度的民主和法制是长期的历史任务，需要下大力气去完成。根据上述特征，吴树青认为，要在坚持社会主义的大前提下，着重弄清四个问题：一是要从现实中破除掉那些对社会主义的误解和曲解；二是要解决对社会主义的教条主义态度，应该在实践中发展社会主义；三是不能把社会主义同资本主义简单对立起来，不能把那些在资本主义条件下产生但本身反映社会化大生产和商品经济规律的东西当作资本主义性质的东西加以反对；四是一定要允许那些虽从本质上看并不是社会主义的但它又是社会主义初级阶段所必需的东西，使其得到充分的发展。

随着建立社会主义市场经济体制改革目标的确立，吴树青逐渐认识到，不同社会的市场经济的区别，主要不在于经济运行的机制、配置经济资源的方式和方法，而是市场经济在什么样的经济条件下运行，服从于什么样的目的，即它同什么样的经济制度结合在一起。社会主义市场经济不同于资本主义市场经济的地方，在于它是同社会主义基本制度结合在一起的。就是说，社会主义市场经济在所有制结构上以公有制为主体，在分配制度上是以按劳分配为主体，社会生产的目的是满足人民群众不断增长的物质和文化生活的需要，最终要实现全体人民的共同富裕。他认为，所谓公有制为主体，一是指在全国范围内从总体上保持公有制在国民经济中的主体地位，并不排斥在某些经济领域或某些地方公有制经济不占主体地位；二是指由各种公有制形式所构成的社会主义公有制占主体地位，而不要求全民所有制在国民经济中占绝对统治地位；三是指公有制经济对整个国民经济的发展发生导向作用，而不是公有制经济在国民经济中必须占绝对大的比重，不能把导向作用混同于某种绝对的比例关系。公有制经济与非公有制经济并不是对立的，它在促进社会生产力的发展方面各有各的特点，在适宜发挥作用的场所各有各的优势，互相并不对立，也不能彻底地互相替代。形成以公有制为主体、多种所有制经济共同发展的所有制体系，不仅要注意发展公有制之外的非公有制经济成分，而且还要特别加快对公有制经济的改革。

吴树青深入分析了我国目前达到的总体小康的低水平、不全面以及发展不平衡的状况，提出要提高小康的水平，完善和充实小康的内容，才能为实现现代化奠定更加坚实的基础。他认为，更高水平的小康社会意味着在物质文明方面要达到比较高的水平，意味着物质文明、精神文明、政治文明、生态环境建设全面发展，意味着要使城市和农村、发达地区和欠发达地区、各个社会阶层的人们在总体小康的基础上有较大幅度的提高，特别要更加关注扭转城乡之间、地区之间、不同收入层次人们之间经济发展水平和收入差距扩大的趋势，使目前处于困难状态和较低水平的人口得到提高的问题。吴树青指出，难度主要不在于增长的速度，而在于增长的质量。因为全面建设小康社会着重需要解决的是更深层次、更复杂、更困难的问题，包括"三农"问题，中西部地区的发展问题，提高低收入群体收入水平的问题，政治文明、精神文明和生态文明全面发展的问题等。①

张卓元说："社会主义初级阶段论和社会主义市场经济论一起，成为中国改革开放以来经济研究最重要、最突出的成果，是当代中国社会主义政治经济学的两大支柱。现阶段中国一切经济问题的研究，各项经济政策的制定，都要以这两大理论为依据、为指导。"②社会主义初级阶段理论的发现和论证，是改革开放以来中国经济学界对马克思主义经济学和科学社会主义理论的重大贡献和发展。在这中间，从无锡走出来的经济学家做出了自己的理论贡献。

---

① 北大校办：《吴树青——创新现代政治经济学学科体系》，许卫国主编：《无锡走出的经济学家》，第453—455页。
② 张卓元：《改革开放以来我国经济理论研究的回顾与展望》，《张卓元文集》，上海：上海辞书出版社，2005年，第53页。

第四节　设计体制改革政策

　　从无锡走出来的经济学家，不仅在学术领域独树一帜，还积极投身于体制政策设计之中。他们深入研究价格、统计、流通、金融等多方面的改革问题，提出了众多既有前瞻性又切实可行的政策建议。这些建议不仅为党和政府决策提供了坚实的理论支撑和有力的实践指导，更为中国经济体制改革的深入推进注入了强大动力。

　　孙冶方是我国经济学界最早倡导经济体制改革的先驱，也是社会主义经济理论体系最早、最深刻的探索者。[1]他的经济体制改革理论不是对原有经济体制的小修小补，也不是对经济体制改革提出的一些零碎或个别的感想和意见，而是一套相当完整的体系。它包括财政、价格、统计等方面改革的设想，并对这些设想做了比较充分的理论论证。

　　财经管理体制是国家在财经管理中划分各级政权之间以及国家与国营企业、事业单位之间的责任、权力和利益关系的制度。孙冶方认为："财经管理体制的中心问题是作为独立核算单位的企业的权力、责任和它们同国家的关系问题，也即是企业的经营管理权问题。"他认为国家与企业的分权"要贯彻'大权独揽、小权分散''管而不死、活而不乱'的原

---

① 张卓元、张晓晶主编：《新中国经济学研究 70 年》（上卷），第 111 页。

则"①，而财经体制中的"大权""小权"、"死""活"的界限就是扩大再生产和简单再生产的界限；属于扩大再生产范围内的事就是国家"大权"，国家必须严格管理，不管或管而不严就会乱；属于简单再生产范围以内的事是企业应管的"小权"，国家多加干扰就会管死。扩大再生产与简单再生产如何区分，并进而划分国家（大权）和企业（小权）的权限呢？孙冶方一直认为，"简单再生产与扩大再生产的区别不在于固定资产的实物数量是否超过原来的规模，而在于资金，即资金是原来的规模还是有新的投资"②。

价格管理体制是国民经济管理体制的有机组成部分。改革开放前，我国的商品价格是由政府统一定价，并通过计划严格而全面地控制商品和服务的价格调整。孙冶方历来认为，"价格问题是经济管理体制改变的中心，要很好研究"③。他的主要观点包括：（1）在社会主义制度下，价格形成的基础是生产价格而不是价值，产品要按照部门成本加上按平均资金利润率计算的利润即生产价格为基础定价；（2）在社会主义社会，必须坚持等价交换原则。孙冶方多次提到，价格严重背离价值，价格结构不合理，会歪曲国民经济的比例关系，各部门、地区、企业的经济活动效果也将被扭曲。因此，他认为，改革经济管理体制，必须改革不合理的价格体系，必须真正贯彻等价交换原则；（3）实行等价交换的一个关键在于工农业产品也要实行等价交换。农民需要为社会主义建设提供一定的资金，国家应该采取明拿的做法即完全用直接税的办法，不能认为农民通过"剪

---

① 孙冶方：《关于全民所有制经济内部的财经体制问题》（1961），《社会主义经济的若干理论问题》，第141页。

② 孙冶方：《关于改革我国经济管理体制的几点意见》（1980），《社会主义经济的若干理论问题（续集修订本）》，北京：人民出版社，1983年，第54—55页。

③ 孙冶方：《关于改革我国经济管理体制的几点意见》（1980），《社会主义经济的若干理论问题（续集修订本）》，第54页。

刀差"这个渠道提供资金是应该的。[1]

统计管理体制是指国家组织管理政府统计工作的体系和制度。孙冶方对我国社会主义统计建设提出了许多真知灼见。他认为，国民经济平衡统计工作的任务是通过编制一系列的平衡表来综合、系统地研究国民经济发展中的各项重大比例关系。这主要有四种：（1）生产、消费、积累之间的比例关系，即第一部类与第二部类之间的比例关系；（2）国民经济各部门之间的比例关系；（3）工农业生产部门内部某些具体的比例关系；（4）地区之间的比例关系。1980年11月，孙冶方深感我国统计工作破坏严重，数字不准确、内容不全、方法不完善、体制不合理、组织不健全等问题长期未得到解决，提出了《加强统计工作，改革统计体制》的提案及《说明书》。[2]为了保障统计工作的独立性，孙冶方还建议将统计机关由计委代管或领导，改为由国务院和各地政府直接领导。为了在法律上保障统计工作的顺利进行，他还建议制定"统计法"。

与孙冶方在理论层面论证不同，薛暮桥则更多地亲自参与了改革开放的体制政策设计工作。国务院经济研究中心在1980年7月正式成立（1985年经济研究中心与技术经济研究中心、价格研究中心合并，改名为国务院经济技术社会发展研究中心，简称"发展研究中心"），年届七旬的薛暮桥重新工作，主持国务院经济研究中心。这是中华人民共和国成立后的第一个智库。他躬身入局，挺膺负责，参与了许多改革方案的决策甚至实施过程。他提出："体制改革要有整体设计，协调各部门的改革计划，共同研究中改、大改方案。"[3]1980年9月至1982年9月，国务院经济研究中心

① 参见孙冶方：《关于等价交换原则和价格政策》（1961），《社会主义经济的若干理论问题》，第152—156页；《在社会主义再生产问题座谈会上关于生产价格问题的发言提纲》（1964），《社会主义经济的若干理论问题》，第268—289页。
② 孙冶方：《加强统计工作，改革统计体制》，《经济管理》1981年第2期。
③ 薛暮桥：《关于体制改革的意见》，《薛暮桥晚年文稿》，北京：生活·读书·新知三联书店，1999年，第229页。

上报国务院有关经济调整、财政、金融、外贸等方面的研讨材料80份，内容包括经济动态分析、工业管理体制、财政金融、外贸体制、国民收入超分配、工业增长速度分析等。有人说薛暮桥是对我国重大经济决策和制定经济政策最有影响力的经济学家，这是符合事实的。[1]从1979年起，我国财政体制实行由地方征收、按比例上交的"分灶吃饭"制度。这一制度的实行，极大地激发了地方创收的积极性，但中央财政却变得困难，出现大量赤字。薛暮桥通过调查研究，于1982年4月在《关于财政管理体制改革的一些意见》的发言中正式提出了"利改税"的建议，即从企业向中央和地方上交全部利润，分别改为不同税种，企业按一定税率向中央和地方分别交工商税（主要是产品税和营业税）、所得税以及其他税金，实行中央和地方的分级财政管理制度。[2]财政的分级管理要划分税种，有些税种（如重要产品的产品税）应由中央统一征收，有些税种（如所得税）应由中央统一征收、地方酌情留成，有些税种（如营业税）应由地方征收。薛暮桥的这个建议被财政部接受，1983年经国务院批准执行。从"分灶吃饭"到"利改税"，是我国财政管理体制的一项根本性的改革，是从统收统支的旧财政体制到新财政体制的一个飞跃。[3]薛暮桥认为，税收是除价格之外的又一重要经济杠杆。要用经济办法管理经济，必须重视税收这个杠杆的作用。他提出："税收这一个重要的经济杠杆长期不被重视，几乎丧失作用……我们应当充分重视税收的作用，逐渐把它当作财政收入的主要来源和调节商品供求的另一个重要杠杆。税制的改革，税收机关的整顿，不但是财政工作的当务之急，也是体制改革的一个重要内容。"[4]"利改税"后，财政体制改革前进了一大步。但因价格没有调整，按同样的税率征所得税，各个行业苦乐不均。为此，薛暮桥在1982

---

① 杨欢进：《薛暮桥经济思想研究》，第 69 页。

② 薛暮桥：《回忆国务院经济研究中心创建十年》，《比较》2017 年第 5 期。

③ 杨欢进：《薛暮桥经济思想研究》，第 325 页。

④ 薛暮桥：《经济管理体制改革需要解决的几个问题》（1981），《我国国民经济的调整和改革》，第 79—80 页。

年至1984年组织有关方面的专家认真研究了价格改革的指导思想和实施步骤，特别是价格体系的调整问题，提出了"综合调整、调放结合、略有侧重、分步出台"的综合性改革方案。对现行价格体系分步进行全面的、系列的调整，照顾前后左右的比价关系，并且一竿子到底。建议继续减少实行指令性计划价格的商品，除三类农副产品、小商品、修理服务业的价格要继续放开外，建议把蔬菜、猪肉、禽蛋的地产地销定价权下放给省属市；在此基础上创造条件，逐步放开。改革的第一步，集中解决价格体系中矛盾最突出的农副产品购销价格倒挂问题和原材料等短线初级产品的低价问题；在改革的第一步，提价幅度略大。薛暮桥认为，价格改革需要解决两个相互联系的问题：一是调整价格体系，理顺各类商品的比价关系；二是改革物价管理体制，绝大多数商品不再由国家统一定价，而是通过市场供求和竞争来形成，即逐步放开价格。他认为价格改革的步骤，应当是调放结合，先以调为主，在条件成熟时转变为以放为主，最后达到绝大多数商品价格全面放开。对于价格改革的艰巨性和复杂性，他有着充分且清晰的认识，主张既积极又慎重地推进价格调整，可以先从条件比较成熟、对人民生活影响较小的商品入手，避免引起波动，导致物价飞涨，影响居民生活。薛暮桥回忆这段讨论时说，对于调整价格，当时是有很大顾虑的，主要是担心导致物价总水平猛涨，引起人民群众的不满。[1]当时，理论界对理顺价格有两种不同的意见，有人建议通过提高许多产品的价格来理顺价格，使整个价格水平提高20%。薛暮桥认为这是"火上浇油"，将要被迫增发货币，引起通货膨胀和物价上涨的恶性循环；正确的办法是"釜底抽薪"，紧缩货币发行，压缩有支付能力的需求，使物价有升有降，达到合理调整。[2]他多次强调，防止物价总水平猛涨的关键，是要控制货币发行量，防止货币流通量过多。只要通货不膨胀，对部分商品价格进行有升有降的调整，物价总水平基本上保持稳定。

---

[1] 薛暮桥：《薛暮桥回忆录》第2版，第286页。

[2] 参见薛暮桥：《回忆国务院经济研究中心创建十年》，《比较》2017年第5期。

　　薛暮桥对金融体制改革尤为关注，从指导思想、机构改革、主要杠杆到银行业务内容等主要方面都进行了广泛的研究，提出许多重要建议并被采纳实施，是我国金融体制改革的热心研究者和主要推动者之一。[①]薛暮桥说："我一向强调财政税收，银行信贷是国家进行宏观调控的两个主要经济杠杆。为了改用经济办法加强宏观控制，需要改革财政和金融管理体制。"而金融体制的改革比财政体制改革更重要。[②]薛暮桥认为，在原有体制下银行不过是财政部门的出纳机关，必须转变为经济管理中心和宏观调控的重要杠杆，发挥其在经济生活中应有的作用。同时，他建议要形成以中央银行为核心的银行体系。1981年，薛暮桥提出要对现有银行机构进行改革。他认为，中国人民银行、中国银行、中国建设银行、中国农业银行四大银行，没有一个总揽全局的中央银行不行。他说："为着控制盲目投资，防止信贷膨胀，需要建立一个名副其实的中央银行，调整存放利率。"[③]他建议中国人民银行成为国家的中央银行，作为"银行的银行"，成为全国金融业务的中心，负责统筹、协调各个专业银行和其他金融组织的活动，主管货币发行和平衡信贷收支。这项改革经国务院批准于1983年下半年实施，到1984年初中国工商银行成立，我国初步建成了以中国人民银行为中心的银行体系。所以说，薛暮桥是我国金融机构改革的最初倡导者和新银行体系的主要谋划者之一。[④]薛暮桥在主张改革银行机构的同时，十分强调利率的经济杠杆作用。他指出，我国的银行利率太低（企业自有资金存款月息1.5‰，银行贷款月息4.2‰），既不利于吸收社会资金，又不利于控制重复浪费的建设。因此，他主张合理提高银行存贷利率，以充分发挥调节社会资金，发挥宏观调控的作用。同时，他还指出，要发挥银行的调节作用，仅靠利率杠杆不够，今后随着市场调节的扩

[①]　杨欢进：《薛暮桥经济思想研究》，第327页。
[②]　薛暮桥：《论中国经济体制改革》，"序"，第8—10页。
[③]　薛暮桥：《经济管理体制改革需要解决的几个问题》（1981），《我国国民经济的调整和改革》，第81页。
[④]　杨欢进：《薛暮桥经济思想研究》，第327页。

大，银行业务要由单一存贷向多样化发展，把多种多样的银行业务（如期票、贴现、押汇等）恢复起来。

我国的经济管理体制改革，实践中是从直接反映经济利益的分配体制入手的。大的方面是财政"分灶吃饭"，小的方面是企业利润留成。很快，薛暮桥就发现了这一改革实践的弊病：第一，财政"分灶吃饭"造成地区割据；第二，各地财政为保收利润，重复建设，不利于调整经济结构，不利于专业化协作；第三，企业利润留成造成价格改革的新障碍；第四，企业利润留成，滥发奖金，宏观调控跟不上，会导致消费基金失控等。基于这些分析，他在1980年提出："今后的体制改革，我认为把经济搞活，从改革流通制度着手，似乎比从改革分配制度着手更为重要，但这反而被大家忽视了。"① "改革工作不但要扩大企业的自主权，同样重要的是扩大流通渠道，这样才能够把经济搞活。"②薛暮桥是主张从流通体制改革入手推进经济管理体制改革的代表者，这在当时的经济学界十分鲜见。③我国原来的流通体制，实际上是按照自然经济的思想建立起来的，排斥商品原则，没有市场调节，生产资料计划分配、调拨，生活资料统购包销，禁止集市贸易和农副产品长途贩运。商业、物资、供销、外贸四个部门各自独家包办，互不相干，造成了流通渠道单一、不畅，产需脱节，积压严重。这种流通体制严重阻碍了生产力和商品交换的发展，必须彻底改革。薛暮桥认为，流通体制改革应该按照整个经济体制改革的基本方向，按照商品经济的指导思想来进行。他说："少用行政手段，多用经济办法来管理经济，这个原则在流通领域特别重要。无论消费资料还是生产资料，都应作为商品进入市场，按照商品流通的规律来管理。"④薛暮桥在多年的实践中感到，在原来的流通体制下，管得最死的是物资流通，造成了供需矛盾突出、物资积压严重。1980年，薛暮桥提出要大力改革生产

---

① 薛暮桥：《关于经济体制改革的一些意见》，《人民日报》1980 年 6 月 10 日。

② 薛暮桥：《关于经济体制改革问题的探讨》，《经济研究》1980 年第 6 期。

③ 杨欢进：《薛暮桥经济思想研究》，第 320 页。

④ 薛暮桥：《谈谈商业管理体制的改革》，《财贸经济》1985 年第 11 期。

资料的分配制度，有必要建立永久性的生产资料交易市场，互通有无。他对上海市试办的生产资料交易市场（展销市场）非常赞赏。这种交易市场，把积压了十年二十年的物资唤醒，使之重见天日，得到利用，通过市场调节搞活了生产资料流通。这一时期，薛暮桥还提出了通过控制基本建设规模、缓和生产资料供需矛盾来扩大市场调节的改革主张。1983年，薛暮桥进一步明确了物资流通的改革方向："在生产资料流通方面，必须大大缩小指令性计划分配的范围，逐步建立起开放性的生产资料交易市场。"[①]此外，在商业管理体制改革方面，他从购销制度、流通渠道、流通环节、市场竞争，到现代商业的媒介——广告业务，都进行了分析研究，提出了自己的改革主张。1979年，薛暮桥提出了改革统购包销制度、增加流通渠道、减少流通环节、允许市场上有一些竞争等建议。1980年2月，他又提出了恢复广告业务的主张："为把产需双方连接起来，有必要恢复广告业务。"[②]在农村商业改革方面，薛暮桥认为，在我国的商品流通中，堵塞最严重的是农副产品土特产品的收购。1978年，他提出："现在我们的管理方法，把山货土产愈管愈少。把活鱼管成死鱼，把鲜蛋管成臭蛋，我看管理方法也应当改一改，使商业工作也能适应四个现代化的要求。"[③]之后，他又提出了农村商业改革主张：允许社队企业收购、运销农副土特产品，允许农民到城市设店销售蔬菜、肉、鱼、禽、蛋等副食品，允许农民长途贩运副食品和土特产品，扩大农村集市贸易和城镇合作商业这条流通渠道、恢复集镇作为农村商品流通中心的作用，减少限制，打开工业品下乡的渠道。薛暮桥特别强调，农民经商并不是资本主义，发展农村集市贸易，也不会导致资本主义。他理直气壮地指出，让山货烂在山上是"社会主义"，把它们运出来满足城市人民需要倒是"资本主

---

① 薛暮桥：《谈谈商业管理体制的改革》，《财贸经济》1985年第11期。

② 薛暮桥：《调整国民经济中要广泛寻找生产门路》，《人民日报》1980年2月8日。

③ 薛暮桥：《利用价值规律来为经济建设事业服务》（1978），《当前我国经济若干问题》，第111页。

义"，哪有这样的道理？此外，薛暮桥还对外贸体制的改革进行了研究，建议改变以往的对外贸易独家经营的模式为"统一领导，联合经营"，理顺中央各部门的关系、中央与各地区以及与各出口产品生产企业的关系、出口口岸与邻近各省的关系，调动各方面的积极性。[①]

对经济体制改革的性质这样一个根本性的问题，薛暮桥从一开始就是非常明确的。他认为："经济管理体制实际上是社会主义公有制的具体化。"[②]改革经济管理体制，是改革社会主义公有制的具体形式，而不是改变社会主义公有制本身。1979年，薛暮桥就明确提出："进行经济管理体制的改革，必须坚持社会主义道路。"[③]1981年，他在日本东京的一次讲话中，针对国际上一些人认为中国利用市场调节是向资本主义发展的观点，明确指出这是一种误解。他说："中国现在不会、将来也不会回到资本主义道路上去的，其保证是国家掌握着绝大部分生产资料……我们的商品经济是生产资料公有制基础上的社会主义商品经济，市场调节是国家计划指导下的市场调节。我们扩大国营企业的自主权，发展自负盈亏的集体所有制经济，容许少量的个体经济作为社会主义经济的补充，这些都不可能改变我国经济的社会主义性质。"[④]所以说，薛暮桥是一位坚定地坚持社会主义道路的改革家，是一位坚持社会主义方向的坚定的改革家。[⑤]

薛暮桥与发展研究中心所提出的方案和建议，有两个突出的特点：第一，鲜明的市场化取向和极强的可操作性。由于当时薛暮桥与同事们善于把马克思主义经济学与中国实际相结合，又由于他们在中华人民共和国成立后亲身参与最高领导层决策，对政策演变的来龙去脉有透彻的了解，所以对改革方向的把握，对可行性措施的设计，都不是从理论推导出来的，

---

① 参见薛暮桥：《回忆国务院经济研究中心创建十年》，《比较》2017年第5期。

② 薛暮桥：《关于经济体制改革的一些意见》，《人民日报》1980年6月10日。

③ 薛暮桥：《中国社会主义经济问题研究》，第184页。

④ 薛暮桥：《中国目前的经济情况》（1981），《我国国民经济的调整和改革》，第221—222页。

⑤ 杨欢进：《薛暮桥经济思想研究》，第322页。

而是根据市场经济的原型和从我国的国情出发总结出来的。实行企业利润
留成后，薛暮桥就指出，这与不合理的价格体系相矛盾，同时按当时盈利
多少决定不同的分成比例，又为此后的调整价格造成障碍。对于"分灶吃
饭"这项当时广受推崇的财政改革，薛暮桥在1982年就较全面地指出了它
所带来的弊端。第二，强调经济体制各方面改革的配套性。他们认为，国
民经济各部门是互相紧密联系的整体，如果没有共同的目标，各部门各自
进行改革，忽视互相配合，就有可能互相牵制。针对改革初期的改革实
践，薛暮桥在1980年就指出："许多改革各搞各的，互不衔接，为此要作
体制改革的全面规划，做好各种改革的协调工作。"[①]因此，既要深入研
究整个经济体制改革的方向目标，又要全面研究各部门各方面改革的具体
措施，使之互相配合。

　　20世纪80年代初，我国经济体制改革从价格体系改革起步。与薛暮桥
类似，在这个时期，王振之也站在了价格管理体制改革的第一线。价格改
革首先要做的便是缩小和解决工农业产品的剪刀差。由于农产品价格严重
背离价值，极大地挫伤了农民的生产积极性，造成农副产品普遍短缺。王
振之围绕农产品价格改革进行大量的调查和深入的研究，对进一步缩小工
农产品的剪刀差做了许多有益的探索。1982年，他在《目前我国工农业产
品交换价格剪刀差问题》一文中直接指出，"剪刀差是工农业产品价值的
不等价交换"，"实质就是工农业产品价格朝不同方向背离价值"，这源
于斯大林向农民征收的"超额税"。在后续文章中，他提出自1979年大幅
度提高收购价格以来，农产品价格偏低问题已适当解决，但价格仍低于价
值，而且差距还不小，今后还需要逐步提高农产品收购价格来缩小差距。
并且，只要工业劳动生产率的增长速度快于农业劳动生产率的增长速度，
按相对固定的价格进行工农产品之间的交换，就会产生新的剪刀差，这种
新剪刀差的正确名称应该是工农产品交换差价。他指出"在农业劳动生产
率不能大幅度提高的情况下，应该继续通过提高农产品收购价格来缩小剪

---

① 薛暮桥：《关于经济体制改革的一些意见》，《人民日报》1980 年 6 月 10 日。

刀差"。那么，究竟怎样确定农产品的价值？王振之经过研究后指出：
"在社会主义制度下还存在级差地租，所以农产品价值要决定于劣等地的
劳动消耗"，进一步确定了测算工农产品交换差价的方法。1987年，他还
提出要尽快建立和完善农产品价格新模式，提出粮食收购价格、粮食销售
价格、经济作物价格、蔬菜价格、生猪价格五个方面的对策，并对工农业
产品等价交换问题进一步做了补充。①晚年的姜君辰也对商品流通体制改
革提出了诸多建议：（1）在工农业商品生产大幅度增长，特别是农村商
品经济迅速发展的新的历史时期，如果农村商品流通体制改革跟不上农村
商品经济发展的需要，那么，农民生产积极性以及作为四化基础的农业现
代化就有遭到压抑的可能。因此，要彻底解决农村供销合作社从官办改为
民办的问题。（2）对内搞活是对外开放的基础。对内搞活就要做到在地
区上不受东西南北的限制，使货畅其流。在所有制上做到国营、集体、个
体一起上，特别是对集体、个体不能歧视。（3）在整个商品流通体制改
革中，批发商业的改革是难度较大的突出问题。随着生产力的发展和工农
业产品结构的变化，随着城乡人民购买力的提高和消费结构的变化，国营
批发商业必须在经营方向、方式、方法和组织形式方面做相应的改变，才
能发挥国营批发商业在生产与零售之间的枢纽作用，从而改变以往国营批
发商业垄断式经营和主要起商品分配作用的旧框框、旧形式。②

党的十一届三中全会后，金融体制改革逐步展开。盛慕杰以古稀高龄
先后担任陈慕华、李贵鲜、朱镕基三任中国人民银行行长的顾问，参与谋
划中国金融体制的全面改革。1985年，中国金融学会在武汉举行研讨会，
这一次会议最早把建设金融市场作为我国金融体制改革的目标。盛慕杰积
极主张建立金融市场，发行股票，允许企业进入市场直接融资。他在《中
国证券交易所的历史启示》一文中提出筹建证券交易所，并从交易标的

① 孙梦誉：《王振之——中国价格体系改革的耕耘者》，许卫国主编：《无锡
走出的经济学家》，第405—406页。
② 朱昱鹏：《姜君辰——社会主义商品流通理论的开拓》，许卫国主编：《无
锡走出的经济学家》，第205页。

物、上市交易、由低级到高级、引入中介机构操作等四个方面，做出具体的论述，这是十分有建设性的建议；1996年初，他发表《加快专业银行转变步伐问题》的论文，第一个提出银行体制改革要建立"大区分行制"，为建立中央银行大区分行制、发展金融市场和建设金融安全区，提供了理论依据；他的《实行分层金融调控，建立中央银行资金管辖行》一文，就建立中央银行资金分层管理、分层调控体制提出建议；他的《关于中国建立金融中心问题》一文，就建设国际和区域金融中心提出建议，从地理区位、经济状况等条件，以及金融能量、服务功能等加以论述，为上海构建金融中心做了论证。总之，在改革开放后中国金融体制改革的早期阶段，盛慕杰提出了一系列真知灼见。①

2002年底，周小川被任命为央行行长。那时的中国刚加入WTO不久，银行和金融体系改革是中国经济下一步转型的重大关键。周小川执掌央行后的第二年，中央金融工委被撤销，成立银监会，央行原有的对银行业的监管职能被剥离，并成立国有银行改革领导小组。同年底，国有商业银行股份制改革试点启动，周小川担任领导小组办公室主任，是国有银行股份制改革方案的主要设计者和推动者之一。2004年，国有商业银行股份制改造启动，央行大刀阔斧地动用外汇储备注资国有商业银行，中国银行和中国建设银行作为首批试点，至2010年农业银行在内地和香港挂牌，四大国有商业银行全部顺利改制上市。曹远征在20世纪90年代末参与了中国银行的改制工作，曾评价银行业的股份制改革是周小川对中国金融业的最大贡献。他说："（20世纪）90年代的国有银行都已经资不抵债了，因为这一重大改革，此后中国的金融业才能讨论利率市场化，才能讨论汇率改革，我们也才能成功地抗击金融危机。"②在操刀国有银行改革的同时，周小川领导和推进了利率和汇率改革。2005年7月，正式启动人民币汇率形成

---

① 郁有满：《盛慕杰——谋划金融体制改革的银行学家》，许卫国主编：《无锡走出的经济学家》，第275—277页。

② 澎湃新闻：《大国行长周小川：中国技术官僚的高峰》，https://baijiahao.baidu.com/s?id=1595329981497261922&wfr=spider&for=pc，2018年3月19日。

机制改革，启动以市场供求为基础、参考一篮子货币进行调节、有管理的浮动汇率制度。2010年6月，人民币汇改再度启动。2013年6月，中国金融市场经历了一场流动性的"钱荒"洗礼，央行扩大贷款利率的浮动幅度，取消存款利率的浮动上限，推出短期流动性调节政策、常备借贷便利、抵押补充贷款、中期借贷便利、临时流动性便利等工具，通过维持银行体系流动性的稳定和适度，引导货币信贷及社会融资规模平稳增长，成功处理了这一流动性紧张局面。2015年8月，"新汇改"进一步完善中间价报价机制，初步形成了"收盘汇率＋一篮子货币汇率变化"的人民币对美元汇率中间价形成机制，为人民币能够成为国际储备货币铺平道路。此外，周小川还积极推动人民币国际化。2008年7月，国务院批准人民银行根据人民币国际化的进程发展人民币离岸市场，成为人民币国际化的新引擎。2009年7月，中国跨境贸易人民币结算试点正式启动，并于2010年、2011年先后两次扩大试点范围直至全国。2014年开始，人民币全球清算网络频频布局。2016年10月1日，人民币正式加入国际货币基金组织特别提款权（SDR）货币篮子，人民币成为继美元、欧元、英镑和日元之后，加入SDR货币篮子的第五种货币。在担任中国人民银行行长之前，周小川还曾出任中国证监会主席。在两年多时间内，他提出了众多改革思路：变"审批制"为"核准制"、引进国际会计准则、出台"退市令"、引入QFII（合格境外投资者）、对操纵股价的违规行为进行严厉处罚。较之前封闭的资本市场来说，这些前沿思路很有挑战性。2002年12月，即将离任的周小川在"中国：资本之年"国际研讨会上做了题为《中国资本市场的组织结构》的演讲，说："市场机制能够调节的，就让市场去调节，解除管制也就成为必然的趋势。"①

---

① 转引自徐林书等编著：《2003年中国证券市场投资红皮书》，沈阳：沈阳出版社，2003年，第35页。

第五节 奠基重要学科建设

　　经济学是一个囊括众多专业学科的庞大体系，每一个学科都有各自的研究对象及其运动演化的内在规律。无锡籍经济学家正是一些重要学科在中国的开创者，是其学科体系、规范和内在规律孜孜不倦的探求者。

　　潘序伦不仅是创办中国近代会计事业的第一人，也是中国会计学科的奠基人。归国后的潘序伦，一生致力于建设符合中国国情的会计学，创建了事务所、学校、出版社"三位一体"的立信会计事业。对于国外先进的会计技术与理论，潘序伦主张："对引进的国外先进学术，我们不是照抄照搬，而是结合我国的国情，在现行法规和工商惯例的基础上，适当采用。"[1]他以审慎的态度，选择编译西方会计著作，而非"全盘照搬"。以《劳氏成本会计》为例，潘序伦从1933年开始翻译出版劳伦斯的《成本会计》，其参照的原版本是1930年第一次修订本，后劳伦斯又在1937年出版第二次修订本，潘序伦即根据这一新版本于1939年重新改译一次。直到1950年，潘序伦摆脱种种冗务，又根据1946年劳氏第三次修订本进行改译，使该书的内容得到更新。潘序伦在序言中这样写道："此次译文一以原著为宗，在会计理论方面译者主张间与著作颇有出入，但仍保存著作原意，不予更改，以存其真。至于文字方面，则力求通俗化，使其明白如

---

① 潘序伦：《潘序伦回忆录》，北京：中国财政经济出版社，1986年，第 36 页。

话，而不犯近代语体文堆砌之弊。"①他在这篇序言中申明的主张，是他在一生的编译生涯中所一以贯之的。在潘序伦及其同仁的共同努力下，国外重要的有代表性的会计学著作，都能以畅达通晓、含义确切的文字，与国内读者见面，如《斐氏高等会计学》《会计准则》《陀氏成本会计》《会计师查核决算表之原则与程序》《苏联会计述要》《国营企业会计概要》等。

潘序伦一生著作逾千万字，专著（包括译著）近40种，学术论文百余篇，其中有许多会计学著作成为传世之作。譬如20世纪30年代出版的《会计学》，厚厚四卷，约90万字。它集各门会计之大成，除阐述普通会计学原理之外，还涉及公司会计、成本会计、解散及破产会计、遗产及信托会计等，对预算控制、财产估价、决算报表分析、统计报表应用等内容，也做了深入的研究。同时，潘序伦对会计学的研究是全面而又独特的。1933年，潘序伦发表了题为《会计学发达史》的长篇论文，对人类自古代以来的会计实践做了专门的历史考察。他在序言中写道："会计学系应实际需要而逐渐发达，其历史颇为古远。据专门学者之考证，纪元前二千六百年之前，巴比伦人关于商业之交易，即多记录于金属或瓦片之上。至罗马共和政治时代，不特政府征收租税，有完整之计算组织，即家族之间，为家长者，且设有账簿以记家之出入。我国《周礼·天官》亦有岁月考成之说，是皆会计史料之最古者。至十四世纪，意大利自由都市成立，会计学之雏形初具，因社会经济生活之发达而递相演进。产业革命而后，经济现象愈形复杂，会计学遂亦辉煌焕发，蔚为大观。"②他认为会计是随着社会经济生活的发展而进步的，反过来又促进生产力的发展。马克思在《资本论》中对会计发展做过这样的论述："簿记对于资本主义生产，比它对于手工业经营及其耕农及自耕农经营的分散的生产，更为必要；它对于社会共同的生产，又比它对于资本主义生产，更为必要。"潘序伦的论述，

---

① 劳伦斯著，潘序伦译：《劳氏成本会计》，立信会计图书用品社，1950年，"译者序"，第1页。

② 潘序伦：《会计学发达史》，《立信会计季刊》1933年第1期。

与马克思的观点并无二致。

对会计学的研究对象、会计的性质问题，潘序伦的看法是有所演变深化的。早年，他比较看重会计技术性的一面。如他在《会计学》一书中说："会计者，用有系统有组织之方法，将各个人或团体一切经济之可以货币数额表示者，予以记载及整理，使此等经济活动所影响于财产上之增减变化，以正确明了，因而计算其财产状况与营业成绩，并将此等财产状况与营业成绩，予以审核观察及应用之技术也。"[①]在《会计学教科书》中，潘序伦更直截了当地指出："会计者，实为一种应用技术。"[②]中华人民共和国成立不久，潘序伦根据会计学基本理论和实务的需要，对早先的学术思想进行了增补，并编写了《基本会计学》一书，对会计的性质问题的认识有了新的发展，指出："会计是管制一桩事业活动的工具。"随着新技术革命的到来和现代化建设的形势变化，晚年的潘序伦对会计的性质作用的看法又有深化，他将会计置于企业决策和信息系统这些更为深广的背景之中，强调"在企业的管理当局制订决策所须借助的信息系统中，会计占有极其重要的地位"。这一精神深深地蕴含于1983年出版的《基本会计学——西方会计》（与王澹如合著）一书之中，其主要思路是："从广义上说，会计是一种旨在传达一个企业的重要财务和其他经济信息，以便其使用者据以作出明智的判断和决策的'经济信息系统'即'经济信息专门'。……作为一种系统的会计——一种经济信息系统，是指一个企业的经济数据转化为有助于制订该企业的财务决策所需要的经济信息的一种科学。它通过一定的程序和方法，将企业的大量经济数据转化为有用的经济信息——'会计信息'，以供管理当局作为制订决策的依据。"[③]"信息论""决策技术"等新兴学科，如何应用于会计这一领域，潘序伦对此做出了有益的尝试。

---

① 潘序伦：《会计学》，立信会计图书用品社，1938年，第1页。
② 潘序伦、王澹如：《会计学教科书》，立信会计图书用品社，1947年，第2页。
③ 潘序伦、王澹如：《基本会计学——西方会计》，北京：知识出版社，1983年，第5页。

　　潘序伦对会计的管理职能历来十分重视。1982年，他说："每个企业都应总结三十多年来的经验教训，加以提炼取舍，走出一条符合国情、厂情的财务会计、管理会计的新路子来。……科技普遍称为生产力，经营管理也可以称为生产力，会计人员就是经营管理人员的'参谋长'。会计也可称为生产力的一部分。"[1]1984年，他强调必须将"总结经验与学习引进相结合，研究我国自己的管理会计"。他指出："应该看到，建国三十多年来，我们在财务会计制度和成本资金管理上，也有不少好的经验，有的依然可以进一步健全完善，继续应用。"他认为流动资金定额管理，大庆的仓库物资管理经验、群众性的班组核算、经济责任制等行之有效的财会管理方式，应该继续保留发扬。至于如利润、成本目标管理、价值分析、电子计算技术等我们过去没有过的，则"需要虚心学习，好好应用"[2]。

　　20世纪二三十年代，西方经济学传入中国已经数十年，而中国经济学教育和科研却仍处于草创阶段。在这种背景下，唐庆增有关"创造本国新经济思想之准备"[3]"创造中国独有之新经济学"[4]的主张以及有关论著，在当时经济学界独树一帜，产生了广泛影响。1929年9月，唐庆增提出："我们要解决经济问题，必须根据以往的学说，来发明新的经济科学，即使完全抄袭人家，无论在国情上环境上事实上都有不合之处，希望大家努力，整理中国固有经济思想，以创造经济科学。"[5]1933年在《经济学概论》中，他更明确提出："今后欲立国于世界舞台，当从研究旧有之思想下手，建设新经济科学。"[6]

---

① 罗银胜：《潘序伦传——中国会计之父潘序伦的坎坷人生》，上海：上海人民出版社，2007年，第129页。

② 潘序伦、丁苏民：《紧跟形势要求提高财会人员素质》，《武汉财会》1984年第1期。

③ 唐庆增：《中国经济思想史》（上卷），"自序"，第1页。

④ 唐庆增：《中国经济思想史》（上卷），"赵（人俊）序"，第5页。

⑤ 唐庆增：《中国经济思想四大潮流》，《唐庆增经济演讲集》，第73页。

⑥ 唐庆增：《经济学概论》，第28页。

对于中国新式教育一味模仿西方而没有供给适合国情的教材，唐庆增提出了批评意见，认为"欲求我国之现代化，于外邦之先进国家之状况，固应注意，尤须留意本国之环境，现时我国学校所灌输者，多为外邦之学理与事实，入社会办事后，遂觉格格不入矣"。①因此，唐庆增将课程建设视为建立中国经济学教育的重要内容而反复论证。

在《改造我国大学中经济课程刍议》中，唐庆增指出大学经济课程应该进行七个方面的改进：（1）厘清文科、商科界限，文科为纯粹经济学，商科为应用学科。文科经济学课程应大力扩充，应开设"经济学原理""经济史""经济思想史""财政学""劳动问题""农业经济""世界经济趋势""统计学""高等经济""经济问题"等课程，使经济学系在文科中单独成为一学系。（2）扩充经济学课程。（3）选用适合学生程度的英文教本。（4）延长授课时间，学年功课不能半年讲完。（5）课程安排由浅入深，学生不能越级选课。（6）课程设置不能内容重复。（7）授课内容应增加本国材料。唐庆增主张课程设置切忌盲从欧美各国，强调我国的经济学教育需要本国教本、本国内容、本国学程。他说："吾人今日之使命，在能建设一适合国情之经济学程，初不必处处以模仿外邦制度为事也。"并且认为"我国大学中经济课程有一最大缺陷，即因国中合用之教本过少，不能不用西文书籍，其结果恒使莘莘学子之脑筋中，充满不少外邦事实，于本国情形反多不甚了了"②。

在《经济学系在大学课程中之地位及其使命》中，唐庆增全面论述了培养经济学本科生的方案。他认为，大学中经济学系内容可分为课程教学与课外工作两种。课程教学包括基本学科、理论之部、应用之部、研究学程四个方面，具体要求如下：（1）基本学科以"经济学原理"一科为主，还应包括欧美亚"经济史""经济学范围与方法""经济

---

① 唐庆增：《中国生产之现代化应采个人主义》，《申报月刊》1933年第2卷第7期。

② 参见唐庆增：《改造我国大学中经济课程刍议》，《唐庆增经济论文集》，第35—40页。

学教学法"。（2）"理论之部"包含"西洋经济思想史""中国经济思想史""价值与分配论""经济名著选读""近代西洋经济思想派别""社会主义史""高等经济学"等科。（3）"应用之部"为"财政学""中国财政问题""所得税问题""货币与银行""会计学""统计学""经济环境""劳工问题""中国经济问题""关税问题""农业经济""穷困问题""人口问题""现今世界经济趋势""欧美各国货币制度及银行制度"。（4）研究学程，"即以上述学程为基础，特将范围缩小，研究集中一点，不必另谋科目（例如大学四年级或毕业学生，苟欲读货币与银行，作为研究科目，可任定一题目研究，如发行纸币问题与农民银行研究之类，余可类推，但以曾经读过该科学生为限）。除应作论文，担任该项研究学程之教授，应时时与学生商议，提出问题讨论，并随时检查其读书之报告，俾可随时试验学生学业之进步与否，并选修该科后所获之实益"①。

1933年，唐庆增在所著《大学经济课程指导》一书中，对经济学学科建设的问题和目标做了进一步论述，并详细设计了经济系应开课程。该书建议选本系科目31门，选其他院系科目38门，这些科目并不要求每位学生都必须修完，除经济学原理等必修课，学生可选修上列一半左右课程。从这些众多课程可知，唐庆增既重视国际通用的基本经济理论，又重视有关中国经济问题的学习，同时强调经济学专业学生应大量选学其他学系科目以扩大知识面。在唐庆增建议的课程表中，这31门课程已经涵盖了今天教育部规定的八门经济学类各专业核心课程中的六门，即西方经济学（经济学原理）、国际经济学（国际贸易、中国及欧美各国币制、中国及欧美各国银行）、货币银行学（货币与银行）、财政学、会计学、统计学（经济统计学）；而政治经济学、计量经济学这两门今日的核心课程，在唐庆增的时代还没有正式出现。②

---

① 参见唐庆增：《经济学系在大学课程中之地位及其使命》，《唐庆增最近经济论文集》，第87—88页。
② 叶世昌：《近代中国经济思想史》（下），上海：上海财经大学出版社，2017年，第297页。

在努力建立我国经济学科教学体系的同时，唐庆增对于提高中国经济学的科研水平也提出了自己的见解。1927年6月，唐庆增提出了我国经济学家的八大责任：（1）编撰适合中国国情的经济学课本和参考书；（2）编撰经济学经典论著选本；（3）统一经济学译名；（4）编辑字典及百科全书；（5）整理和编订古今中外名著；（6）研究中国经济问题；（7）搜集和编制各项统计；（8）灌输经济常识。①关于研究经济学的两个先决条件，唐庆增认为应是道德训练和广博的知识。他认为，道德训练与研究经济的关系非常深切，"研究工作之成功与否，研究结果之真实与否，皆由此一点而有所分歧，第一，研究时要有进取的精神，要耐劳，切勿虎头蛇尾……第二，研究经济学，要有大公无私的精神，要正直，要以社会为前提，切不可贪图利己。研究经济学的目的，并不是使自己发财，乃是为社会上多数人谋幸福。若研究的人有大公无私的精神，才能够增进大众的利益，有饭吃，要大家有饭吃，这样才好……第三，要有敏锐的眼光，因为经济事务，变化非常之快，如果观察稍为迟钝，就不能得到事实的真相，难免要落伍了"。除道德训练，研究经济学还应有广博的知识，"社会科学有好多种，社会、政治、法律、心理等都与经济学有密切的关系。研究经济学的人，对于这等科学，也就不可不有充分的知识。在研究高深经济学时，常有以特殊有关系的科学作根据，而终完成他的特殊理论"②。从上述言论可知，唐庆增特别强调经济学家的道德责任和进取心。关于如何进行经济学自修，唐庆增指出应注意16个问题：（1）研究应按部就班由浅入深；（2）选择有价值而又适合本人程度的书籍；（3）自修之初，读经济书籍不宜过多；（4）不宜躁进；（5）应分部分时间研究他种学科；（6）多请教师长；（7）朋友常切磋；（8）选择研究科目以个性所近为标准；（9）学以致用，观察学习时事经济动态；（10）订购研习中外经济名刊，如哈佛大学《经济学季刊》等；（11）常备字典和百科全书，如《帕

---

① 参见唐庆增：《今日国中经济学家之责任》，《唐庆增经济论文集》，第1—8页。

② 唐庆增：《研究经济学之方法》，《唐庆增经济演讲集》，第25—26页。

尔格雷夫经济学字典》等；（12）须细心，须思虑；（13）随时记录研究心得；（14）最好通晓英文、德文、法文、日文；（15）读译本应慎重，最好比勘原文；（16）研究学术，全赖个人毅力与精神。[①]关于学术规范，唐庆增指出，在写作论文时，"引句必须注明出处，免有掠美之嫌，此层极重要而为青年所最易忽略"。"附录应列举参考书目，所用杂志报章之材料，亦当一一为之标明，是为著述材料之来源，至属重要。"[②]

20世纪初期，国祚困厄，人心思治，人口与土地的尖锐矛盾成为解释国家危机的一个重要因子，研究人地关系的人口地理学应运而生。胡焕庸是中国人口地理学初创时期的代表人物之一，"胡焕庸线"是中国人口地理学的重要里程碑。1935年，胡焕庸在《地理学报》上发表了《中国人口之分布》一文，标志着中国人口地理学走向成熟。文中提出的"瑷珲—腾冲线"，是中国人口地理的重要分界线。这条线北起黑龙江的瑷珲，南至云南的腾冲；线的两侧构成了中国的两个截然不同的人口分布区域。在这条线的西北地区占中国国土面积的64%，东南地区占中国国土面积的36%；人口却是东南地区多，西北地区少。同时，这条"西疏东密"的人口分割线与气象上的降雨线、地貌区域分割线、文化转换的分割线以及民族界限也都存在某种程度的重合。鉴于胡焕庸在中国人口地理学初创时期做出的贡献，学术界为了纪念他而更习惯称"瑷珲—腾冲线"为"胡焕庸线"。此后，随着时间的推移，"胡焕庸线"的存在性与稳定性被人口普查数据反复验证，其科学原理也被学术界从自然、经济、社会文化等方面加以揭示和阐释。

正是在20世纪20年代的中国农村调查中，钱俊瑞接触到了马克思主义，并成为坚定的马克思主义者。1978年，钱俊瑞被任命为中国社会科学院世界经济研究所所长，把研究重心放在了马克思主义世界经济学的创建工作上。他指出，当代世界经济领域内出现了大量新现象和新问题，要求

[①] 参见唐庆增：《经济学自修指导》，《经济学季刊》1931年第2卷第4期。

[②] 参见唐庆增：《大学经济系论文之作法》，《经济学季刊》1934年第5卷第3期。

研究工作者进行有计划、有系统的周密调查和深入研究，从中找出规律性的东西。他还指出，世界在第一次工业革命以后，形成了国际分工和世界市场，通过货币流通和国际金融，贸易已经国际化，产生了世界经济，必须使世界经济研究成为一门独立的学科，创建马克思主义世界经济学。他主持召开了两次世界经济学科规划会议，制定了《1978年至1985年全国世界经济学科发展规划草案》，把世界经济作为一门独立的学科进行全面、系统规划。他还出面发起成立中国世界经济学会，筹建世界经济资料中心，参加《世界经济导报》的创建工作，主编了世界经济方面的工具书《世界经济百科全书》和《世界经济年鉴》。他先后出版了《资本主义与社会主义纵横谈》《世界经济与世界经济学》《世界经济与中国经济》《马克思与当代世界经济发展规律》《当代世界经济发展规律探索》等书，对世界经济学的理论依据、研究对象、基本范畴和规律进行了初步研究和探索。当时国内没有专门论述世界经济学的系统教材，钱俊瑞组织50多名教授组成写作班子，编写《世界经济概论》。1983年，《世界经济概论》分上下册出版，对当代世界经济基本理论问题进行了系统论述，形成以马克思主义为指导的世界经济学理论体系的初步框架。该书于1987年获得首届吴玉章基金特等奖。世界经济学学科体系建设的难点之一在于界定学科的基本范畴。要想界定这一范畴，必须在大量研究的基础上，进行从具体到抽象的高度概括，再借助对基本范畴的矛盾运动分析，从抽象到具体，还原世界经济运动，并揭示世界经济的客观规律。钱俊瑞初步阐述了对于商品、国际价值、世界货币、国际分工、世界市场、世界资本等范畴的认识，认为它们都是世界市场形成后国际经济现象的理论抽象，都在某一侧面反映了国际生产关系，因而都是我们建立世界经济学的理论体系所必须运用的基本范畴，对进一步研究世界经济和世界经济学有着重要的意义。钱俊瑞对基本范畴的界定也得到了多数世界经济学者的认同。

钱俊瑞提出，世界经济学科科学体系研究重点在于：一是分析商品、货币和资本在世界范围内运动的形式和实质；二是分析社会主义生产方式在不同国家和民族实现的具体道路和形式、不同的动向（包括前进和后退、过渡和蜕变），以及同世界其他部分的经济关系；三是研究发展中国家的经济发展方向和道路，以及它们与发达资本主义国家和社会主义国家的经济关系；四是纵观世界经济的总体，并且科学地预测它的未来。从世界经济的历史和现状的实际出发，世界经济学的重点研究课题至少有以下方面：（1）对世界市场、世界经济形成和发展过程做历史的考察；（2）社会主义国家和资本主义国家在经济领域内互相斗争和互相依存关系的表现形式及其运动规律；（3）社会主义国家建设社会主义的道路和形式的比较研究；（4）当代资本主义经济发展的特点，如对国家垄断资本主义、生产周期（包括长波论）、工人阶级贫困化、社会结构等问题的研究；（5）战后发达资本主义国家之间、发达资本主义国家与发展中国家之间、发展中国家相互之间的发展不平衡性及其表现形态和规律性；（6）国际贸易、国际货币金融制度和国际资本组织（如跨国公司等）的运动形态和规律；（7）经济一体化，区域性经济和集团经济的性质、发展趋势和影响；（8）民族主义国家发展民族经济的道路及其发展方向；（9）科技革命和世界经济的关系及其发展趋势；（10）第三世界国家为建立国际经济新秩序进行的斗争；（11）有关各经济学派对世界经济理论的研究和评价。对于马克思主义世界经济学，钱俊瑞认为学科的研究对象是国际范围内生产力与生产关系的有机结合的生产方式的总体，而重点是研究国际生产关系。他还强调上层建筑研究的重要性，突出当代世界经济与世界政治的密切关系。在研究方法上，钱俊瑞认为应当坚持马克思主义的唯物辩证法。

邹依仁是中国最早研究统计质量管理的学者，也是中国数理统计学及其派生学科——质量管理学的开创者。从学科意义上说，统计学是数理统计学的初步课程，而数理统计学是统计学的高级课程，而要提高数理统计学的质量，必须加强质量管理。20世纪40年代邹依仁留学美国期间，美国电话电报公司贝尔实验室的休哈特创立的统计质量管理学，作为一门新兴学科在美国刚刚兴起。邹依仁前往贝尔实验室学习，着重研究产品统计质量管理问题。邹依仁主张把统计抽样法应用于产品质量检验和管理。他认为，在机器生产大量产品的条件下，各个产品的质量比较手工业产品的质量当然要一致得多，整齐得多，但也不可能完全一致，而总还是免不了具有某些细微离差。无论从数量来表示产品质量或直接以合格品与不合格品率等方式来表示产品质量，都免不了这种情况。这种产品质量的细微离差，一般是由许多偶然因素所造成，也是机器大规模生产所难以避免的。这些细微离差一般不会影响产品的使用和产品与产品间的配合作用。工业产品质量的抽样检验的目的主要是检查出这类离差，使生产方面及早发现这类离差，检查出原因并加以纠正，而使产品避免这种离差，都成为合格可用的产品。统计质量管理学是应用数理统计学的工具。邹依仁也是中国最早研究统计质量管理的学者。1951年，立信会计出版社出版了他的《工业统计学》，主要内容是工业产品品质的选样检验与管制，介绍了美国等国家产品质量的选样检验和控制、统计管制图形的编制与应用等基本方法。他在1982年撰写的《全面质量管理》是国内第一本系统介绍全面质量管理的教科书。该书以介绍美、日、苏、法等国家新的质量管理方法为主，内容包括两个方面：全面治理管理的概念和组织实施、全面质量管理的统计方法。与此同时，他还重点研究中外质量管理发展史。在1982年撰写的论文《中国〈周礼·考工记〉中关于武器质量管理史话》中，他根据历史文献的确凿记载，阐明中国是世界上最早采取质量管理的国家，推翻了长期以来西方学者关于中东的巴比伦是第一个对产品实施质量管理国家的说法，引起了国内外学术界的注意。①

中华人民共和国成立以后，我国的农业经济科学先沿袭西方资本主义国家的体系，后照搬苏联的理论与方法，尽快建立起适合中国国情的社会主义农业经济科学正是刘崧生孜孜以求的。他深入农村、农场，做了大量深入细致的调查和研究工作，把马克思主义经济学原理与中国农业发展的实际相结合，探讨中国农业发展的规律，促进了农业经济学科的发展。1963年，由他负责主编的《社会主义农业经济学》由农业出版社出版，这是我国第一部社会主义农业经济学教材，对我国农业在国民经济中的地位

---

① 朱昱鹏：《邹依仁——力推数理统计学的著名教授》，许卫国主编：《无锡走出的经济学家》，第225页。

和作用做了详细的阐述，并提出农业经济研究对象，农业生产的特点、规律等方面的重要观点，从而为我国农业经济学的教学和研究奠定基础，后来又曾多次修订补充，成为农业经济学的权威著作。在南京农业大学任教40余年间，他先后开设过10多门课程，其中包括统计学、会计学、社会主义农业经济学、国民经济计划学、农业企业经营管理学等本科课程，以及农业经济研究法、农业经济专题、发展经济学等研究生课程，几乎囊括了农业经济管理专业的主干。在课程设置和教材编写方面，他主编了《社会主义农业经济学》《中国农村经济管理概论》《发展经济学》等全国农业经济专业统编重点教材。

随着经济体制改革的深入，我国原来的计划经济模式开始向市场经济转变，企业则面临从生产型企业向生产经营型企业的转变，亟须转变经营管理观念和经营方式。一大批学者在对西方管理思想积极引进的基础上进行本土化改造，使得创建和发展具有中国特色的管理理论取得了优异成绩。周三多就是这批学者中的一个典型代表。他独著或合著了《管理学——理论与方法》《战略管理思想史》《战略管理新思维》等著作，在管理学理论与方法、当代战略管理思想、中小企业管理、孙子兵法与企业经营等方面做了深入研究，形成具有鲜明个人风格的学术思想，提出了许多有重大影响和创新的学术观点。其中《管理学——理论与方法》印数高达数百万册，被全国300多所高校广为采用。与此同时，他曾任南京大学国际商学院首任院长、全国MBA教育指导委员会第一届委员、全国MBA入学考试研究中心主任等职，积极推广管理理论。在他的推动下，南京大学与哥伦比亚大学MBA合办项目，开启了我国管理学中外合作办学的先河；他推动开办"南京大学新加坡MBA班"，开创了中国大学到境外办班的先例。

随着社会主义市场经济的发展，市场营销越来越受到关注和重视。20世纪70年代末，在上海财经大学任教的梅汝和创立了全国第一个市场营销学的硕士点，开始将市场营销学引入中国的高等教育领域，成为中国最早的市场营销学学者之一。1980年，他发表了全国最早一篇有关市场营销的专论《现代资本主义市场和销售学术的发展》，在学术界引起很大反响，被世人称作"中国市场营销学创始人"。20世纪80年代，菲利普·利特勒所倡导的需求决定策略给营销界带来了一场革命。他最早组织翻译了菲利普·利特勒的《营销管理》，使这本教材成为中国高校开设市场营销学的经典教材；此后他一再翻译了七个版本的《营销管理》。与此同时，他还主编了《营销管理专论选》《西方营销管理案例》《市场调查与预测》《国际营销管理学》等教材，填补了我国市场学教材的空白；与他人合著《市场调查和预测的应用》，是中国市场调研界较早的一部专著；他在国际营销学方面的第一本专著《国际市场营销学》问世，被学术界有关人士评价为"第一部既介绍国际市场学的最新成就，又结合我国当前实际需要"的专著。梅汝和立足这一学科，创立出市场营销学的品牌，也让其所在的上海财经大学成了中国市场学最早的扛旗者。①

此外，薛葆鼎为基本建设经济学、顾纪瑞为消费经济学、陈禹为信息经济学、芮明杰为产业经济学等细分学科的创立和发展也都做出了贡献。

---

① 谈菁：《梅汝和——中国市场营销学创始人》，许卫国主编：《无锡走出的经济学家》，第302—310页。

第四章

推动时代思想的发展

梳理无锡籍经济学家的思想图景和演进轨道，主要有五个方面明显而清晰的脉络。（一）他们从凿壁偷光、探路前驱，到真诚传道、开拓学科，再到系统集成、构建体系，在中国经济思想史上做出了无愧于世人的历史性贡献。（二）他们在积极参与社会实践和重大论题争辩中开展学术活动，使得其学术成果体现出鲜明的时代特色和独特的学术品格。（三）他们秉承开放包容的原则，既借鉴吸纳西方经济学理论，又紧跟时代步伐推进马克思主义中国化，密切联系中国实际，创造性地探索中国特色经济社会发展道路。（四）他们从多元命题出发，把经验考察与理性思辨有机结合，自觉不自觉地探求现代认知模式，求真务实，为学术创新奠定坚实基础。（五）他们自觉摆脱对政治权势和商业利益屈从的急功近利心态，突破死啃书本、空疏玄虚的迂腐僵死学风，在学术活动中所表现出来的文化自信、文化自觉，为中华民族留下一份宝贵的精神财富，可望转化为推动经济社会高质量发展的精神动力。

第一节　西方新古典经济学、民生主义经济学和马克思主义经济学

　　中华人民共和国成立前的中国经济学界主要有三大派别，即西方经济学中的新古典经济学、马克思主义经济学和民生主义经济学。在这三大派别的经济学界，都活跃着无锡籍经济学家的身影。

　　甲午战争后，随着"西学东渐"，西方的不同经济学说已经影响到了中国留学生。留日的贾士毅就曾经深刻分析过他所接触到的资本主义、社会主义、社会政策主义等。他认为："资本主义之特征，在技术方面是大规模生产，在社会方面是个人主义哲学，在经济方面是求利的动机。自有资本主义以来，生产力之发展实可惊人，自不得不承认其功绩之绝伟。顾分配方面则财产集中，其结果使社会之财富为少数人所垄断，而被掠夺之阶级则日增其痛苦，劳资纠纷随之而起。弊害所至，胡可胜言？""社会主义者，欲废止所有权及契约自由，而为空前改革，以期共产之实现。此派以马克思为首倡，其主张可析分为四：一阶级斗争，二直接行动，三无产阶级专政，四国际运动。充其志愿，不惜将近世文明国家所惨淡经营之经济组织，一举而掊之。""反对自由竞争与共产社会之主义，而在国家一定范围以内厉行社会政策者，集产社会主义是也。其目的在限制所有权，以缓和财富之集中，限制契约自由以保障贫民之生活，属于前者为财政社会政策，属于后者为普通社会政策，学者如德国瓦格涅、日本小川乡

太郎皆此派之中坚。"[1]

新古典经济学是19世纪70年代在欧洲兴起的经济学流派，其在主张自由放任政策的同时，明确地把资源配置作为经济学研究的中心，论述了价格如何使社会资源配置达到最优化，从而在理论上证明了市场机制的完善性。这一学派的兴起，是对微观经济学的重大发展。唐庆增是20世纪30年代中国经济学界经济自由主义的代表人物之一。同时代的夏炎德评价："唐氏之思想趋向英国古典派，于亚当·斯密尤所心折，对马克思则抨击不遗余力，言论文章多主合理之个人主义，颂扬自由精神，认为政府于经济之职务仅限于若干有限的方面，即于统制经济高唱入云之际，彼仍持自由经济如故。"[2]

20世纪30年代，资本主义世界出现经济大危机，自由资本主义原理和制度受到了普遍的质疑，统制经济思潮开始兴起。在这种背景下，唐庆增是少有的坚持为新古典经济学与资本主义制度辩护的经济学家。1932年9月，唐庆增发表《经济学与现代文明》。他在文中列举了亚当·斯密的分工论与无形之手理论、李嘉图的自由贸易理论、巴斯夏的经济和谐理论、克拉克的边际生产力分配理论等，说明这些经济理论对社会发展的贡献。他认为："现今在私产制度之下，社会容纳个人于财产有管理及使用之权限，即死亡后，如何处置，他人亦无由干涉之，至企业自由，谓社会容纳个人择取任何方法以获财富，法律上于此两种自由权虽亦加以限制（如劫掠夺取在所严禁，又国家租税亦为限制之一种），然其范围究甚狭小。此两种特权，寓意至深，前者所以鼓励私人企业之创立，后者使志在获得财富之企业家，不能不出于竞争之一途耳。"[3]现代文明的最重要特征是人民生活改善，人民生活改善来自物质进步和经济增长，而经济增长首先来自私有制和企业自由制度的确立。唐庆增又指出，自由价格制度是调节生

---

① 贾士毅：《中国近代财政思潮之变迁》，奚楚明编：《中国最近经济问题》，上海：民生书局，1930年，第143—144页。

② 夏炎德：《中国近百年经济思想》，上海：商务印书馆，1948年，第178—179页。

③ 唐庆增：《经济学与现代文明》，《经济学季刊》1932年第3卷第3期。

产的指南针。他说："现今个人之契约权，亦系自由的，国家于此点虽亦保留其干涉权，然于双方所经营生产事业之种类，何人为生产者，以及生产品如何分配等，概不顾问，物价高下、工资大小、地租数目、利息率，一任自然经济势力之决定，不代为规定也。生产界之指南针，厥为自然价值，能示生产者以使用资本、劳工及土地之途径与方向，盖价值为供求间关系所决定，价值之涨高，或因需要之增加，或由供给之减少，价值增加使生产者能获得较佳之报酬，间接的即渐使此物供给，得以增加；价值之跌落，证明供给之增加或需要之减少，价值跌落，能使生产者应用其生产力量于其他物品，间接的足以限制此物之供给。故在自由企业制度之下，价值乃为生产者之南针，此外更无其他之标志矣。"①这是唐庆增为新古典经济学与资本主义制度进行辩护的一篇力作。他的以上观点，意在说明资本主义并不是因为政府干涉少的"无政府"带来了生产过剩和经济危机，恰恰是因为自由价格制度和现代工业制度具有自动调节功能而促进了社会进步。

在全球性的经济大危机中，作为世界上唯一的社会主义国家苏联却保持了经济蓬勃发展的势头，国民生产总值高居世界第二位，其统制经济的做法也为很多国家和学者所欣赏。正在寻求民族独立、国家富强的中国不能不受苏联影响，国内出现了苏联计划经济的研究热潮。唐庆增却对统制经济论进行了坚决的批判，坚定地认为自由经济论更适合当时中国的经济。在1933年《申报月刊》组织的中国现代化讨论中，共有26篇长短文章，唐庆增是唯一为资本主义制度辩护者。②在这次讨论中，唐庆增发表《中国生产之现代化应采个人主义》一文。文中指出"中外不同之点甚多，苟自经济方面言之，则我国为农业国，而欧美为工业国"③，正因为

---

① 唐庆增：《经济学与现代文明》，《经济学季刊》1932年第3卷第3期。

② 孙大权：《中国经济学社研究（1923—1953）》，博士学位论文，四川大学，2005年，第194页。

③ 唐庆增：《中国生产之现代化应采个人主义》，《申报月刊》1933年第2卷第7号。

特点不同，所以不可以盲目学习他国。他认为，"世间一切学说及制度，本无绝对的是非，适于甲国者，未必合于乙国，当以能否适用为断，不能一概而记也"。这种论调就是典型的历史学派主张。中国今日应该坚持采用何种经济制度，要考虑到中国的实际情况。在《中国生产之现代化应采个人主义》一文中，他认为："社会主义，只适用于贫富不均之国家，而我国乃为生产落后之国家也。社会主义重分配，而我国当前之问题乃属生产，经济进化有一定之程序，在一贫困之国家，第一步当设法增加其富力，财富既定，分配渐形不均，乃由国家设法调剂之，此时方适用社会主义。"①"财富之增加，非实行个人主义，殆无由达其目的也。欲使财富之增加，不外采用新生产方法，组织新企业，生产发达后，人民自然能达到温饱之地步。以论生产三大要素，我国现今所缺乏者，厥为资本而非人工及土地，故增加资本，为今后之要图。获得为人类本性，现代化之障碍，既已除去，人民必乐于经营企业，获利愈多，则人民皆自动的投资，不患资本之无着"。②他直言："现时施行经济政策，不可好高骛远，专以摹仿苏俄为事也。论者或谓中国现代化，确应注重生产，但促进生产事业之发达，亦由社会主义方式行之。如苏俄者，固以社会主义国家自许，年来生产发达，富力日见增见，非明证耶。"③总之，唐庆增坚持自由主义经济，批判统制经济论。他的结论为："欲使中国现代化，以采用私人资本主义为宜。"④

20世纪30年代，李斯特的贸易保护主义理论风行于我国经济思想界。1936年6月，唐庆增发表《从历史上以观察我国今后应采之经济政策》，对贸易保护主义理论也进行了批评，极力主张中国参与国际贸易，融入世界经济。他说："我国历代之经济政策，向主放任，而不重干涉，营利之事，任人民自办；盖深以与民争利为戒，虽似保守而扰民之政得以稍减。"唐庆增认为，现时我国应该采取的经济政策，应该参考以前的放任主义，并相应提

①②③④　唐庆增：《中国生产之现代化应采个人主义》，《申报月刊》1933年第 2 卷第 7 号。

出了采用自由经济主义的几点原则："（1）生产事业，以私人经营为原则，私人不愿承办，或无力经营者（如重工业），应由国家举办。（2）国家对于私人所办之企业，应予以各项扶助，或则直接予以经济上之补助，或则予以各种之便利，如租税之豁免即其例也。（3）国家为使人民经济活动有良好之效果起见，一切特权当有保障（如注册商标、著作等特权），以鼓励人民之进取；此外更当保护社会之公众福利，如关于劳工契约之立法、食品之检查，皆其例证。（4）保护人民，维持安宁；个人之自由，私人之产业及契约权，具为经济生活中之基本要素，当受法律之保护；私人创立企业之自由，亦须提倡，俾资本得以积聚，而生产得以发展。"[1]

全面抗战爆发后，民生主义经济思想在大后方兴起，倡导者和代表人物正是祝世康。"从事阐扬民生主义者，颇不乏人，中以祝世康先生工作最力。彼为民生主义经济学社之组织者，发行杂志，出版丛书，对于民生主义似有系统之研究计划。"[2]秦柳方说："当时，在抗战的大后方，马克思主义经济学说流行相当广泛，而他提出的民生主义经济学，则是主要以英美的经济学说，吸收社会主义计划经济理论，以及中国的传统哲学思想来阐述孙中山的民生主义思想，并进而提出民生主义经济学体系，这在当时的环境下是一种有益的探索和尝试。"[3]

祝世康民生主义经济学，明显起源于孙中山的经济思想。孙中山明确地把自己的经济理论冠之以"民生主义"，并认为它是"一种科学"，表明他是在有意识地创立自己的经济理论体系。祝世康对孙中山极为推崇，曾说："综观中山先生的经济思想，不特比亚丹·斯密分析得彻底，而且较马克思亦更高一筹。"[4]祝世康在他的大多数著作和文章中都曾多

---

① 唐庆增：《从历史上以观察我国今后应采之经济政策》，《经济学季刊》1936 年第 7 卷第 1 期。

② 夏炎德：《中国近百年经济思想》，上海：商务印书馆，1948 年，第 193 页。

③ 秦柳方：《站在爱国民主运动的前列——纪念祝世康逝世十周年》，《无锡文史资料》第 28 辑，1993 年，第 184 页。

④ 祝世康：《民生主义经济思想的体系》，《财政评论》1945 年第 13 卷第 4 期。

次引用孙中山的经济意见，以此来论述他自己的观点。他认为："中山先生对于经济学的概念观察，不特研究的范围甚广，而且并不是拘泥于某一种思想，所以手订的民生主义是富有科学性，而且是专为适应中国的环境的。"①1943年，祝世康在重庆成立了"民生主义经济学社"，出版丛书的第一种是祝世康的《民生主义与世界改造》。在为该书做宣传时打出的广告语中写道："此书系著者根据国父遗教，探讨国际永久和平之原理，用科学方面与哲学观点，将民生主义之经济原理，阐扬无余。"②与此同时，苏联模式的成功也给他以极大的吸引力。综合当时中国的国情，祝世康认为中国是处于国际资本主义支配下的次殖民地，如果采用自由竞争的方式发展中国经济是绝对行不通的，所以主张采用计划经济的模式。苏联过去的国情和中国很相似，都是农民占大多数的国家，都曾被资本主义国家看作是剩余产品的倾销地，经济都曾一度落后。然而苏联自实行计划经济后，国民经济迅速发展，在很大程度上超过了一般的资本主义国家，成为屹立于东方的大国。因此，祝世康以为苏联是中国效法的对象，"在抗战建国时期，我们对于苏联成功的要素，不得不加以密切的注意"③，如果中国能"一方面用苏联艰苦奋斗的精神，以实现总理遗教，一方面肃清服膺资本主义的投机分子，以并处障碍"④。

在祝世康看来，"民生主义经济学的目的是养民。其意义亦是养民，所谓养民有两方面的意义，一方面不止于生活与生存的保持，并且在其发展；他方面不止于物质生活与生存的养，并且在于整个文化生活与生存的养"。"根据以上所述，民生主义经济学有两个特点，第一是以整个国家民族的人民生计为对象；第二是以调和为发展人民生计的法则。就第一点言，它是中国的全体主义的表现，以社会为个人的前提之思想的表现；就第二点言，它是中国的理物并重主义的表现，以物欲应受理智指导的表

① 祝世康：《从经济原理解释民生主义》，《时事类编》1939年第40—41期（合刊）。
② 《经济论衡》1943年第1卷第2期。
③④ 祝世康：《苏联经济建设给我们的教训》，《时事类编》1939年第32期。

现"。他还认为，民生主义经济学"是以社会全体公共利益为出发点。故既不主张商业的自由竞争，以攫取私人利润。但亦不主张阶级斗争，致妨碍生产力的发展"①。

相较于唐庆增对西方新古典经济学偏重理论介绍，祝世康的民生主义经济学说更有实用意义。结合社会发展的具体情况，祝世康对社会经济的发展提出了许多重要、具体的建议。在经济制度上，祝世康主张生产与分配并重，两者配合进行，调和大多数利益，以达到人尽其才、地尽其利、货畅其流、物尽其用的理想状态。在社会生产方面，祝世康主要强调：一是明确国营范围，使人民能安心投资。他指出，一旦经济发展到相当程度，国营经济和民营经济"势必走入自由竞争的覆辙"②，所以国家经济中的关键事业、国防事业、全国范围内的超区域事业以及独占性事业都应归为国营，以利于政府更好控制经济枢纽。二是确立经济机构以实行计划经济。他认为抗战时期要想求得产业的迅速发展，就不得不借鉴苏联经验发展计划经济，而且得有具有统治力量的经济机构去监督和实施；而这恰恰是被国民政府所忽视的。三是积累国家资本以推进经济建设。他认为发展实业经济，必须以国家资本为主，唯以确定国家资本的方式才能使政府在推动经济建设的过程中免遭自由经济者的反对。四是依据社会需要，使生产消费平衡。关于生产与消费的关系，他力主政府应依据人民的需要，"确定生产的数量，使生产和消费之间，得以归于平衡"③，另外法律应赋予一些经济机构专门调节生产与消费关系的权力，以便能够使用奖励或限制的方法来促进生产和消费的平衡。在社会分配方面，祝世康的主张主要有：一是节制资本，防止资本独占。他主张通过财政拨款和对民营企业的酌量征收来建立一种国家建设基金，作为国家积累资本的主要方式。同时利用税收来限制私人资本的发展。不难看出，祝世康的根本着眼点还是在于限制私有财产，将资本大量归于政府之手。二是平均地权，安定农民

①③　祝世康：《民生主义经济学体系的研究》，《经济论衡》1944年第2卷第3期。

②　祝世康：《民生主义的经济制度问题》，《时事类编》1941年第60期。

生计。他认为孙中山的平均地权政策适合都市。对于乡地，则应测绘登记无主土地，收归国有，并仿照苏联，在无主土地较广的地方发展国营农场，同时实行集体合作制，将分散农田逐渐归为公有。如此"一方面促进农田的生产量，另一方面使耕者有其田"①。祝世康的这一土地政策，集生产与分配于一身，真正体现了民生主义生产与分配并重的宗旨。三是保障劳动生活，改善劳资关系。他认为要发展国家经济，终需劳资双方的合作，就国营企业而言，应实行一种新的工资制度，事先进行工资基本预算，同时实行社会保险制度，为劳工提供社会医疗、救助、养老保险等。至于民营企业，"只可暂时施行比较缓和的办法，以补救工资制度的缺点"②，如盈余分配法、劳动入股法、最低工资法等。此外还可以建立沟通劳资双方意见的机构，如工厂议会、劳资仲裁委员会等。

在财政政策上，祝世康重点提出：一是要制定合理的预算。预算是国家政治、经济计划实施的指针，它主要是对国家财政收入的来源和数量以及各项财政支出的用途与数量进行规划。祝世康认为，财政预算在"岁收方面应逐年将国营事业收入的重要性提高，而将租税和公债的成分降低。岁出方面应逐年将建设投资的数量增加，经常费用的支出削减"③。在此方面，他比较推崇苏联的做法。与之相比，中国以往的预算主要是分利的支出占多数，而生利的建设费则很少。二是要改革租税制度。租税是国家财政的主要来源。租税主要分直接税和间接税两种。直接税由纳税人自己承担，主要包括地价税、所得税、遗产税；间接税则是纳税人将负担转移到他人身上，主要包括关税、盐税、统税。全面抗战前，国民政府的税收大部分来自间接税。鉴于贫苦人的负担较富人越来越重，祝世康主张废除部分间接税，但关税要保留，因为关税是"应付帝国主义国家倾销剩余商品的主要工具"；对于盐税，则应"减轻或豁免，而改征奢侈品的消费

---

① 祝世康：《民生主义经济制度与政策的探讨》，《经济建设季刊》1943年第2卷第1期。
② 祝世康：《民生主义的分配问题》，《时事类编》1940年第47期。
③ 祝世康：《什么是民生主义的财政政策》，《时事类编》1940年第56期。

品，如烟、酒、香料等物"，如此一来将会减轻一些无辜大众的负担而由
真正消费这些产品的人去承担这项租税；至于统税，"另外改遗产税"。
总之，祝世康财政政策的要旨有两点：一是增加财政收入，二是节制资
本。在国家、民族生死存亡之际，他认为只有这样才能更好地支持抗战，
这也充分体现了其强烈的爱国之情。

在金融政策上，祝世康主要强调两大方面，一是钱币，一是银行。
在钱币方面，他主张钱币革命，认为商品的流通是由货币表示的价格决定
的，为求物价稳定，须依靠社会的需求来"调剂商品交易数量所需的货币
数量"。他还强调由国家统一发行纸币以取代金银，认为纸币的调节具有
伸缩性。在银行方面，他认为中央银行应履行其"银行之银行"的职责，
发挥其控制整个金融经济的功效。祝世康在1937年以后一直担任"中央储
蓄会"的副经理、经理，并兼任中央信托局储蓄处的经理。他认为，对于
储蓄，"各银行的储蓄部，应当联合归并，另设中央储蓄银行，专任吸收
游资的工作"[1]。

纵观民国时期的经济学派，最为兴盛的当数马克思主义经济学派。马
克思主义经济学是马克思、恩格斯所创立的辩证唯物主义和历史唯物主义
在物质资料生产上运用的产物，是关于人类社会各个发展阶段上支配物质
资料生产、分配、交换、消费的规律的理论体系。马克思主义经济学作为
一种理论体系，包括构成理论体系所必需的各个要素，即有明确的研究对
象，适用的研究方法，揭示事物各个方面属性的范畴，范畴之间存在内在
联系，并使各个学说有机地组成理论体系整体。马克思主义经济学是与资
产阶级经济学以及其他阶级的经济学相对的无产阶级的经济学理论体系，
是无产阶级作为阶级意识的理论表现，是近代以来无产阶级运动、革命实
践的产物，并在马克思、恩格斯逝世以后，随着国际工人运动的发展和社
会主义革命和实践的发展而不断发展着。从19世纪90年代末开始，马克思
主义经济学说逐步在中国开始传播。1917年俄国十月革命后，中国进入了

---

[1]　转引自苑梦珍：《祝世康的民生主义经济思想》，《神州》2014年第14期。

马克思主义经济学传播的新阶段。毛泽东说过："十月革命一声炮响，给我们送来了马克思列宁主义。十月革命帮助了全世界的也帮助了中国的先进分子，用无产阶级的宇宙观作为观察国家命运的工具，重新考虑自己的问题。"[①]

陈翰笙、王寅生、薛暮桥等组织的以中国农村经济研究会为主要阵地的"中国农村派"，在马克思主义经济学派中成就最为耀眼。他们通过组织中国农村经济调查、参与中国社会性质问题论战、翻译《资本论》《家庭、私有财产和国家的起源》等马恩经典理论著作，扩大了马克思主义在中国的传播，推动了学术理论界对马克思主义的研究。

在推进中国马克思主义经济学说的发展方面，"中国农村派"最重要的工作是农村调查。他们对中国农村社会进行了深入的调查，得出了大量的第一手的较科学的调查资料，指出近代中国经济问题的障碍是帝国主义入侵、政府软弱无能、农村破产衰落三个方面。在农业经济上，存在着土地问题、赋税繁重和资本不足的社会关系问题，其中土地分配的问题是中国农村社会问题的核心；在工业发展上，存在着资金、原料、价格和市场四方面问题。针对存在的问题，他们提出了解决中国工农业问题的初步方案。（1）政治上，建立民族独立的民主国家，进行社会关系的整体变革；（2）经济上，实行工农并重的宏观战略；（3）实践途径上，采取合作经济的形式；（4）发展方向上，实现农业国的乡村工业化。

就其学术特点而言，他们的学术以解决民生与革命建国为宗旨，学术研究具有鲜明的为解决现实政治服务的特征。陈翰笙认为，"研究中国农业经济的问题是和社会学理、民生政策、革命策略都有很重要的关系的"[②]。同时他们在学术上以马克思主义为指导，以生产关系为研究中心。对中国农民阶层进行分类，进行农村社会调查。根据马克思主义的观点，"一切社会关系的总和，造成社会的基础结构，这是真正社会学研究

---

① 毛泽东：《论人民民主专政》，《毛泽东选集》（第四卷），第 1471 页。

② 陈翰笙：《研究中国农业经济的重要》，《北大日刊》1929 年第 2218 期。

的出发点，而在中国，大部分的生产关系是属于农村的"。陈翰笙指出，当时农村的"大多数社会调查侧重于生产力而忽视了生产关系"，而农村问题的"根本原因的解答只能从农村生产关系中找寻"。[①]"中国农农村派"否定改良主义的道路，主张彻底的社会变革。对同时代学者如梁漱溟提出的"乡村建设理论"，美国经济学家卜凯提出节制人口、改善农业经营方式、采取良种和化肥等改良措施，英国经济史家理查德·亨利·托尼的建设交通设施、"和平土改"和建立工业基地的方案，陈翰笙认为这些解决方案都没有从根本上解决社会生产关系的问题，即农业上的土地占有的矛盾和工业上的剥削与被剥削的矛盾，没有站在大多数普通人民利益的立场，只是一种传统文化的自救或者是资本主义方式的改良方案。只有实现生产关系的变革后，这些改良的方案，才可以最大限度地发挥价值和作用。

与此同时，他们还积极在调查实践中不断推进理论创新。

第一，他们创造性地提出了五类农户分类法。陈翰笙以彻底改造农村生产关系为出发点，用马克思主义阶级分析方法对农村调查的结果进行分析并将农户分为五类：地主、富农、中农、贫农、雇农。而且他还提出了分类标准：基于富力而同时参照雇佣关系。根据经济地位的不同将农村中的阶级进行分类，有助于发现中国农村的症结所在，并有利于团结争取革命力量。与之不同的是，非马克思主义的社会学家将中国农户分为自耕农、半自耕农、佃农，或分为小农户、较大农家、大农家、更大农家。但是，这种分类方法实际上把各个阶层混为一谈，没有做出明确区分，不利于揭露农村的阶级矛盾，更不利于揭露农村中存在的真正问题。[②]薛暮桥指出："我们是用马克思主义作指导，用阶级分析方法，着重点放在农村生产关系方面，用以揭露阶级矛盾、阶级剥削，他们很多是用资产阶级的庸俗社会学方法，调查对象放在生产力方面，用以掩盖阶级矛盾，为

① 陈翰笙：《中国的农村研究》，《劳动季刊》1931年第1卷第1期。
② 任霞：《20世纪二三十年代陈翰笙农村调查的重要意义》，《濮阳职业技术学院学报》2012年第5期。

封建剥削关系辩护……这两种不同的分类方式，决定了揭露还是掩盖经济矛盾的根本问题。"①事实证明，"中国农村派"的划分方法是更加科学的，分析经济不同地位的阶级在农村中所发挥的作用，有利于发现中国农村问题的症结所在。不仅如此，这种划分方法还有助于团结一切可以团结的力量进行革命。经济史专家从翰香指出："陈翰笙的过人之处是显而易见的，他依照这个农户分类标准调查整理出来的资料和研究成果，直到今天仍然是我们研究近现代农村生产关系和经济结构必不可少的历史文献。"②

第二，他们以马克思主义政治经济学原理为基础，针对旧中国农村社会实际，提出了一系列新主张。"中国农村派"的农村调查揭示了农民负担沉重的程度。陈翰笙曾写过《中国农民负担的赋税》一文，指出中国农民承担的赋税名目繁多、负担沉重。中国农民除了缴纳田赋、税捐、农产品税、营业税、盐税、鸦片田税等税外，还缴纳着变相的赋税：内外债、强迫贷款、辅币滥铸、纸币滥发等。在各种变相税赋的重压下，中国农民的生活异常困苦。他写道："譬如山东济宁地方，民国十七年春，市面上差不多看不见铜子了。市面上只是纸币流行，有的是县知事公署发行，有的是县商会发行。这些纸币都不易兑现。但纳税须纳现洋，至少须是铜子。因此农民的负担更是不堪。如山东、广东的田赋只许搭缴纸币二三成，田赋岂非无形中已经抬高吗？"③此外，再加上农村高利贷变本加厉的剥削，农民的生活更是苦不堪言。"中国农村派"尖锐地指出，农民负担沉重的原因归结到底就是生产资料的占有悬殊。他们从实际情况出发，用大量的调查和事实揭示了中国农民所遭受的困苦，并提出了进行土地改

① 钱俊瑞：《中国农村经济研究会成立前后》，《〈中国农村〉论文选》（上册），北京：人民出版社，1983年，第44页。
② 从翰香：《陈翰笙教授和他的中国农村经济问题研究》，《陈翰笙百年华诞集》，北京：中国社会科学出版社，1998年，第68页。
③ 陈翰笙、薛暮桥、冯和法主编：《解放前的中国农村》第2辑，北京：中国展望出版社，1985年，第40页。

革，废除封建土地剥削制度的主张。他们提出：大地主是促成农村崩溃的主要因素。要解决这一问题就得废除封建的土地制度，让无地少地的农民获得相应的生产资料，解放劳动力，推动农业生产。在此基础上，他们更倡导建立农村合作组织。和"以农贷运动之名，行高利贷剥削之实"的国统区合作社不同，陈翰笙曾评价并倡导中共解放区的农村合作社："新的农业合作体制改进了土地，增加了收获，节省了劳动力，解放了许多家庭的成员使之参加到各种形式的副业和工业的工作。因之参加合作社的农民家庭的收入有了显著的增加。"[①]除此之外，"中国农村派"还非常重视工业合作社的作用，认为："中国工业合作协会所推进的工合运动，确是动员我们伟大的人力、利用我们无尽的富源的一个最有效的工具。"[②]

第三，他们还论证和表达了新民主主义革命理论中的一些重要结论。"中国农村派"运用马克思主义的研究方法，对中国农村社会进行了深入的调查，从学术上论证了中国"半殖民地半封建"的社会性质，为土地革命理论做出了重大贡献。[③]一是论证了中国半殖民地半封建社会的性质。在中国社会性质问题的论战中，"中国农村派"指出，旧中国是一个半殖民地社会。帝国主义势力同中国封建势力相互勾结，外国资本的输入压制了中国民族资本的发展，迫使中国逐渐沦为殖民地和半殖民地。旧中国又是一个半封建社会，占人口极少数的地主占有绝大多数的土地，而占人口绝大多数的农民却几乎没有立锥之地。封建地主利用占有的生产资料对农民进行剥削。地主士绅同时还是农村的统治阶级，对农村进行着实际的控制。中国在一步步地沦为半殖民地半封建社会。二是提出了土地革命的主张。"中国农村派"通过一系列的农村调查揭露了农村土地集中在占农村人口极少数的地主手中的事实，揭露了中国农民的沉重负担和所受的种种

---

① 陈翰笙：《合工：中国合作社史话》（1947），《陈翰笙文集》，上海：复旦大学出版社，1985 年，第 209 页。

② 陈翰笙：《合作运动与农村机构》，《工合通讯》1940 年第 6 期。

③ 雷颐：《"中国农村派"对中国革命的理论贡献》，《近代史研究》1996 年第 2 期。

剥削，剖析了农业生产衰落的原因——封建土地私有制的存在，并在多次理论活动的基础上提出了进行土地革命的主张。三是提出了占领农村的建议。"中国农村派"用敏锐的视角触觉到城市是国民党统治力量雄厚的地区，并向共产党提出了占领国民党统治力量较薄弱的农村的主张。薛暮桥指出："当时国民党在乡村中的统治，一般来说是薄弱的、动摇的（因为农村破产完全无法挽救），甚至地主乡绅都不相信国民党能长久统治下去。在改良主义团体中，除一部分（例如江西）合作社外，国民党的势力也很薄弱，在这里，是有很多空隙让我们自由活动的。"[1]不仅如此，"中国农村派"还认识到了中国革命的基本力量。陈翰笙指出："在我们半封建半殖民地的社会里，地权集中了，耕地分散了，佃农和自耕农经济地位没有多大分别。……北方自耕农和南方的佃农，在经济上既是同处低落的地位，他们对革命的要求是没有分别的。……全国农民迫切地要脱离半殖民地半封建的痛苦。"[2]

总的来说，"中国农村派"从中国问题和民族危机出发，纵览全局，不仅代表了广大人民群众的意愿，还揭示了中国社会发展的正确方向。这对处于历史之变和世界之变的中国显得尤其重要。因为，对于中国社会性质的研究与中国发展道路的选择，这两个问题是"一体两面"的关系，搞清楚中国社会性质的目的是搞清楚中国革命的原因、动力和任务，直接指导中国的民主革命实践。"中国农村派"正是通过倡导制度变革来推动社会整体发展。他们始终坚持以马克思主义为指导，并大量引述马克思、列宁和普列汉诺夫等人的观点，为传播马克思主义学说做出了重要贡献。同时，他们还对资产阶级学者的庸俗经济学、社会学理论开展批判，成为中国共产党农村改造思想的代言人。对于20世纪上半期的中国社会而言，这是解决社会问题和挽救民族危机的一种适宜选择。

---

[1] 陈翰笙、薛暮桥、冯和法主编：《解放前的中国农村》第 2 辑，第 11 页。

[2] 陈翰笙：《三十年来的中国农村》，《中国农村》1941 年第 7 卷第 3 期。

第二节　学说借鉴、文化传承与 理论创新

　　中国古代没有专门系统的经济学，作为学科意义上的经济学就是在近代由西方传入中国，并结合我国国情而逐步形成并发展起来的。在辛亥革命之后，实业救国、科学救国、教育救国等思潮逐渐传播开来，中国出现了前所未有的学习、传播西方先进科学文化的热潮，经济学也随之在中国得以扩散开来。直到20世纪初，清政府实施商科和理财学教育以后，大量的留学西方的学者归国后，西方经济学在中国广泛传播，中国由此建立了自己的经济学体制。

　　如何在传播西方经济理论的过程中构筑符合中国国情的经济学说？如何走出一条符合中国国情的富民强国之路？我国的经济学家把目光投向了西方前沿理论，期望从中寻得发展中国经济理论及实践的基础。从无锡走出来的经济学家，积极翻译引介西方主流经济学流派观点，介绍国外经济发展道路和政策，以期寻求救国之道。

　　较早地比较全面地介绍西方经济思想的学者，唐庆增是一个代表。一方面，唐庆增论述了西方学界关于经济学的基本概念，指出经济学即"考察财富与人类之关系，研究人类生存竞争之情形"[1]。他通过《国家经济之缘起》进一步论述了西方经济发展的历史背景。另一方面，唐庆增对西方经济思想的诸多流派进行了系统介绍。在《西洋五大经济学家》一

---

[1]　唐庆增：《经济学之基本观念》，《经济学季刊》1933 年第 4 卷第 1 期。

文中，唐庆增较为详细地阐释了经济思想的性质和重要性，并把西方当时各大经济学流派归类为以亚当·斯密为代表的英国古典经济学（唐庆增称为经典学派）、以古斯塔夫·冯·施穆勒为代表的德国新历史学派（唐庆增称为历史学派）、以马克思为代表的"社会主义学派"（唐庆增语）、以庞巴维克为代表的奥地利学派（唐庆增称为奥地利学派或奥国学派）、以威廉姆·斯坦利·杰文斯为代表的数理经济学派（唐庆增称为算术学派）。为了进一步引介他们的思想主张，唐庆增还撰写了《经济学中之经典学派》《经济学中之历史学派》《经济学中之算术学派》《亚丹斯密与李嘉图之价值学说》《马休尔对于经济学之贡献》《奥国经济学家逢维塞之学说》等论文进行专门论述。他认为，"其中以英国之经典学派及德国之历史学派最盛"，"余如算术奥国社会主义学派，其价值及势力固远不能与上述之二派抗衡也"。[1]在此之外，唐庆增还先后发表了《希腊经济思想之特点》《美国经济思想溯源》《欧洲经济思想史之研究》《重农学派》《拔休脱与吐能》《近三十年来欧美经济思想》等一系列文章，介绍了西方历史上诸多的经济学者及其思想，也剖析了西方经济学的最新动态。许多经济学理论概念，是唐庆增首先介绍到国内的，如"自由贸易"与"保护主义"、"主观价值"与"客观价值"、"直接税"与"间接税"等。[2]唐庆增治学严谨，他一贯认为"有志于此道者，须择该派名著原文一一读之，加以思索揣摩"[3]。他在《研究西洋经济思想史之方法》《西洋经济名著之读法及其版本之选择》等论文中阐明了西方经济学的研究方法，以期帮助提高国人的学习能力，避免断章取义。

20世纪30年代初爆发的全球经济危机，促使中国经济学家开始反思自由放任资本主义体制的弊端，但仍有不少学者对当时盛行的国家干预政策充满疑虑。1934年，祝世康发表《德国之经济稳定问题》，认为"是以经

① 唐庆增：《经济学中之历史学派》，《唐庆增经济论文集》，第128—135页。
② 顾洪兴：《唐庆增——研究中国经济思想史先驱》，许卫国主编：《无锡走出的经济学家》，第190页。
③ 唐庆增：《经济学中之经典学派》，《经济丛刊》1935年第5期。

济愈不稳定，工商业团体之活动愈显著"，工商业者和工人个人的能力随之削弱，这种环境下德国政府的转变"将个人之利益，牺牲于整个之制度"。他认为，虽然"政府支配生产与消费之方法后，渐为全面所折服"，但"德国所组织之势力，尚以全国为范围"，在国际市场日趋密切的环境中，"此德国经济不稳之所以发生欤？"①同年，祝世康还撰写了《美国复兴运动的经过和展望》，文章虽介绍了罗斯福新政的举措，但对其成效还抱有很大的疑虑，对其"减少工作时间能否增加工作人数""通货膨胀能否提高物价""金元跌价能否推广美货的销路"充满怀疑，称"前途困难正多，不容遽予乐观"。他认为美国经济"不得不步上干涉统制的阶段"，"但恐美国一百五十年来的经济制度的转变，绝非半年来的罗氏所能解答"。②

在全球性经济危机中，苏联的计划经济大放异彩，吸引了诸多学者的关注，唐庆增之弟唐庆永虽然以研究货币和金融为主，但对各种社会主义思想涉猎颇多。他曾发表《柏拉图与穆亚之理想国》，介绍了托马斯·莫尔的《乌托邦》，阐述了其中的空想社会主义经济思想。③他对于社会主义和统制经济持肯定态度。他认为："大凡心平气和头脑较清之人，必感觉社会主义者批评资本主义亦自有其相当确实之处。社会主义者大声疾呼，使吾人确悉现社会之万恶，其功不可没。""吾人不能言因此等罪恶存在之故，故资本主义之全体均不完善也。"④"统计（统制、计划）经济本为好的，只求能用之得当，则大有裨益于国民生计也。"⑤对于当时存在的形形色色的社会主义思潮，唐庆永虽认为其"大都尊崇马克思"，

---

① 祝世康：《德国之经济稳定问题》，《建国月刊》1934年第11卷第1期。
② 祝世康：《美国复兴运动的经过和展望》，《中央银行月报》1934年第3卷第2号。
③ 唐庆永：《柏拉图与穆亚之理想国》，《光华大学半月刊》1934年第2卷第6期。
④ 唐庆永：《社会主义之真面目》，《之江经济》1934年创刊号。
⑤ 唐庆永：《近几年来中国经济界思想与事实之演化》，《之江经济》1934年创刊号。

但还是细致区分了共产主义、基督教社会主义、费边社会主义、民主的国家社会主义、工团主义、基尔特社会主义等派别，并阐明了其不同的政治经济主张。然而，唐庆永对社会主义的理解仍较为粗浅，他认为"社会主义者目的，在用整个的计划，改善近代之经济生活"。因此，他在论著中表示"社会主义者批评资本主义，足使吾人信服之处固不少，惟其所以然则未曾加以详细分析"，甚至更武断地认定，"马克思氏之分析，其基本观念，在预测资本主义之崩溃，已告失败，而'集中定律'亦未能完全得以证实"。①

当徐毓枬1941年从英国学成归来之时，正值全面抗战时期，政治时局动荡不安，通货膨胀严重，经济停滞不前，严重的经济危机激发了学者们对充分就业问题的讨论；又由于凯恩斯经济学在中国的不断传播，越来越多的学者开始用凯恩斯理论来分析中国现实问题。当时，有部分学者发文提出了"目前中国已达充分就业"的观点。对此，徐毓枬并不认同。他在《目前中国是否已达到充分就业》一文中用存在于中国的大量实例来论证当时国内未达充分就业，从事实逻辑与国内现象来反驳上述观点。在争论过程中，他对部分学者盲目运用凯恩斯理论的现象进行了批评。在徐毓枬看来，对于理论"应当尊重理论，但也应当知道理论之限度，不盲目地迷信崇拜。经济理论而和观察的事实或和常识不符，大概是理论错了，或理论所假定的前提在实际情形中不满足"②。凯恩斯提出"可以采取通货膨胀而达到充分就业"的理论，但徐毓枬认为这一理论只是适用于特定的背景条件。徐毓枬说："现在的确有一种理论认为膨胀通货可以达到充分就业，但这必须有许多前提。"③徐毓枬正确地看到了中国的特殊之处，即工业化程度不足以及城乡二元结构，这与凯恩斯理论建立所依据的状况明显不一样，因此"通货膨胀能促进就业"的前提在当时的中国并不成立。那么，如何增加就业量？徐毓枬认为并不能直接从凯恩斯理论中找到解决

① 唐庆永：《社会主义之真面目》，《之江经济》1934年创刊号。
②③ 徐毓枬：《目前中国是否已达到充分就业》，《经济评论》1947年第1卷第22期。

办法，而是要从中国特殊的时代背景与制度环境出发寻求出路。他又撰写《再论目前中国是否达到充分就业——兼论增加生产之道》一文，提出增加就业量关键在于提高工人之生产效率，并设法使有工会组织的工人接受较低的真实工资。[①]

　　相比之下，当时的马克思主义经济学者们对苏联模式十分看好。1937年，孙冶方在《苏联的经济建设》一书中介绍了苏联社会经济结构的特征，分析了苏联经济建设的历史、现状和未来展望。他热情洋溢地写到，斯达汉诺夫运动"使得苏联的劳动生产率底发展相对地和绝对地都胜过了资本主义各国，使得苏联的新的社会秩序能够建立在一个新的、更高级的——资本主义国家所望尘莫及的——经济技术基础上"，"没有人与人的剥削的、真正自由平等的、富足和快乐的社会……在苏联，实实在在地建立起来了"[②]。在苏联巨大的经济成就之下，1939年，祝世康也承认"我们对于苏联成功的要素，不得不加以密切的注意"。他认为，苏联成功的要素有二："第一便是苏联国民服从主义的精神，特别坚强"，"第二便是苏联施行的计划经济，是实行主义的方法"，并指出中国"此后经济建设的途径，唯有用计划经济的方法，达到民生主义的目标"。[③]

　　在引介西方经济发展经验的过程中，胡焕庸比较中立。他深得法国学派的理论精髓，留学期间便撰写多篇论文介绍西方地理学的发展。回国之后，他先后编纂《世界经济地理》《苏联经济地理》《美国经济地理》等书，从经济地理的专业角度提供比较和借鉴。

　　从晚清以来，中国近代资本主义生产方式也得到了发展。汪敬虞的《中国近代经济史》把晚清时期中国的工商企业分成"楔入中国国内市场的外资商业、通商口岸和其他城市的华资新式商业，以及中国广大内地

---

① 徐毓枬：《再论中国是否达到充分就业——兼论增加生产之道》，《经济评论》1947 年第 2 卷第 12 期。

② 孙冶方：《苏联的经济建设》，上海：大众出版社，1937 年。

③ 祝世康：《苏联经济建设给我们的教训》，《时事类编》1939 年第 32 期。

乡镇和农村的传统商业"①。近代中国的资本主义工商业首先来源于列强的资本输出。在甲午战争之前外国资本在中国设立的工厂已有80余家。而"1895年至1900年，列强在华设厂总数激增到933家"②。这些广泛侵入中国城市的西方资本主义工商业客观上也给中国带来了资本主义的经营方式。第一次世界大战期间，中国民族资本主义工商业迎来了一个发展期。"以工业企业为例，1903—1908年，平均每年注册的工厂为21.1家，一战期间的1913—1915年，平均每年注册的工厂上升为41.3家，1916—1919年平均注册124.6家"③，"就工业企业投资额来说，1913年为4987.5万元，到1920年达到15522.1万元"④。总体来说，近代民族资本主义工商企业在封建官僚和外国资本的夹缝中艰难求生，但它们终究也打破了中国传统商业"一统天下"的局面。在这一过程中，对财会、统计等各类经济专业知识的需求急剧增长。一时间，翻译引介各类专业经济知识也颇为热门。

随着民族工商业的发展，财政问题一度成为中国社会最热门的课题，很多学者热衷于对西方财政学说的推介。较早参与财政论述的无锡籍经济学家是贾士毅，他的诸多论著都介绍了西方财政学的知识和实践经验。如论及土地清丈时，他引"日本变法，先办土地台账"⑤。在税收领域，他参考国际关税通例，提出关税制度修正方案："我国关税制度，似宜采取国定税制及协定税制并用制度。综其理由，约有三端：一因单一税制不适于近代之复杂国家贸易，且实行单一税制之英美，已渐采用二重关税制度。二因最高及最低税制，政府与各国缔结商约时，不得超越国会所定最低税则之外，无丝毫活动之余地。三因三重税则大多系殖民地所采用，且税则过繁，施行甚艰。以上三端，我国关税定率条例，所以改采国定税

---

① 汪敬虞：《中国近代经济史》（下册），北京：人民出版社，2000年，第2118页。

② 李侃：《中国近代史》，北京：中华书局，1994年，第220页。

③ 陈真等编：《中国近代工业史资料》（第一辑），北京：生活·读书·新知三联书店，1957年，第14页。

④ 龚骏：《中国新工业发展史大纲》，上海：商务印书馆，1933年，第11页。

⑤ 贾士毅：《清丈议》，《大中华》1915年第1卷第3期。

则、协定税则二重制度。"①在分税制度变革上，他分析了国际上分税体
制的三种主要类型：正税与附加税的法国主义、各有特别税的普国（德
国）主义和普法结合的日本折中主义的优劣："以上诸制，取手续之简
捷，便负担之计算，保财权之统一，甲制（法国）所长，而其弊：税率有
复杂之虞，地方乏进取之概。保税源之独立，定财政之界限，补国税之欠
缺，乙制（德国）所长，而其弊：中央无统辖之力，地方成分立之势。至
丙制（日本）兼两者之长，而得伸缩自如。"②至20世纪30年代西方世界
经济危机爆发，尤其是美国白银政策颁布以后，为了在经济危机和银本位
崩溃中拯救中国经济，诸多学者对财政、货币领域开展了研究，引介了多
国财政货币制度和政策。贾士毅分析指出，法、意、比、荷、德、波等国
主张维护金本位，恢复自由贸易；而英、美、日等国主张放弃金本位，膨
胀通货，提高物价。但在非金本位诸国"狂飙样猛烈的进攻"之下，金本
位集团"完全呈着江河日下的趋势"，反而英、美、日诸国在"放弃金本
位后的近数年里，其批发物价指数，工业生产指数的逐渐增加，国际贸易
额的逐渐发展，和失业人数的逐渐减少，都能表现出他们经济情形的改善
与好转"。③此外，由于近代中国仍然以农业为主，贾士毅尤其关注农业
关税，在《各国农业保护关税之趋势及我国应行确守之方针》一文中介绍
了世界各国关税提升的政策，并提出当时的中国应当通过农业关税和进口
准入等方式保护本国农业。④1940年，贾士毅更是参与了《英国战时财政
金融》一书的编纂，为中国抗战期间财政金融政策提供借鉴。

　　当时，关注财经问题的无锡籍经济学家还有唐庆增、杨荫溥、祝世康
等人。1930年，唐庆增专著《国际商业政策史》在商务印书馆出版。该书

---

① 贾士毅：《关税与国权》，上海：商务印书馆，1937年，第73页。

② 贾士毅：《划分国税地方税私议》，《东方杂志》1912年第9卷第6号。

③ 贾士毅：《从世界通货管理说到我国新货币制度》，《经理月刊》1936年第
2卷第2期。

④ 贾士毅：《各国农业保护关税之趋势及我国应行确守之方针》，《农村合作》
1935年第1卷第1期。

叙述了英、美、法、德、日等国国际贸易政策演变史，最早向国人介绍了世界主要资本主义国家自由贸易政策与保护政策论者的各自理由，论述了中国应采取何种贸易政策。面对经济危机爆发后逐渐明显的白银危机，唐庆增还写下《国外汇兑》，介绍了国外投资和汇兑市场情形，并提出了当时银本位的中国应对银价狂跌的建议。也正是在这次经济危机中，杨荫溥写下《中国金融论》，以现代金融学说来审视当时的中国金融市场。1936年，杨荫溥进一步写出《中国金融研究》，在检讨当时中国金融业发展的同时，介绍和评述了欧美币制问题及其对中国的影响，并提出了应对之策。杨荫溥从币制、纸币、辅币等方面剖析了中国货币流通的内部弊端。就币制而言，他认为，在20世纪30年代初期，"全国通行之银圆，并无本位币之资格；而具有本位币资格之银两，则又非统一之货币。故严格言之，吾国实并无本位货币之存在"，为此他强调："金融为全国之命脉，币制为金融之枢纽，在不统一之币制下，是否能造成完全统一之国家。为整个币制计，为整个金融计，为整个国家计，亟应废两改元。"[1]对纸币整理的必要性，杨荫溥是从改革币制的全局来论证的，在他看来，当时情况下，"非解决纸币问题，不足以言统制货币；非解决纸币问题，更不足以言改革币制。事实上在纸币问题未有解决之前，确似不足言任何货币政策"[2]。鉴于中国辅币的紊乱状况，杨荫溥指出其症结所在是铸造权未能统一，"因铸造权之未能统一，而各省遂均得各自为政，流于滥造；因各省之滥造，而辅币之成色重量，渐见减低，而辅币之供给数量，亦渐过需要；因成色之渐劣及供需之失调，而兑价自随之日落，十进自无从维持"[3]。关于外部影响中国货币金融的因素，杨荫溥的研究着重点放在白银问题上。他分析了美国白银政策对我国的不利影响，指出最严重者为金融、产业、国外贸易三方面。在金融方面，由于白银外流，加剧了国内银

---

① 杨荫溥：《废两改元问题》，《中国金融研究》，上海：商务印书馆，1936年，第 89 页。
② 杨荫溥：《吾国纸币问题与公库制》，《中国金融研究》，第 40 页。
③ 杨荫溥：《辅币及其最近之整理》，《中国金融研究》，第 34 页。

荒，"建造于现银基础上之金融制度，必将首感困难。银货外流，银底锐减，发行准备，受其限制；于是于硬币已缺乏之情况下，更益以纸币之无法增加；通货不敷，信用紧缩，遂为其无法避免之结果"。在产业方面，由于银价高涨引起物价跌落，"已频破产之农业，既无复兴之望，日就衰落之工业，更有崩溃之虞"。在外贸方面，"在银价续涨之情况下，吾国入超，益将增加，有不可避免之势。入超益增，对内则产业将益见衰落，对外则国际经济地位将盖见不利。而国际收支因此更将失其平衡，尤有强迫现银出口之倾向"①。总之，美国白银政策对中国经济的危害是多方面的，而货币金融更是首当其冲。为了改变中国金融危机日益深重的趋势，杨荫溥主张从货币政策、国际收支、财政制度、金融市场四方面着手进行整顿。他把货币政策作为首要问题加以强调，因为"并世界各国，几莫不力求采取适当之货币政策，以应付当前之世界通货战。而我国货币本位问题，聚讼纷纭，今尚未有适当之解决，以致至今犹陷于被支配之地位"。而且"国内生产事业，亦端赖适当之货币政策，以保护之，促进之"，所以"我国货币问题之亟待解决，货币政策之急待确立，实为当前急务"②。所谓货币政策，也就是货币制度，杨荫溥的这番见解确实抓住了问题的要害。在税收研究领域，唐庆增专门撰文《论斯密斯四大税纲》，从古典经济学角度论述亚当·斯密著作中所体现出的征税四原则，以及后人补充的两条原则："敛税宜均平也""税制宜明确也""税制宜便利也""敛税宜经济也""敛税宜适当也""租税可作为调理之具"。③全面抗战爆发之前，祝世康更是敏锐观察到日本财政政策的变动，通过《日本强化外汇管理的意义和展望》一文，表述了他对日本即将向中国转移经

---

① 杨荫溥：《美国白银政策及其对我国之影响》，《中国金融研究》，第283—284 页。

② 杨荫溥：《近年吾国金融业之检讨》，《中国金融研究》，第 134—135 页。

③ 唐庆增：《论斯密斯四大税纲》，《唐庆增经济论文集》，第 169—173 页。

济上危机的担忧。①此外，他还细致观察了经济危机中中东欧诸国的经济斗争，并关注到了经济危机中对保险需求的提高，他在1933年撰文介绍了"劳动保险"制度，并在之后介绍了美德等国的保险制度建设。

到了20世纪40年代后期，由于内战爆发，军费支出猛增，政府滥发货币，造成了财政收支严重失衡，出现了物价飞涨以及严重的通货膨胀现象，徐毓枬从"希望让老百姓暂时活得下去"的目的出发，也提出了急救过渡办法的政策建议，希望能控制短期经济形势，暂时缓解通货膨胀。徐毓枬认为目前的经济危机是由财政收支不平衡所引起的，必然将市场手段与行政管制手段相结合，双管齐下来稳定物价。治本之策是平衡财政收支，并配以治标之策，将财政、经济、货币政策配套运用，再辅之以适当的市场管制与行政干预。②对于国民政府实行的金圆券币制改革，徐毓枬批评政策决策者在决策时不顾可能发生的恶劣后果，并企图用政治力量干预的做法。他认为，国民政府面对通货膨胀时并没有冷静理性地分析，根本无心也无力实现财政收支的平衡，导致政策多变，或前后矛盾或相互抵消，使政策的有效性大打折扣，改革也注定失败。③对于币制改革失败后的善后措施，他认为在物资缺乏问题非常严重的情况下进行币制的善后是没有意义的，"从金融方面或平衡财政收支方面着手，解决目前经济问题者，即使抛开基本的政治问题不谈，都有一个暗中非常基本的假定，即物资情况还过得去"④。他批评了当时有些学者提出的币制善后措施，诸如停止金钞白银银圆、奖励节约储蓄、全面配给统购统售等，认为这些措施的提出都低估了物资缺乏的严重程度，即使物资问题不严重，这些措施因

---

① 祝世康：《日本强化外汇管理的意义和展望》，《经世半月刊》1937年第1卷第3期。

② 参见徐毓枬：《论几种经济急救方案之配合运用》，《世纪评论》1947年第2卷第18期。

③ 参见徐毓枬：《两次币制改革中之技术错误》，《观察》1948年第5卷第17期。

④ 徐毓枬：《新币制的善后：讨论：（一）物资与币制善后》，《新路周刊》1948年第23期。

为既得利益人民信心等关系，也不容易实施，即使实施，其效果也只能逐渐发挥作用，对于未来的严重情势并无某种程度的缓解。

在经济发展的微观领域，企业内部运行机制的建设也得到无锡籍经济学家的关注。为建立现代化的会计制度，潘序伦和徐永祚在学习借鉴西方会计学的进程中还爆发了一场会计学"改革"与"改良"之间的论战，这一论战被认为是近代会计事业进程中的启蒙运动。这场论战的直接导火索是1933年徐永祚公开发表了《改良中国会计问题》和《改良中式簿记概说》等一系列论著。在这些文章中，徐永祚较为详细地阐述了自己的改良思想。他总结了中式簿记的优点："一是理论浅显，容易掌握；二是方法简便，易于操作；三是通俗易晓，比借贷原理明了；四是节省经费，且簿记人才容易物色。"[①]他同时对中式簿记的不足之处也一一指摘出来，认为中式簿记主要问题集中在账户分类没有固定形式，账簿没有固定格式和组织，记账方法更没有固定规律可言。徐永祚在强调中国传统簿记有其继续存在的价值和基础的同时，表明其缺点也不容忽视，非加以改良不可。总的来说，他的改良思想主张继承中式簿记优点，不足之处取西式之长以补之，并将其账簿组织、账户分类、账表格式和记账方法等问题确立为改良的重心所在。相比之下，以潘序伦为代表的改革派则始终坚持"全面改革"的观点，认为"改良中式簿记似只能认为改良簿记运动中之一种过渡办法，而不可视为有学术上之价值，仅能视为小商号不得已之补救办法，而不可视为普遍之宣传"[②]。与潘序伦同一阵营的顾准也强调"就现在的状况及将来的趋势来看，世界通用复式簿记决能渐渐地适用到我国的整个企业界去，倘有人想严格的保持东洋流的中式簿记，非但事实上所不可能，也是不必要做的一件事"[③]。总体而言，潘序伦的会计改革内容主要

---

① 徐永祚：《改良中式簿记概说》，上海：永祚会计师事务所，1933年，第2页。

② 潘序伦：《为讨论改良中式簿记致徐永祚君书》，《立信会计季刊》1934年第2卷第4期。

③ 顾准：《评徐永祚氏"改良中式簿记"》，《立信会计季刊》1934年第2卷第4期。

为：（1）以借贷记账法取代了我国原来的收付记账法。（2）以会计凭证取代草流，并根据记账凭证登记日记账，从而取代了我国原来"草流、流水簿（或称为细流）、总清簿"的"三账"体系。（3）将账户划分为包括资产账户和负债账户的财产账系以及包括资本账户的资本账系，对账户类别进一步进行调整，提出了包括资产类、负债类和资本类账户的资产负债表账户以及包括收益类和损失类账户的损益表账户，并根据各行各业的情况设计了不同的会计科目和账户分类制度，显然是对德国"二账系"学说的借鉴和创造性应用。（4）在账簿组织上，不仅借鉴了大陆式"以分录簿、总簿为主，以辅助簿为辅"的账簿组织体系，而且借鉴了英美式所采用的"汇总原始凭证记账、将业务过多的分录簿记录升级为与分录簿同级的特殊分录簿、采用多栏式账页以及在总账内设置统驭账户来统驭明细账"的做法。（5）以资产负债表和损益表取代了我国原来的"存除结册"和"彩项结册"，从而以"原始凭证→记账凭证→日记账→分类账→总账→两表（资产负债表、损益表）的账簿组织体系"取代了我国会计原来"草流→流水簿（或称为细流）→总清簿→结册（存除结册、彩项结册）的账簿组织体系"。郭道扬在其《中国会计史稿》一书中指出："借贷复式簿记是近代社会经济发展的产物，它具有先进的理论和科学的方法，它在本质方面要优越于中式簿记，故中国会计之改良必须以引进借贷复式簿记的理论与方法为前提。这种引进不是简单地凑搭，而是通过较为全面的引进达到改革中国会计的目的，所以，从这一点出发，应当肯定改革派所持的立场。改良中式簿记派过高地估价了中式簿记的长处，而较低地估价了西式簿记的优越之处；过多地强调继承中式簿记的长处，而事实上将一些短处也保留下来；尤其是因西式簿记以'借、贷'作为符号，而斥其为'奥涩难懂'或认为不合于中国国情，这些看法显而易见是片面的。"[1]

在其他经济领域，无锡籍经济学家也广泛借鉴西方学说。叶谦吉师从

---

[1]　郭道扬：《中国会计史稿》（下册），第 519 页。

美国著名农业学者卜凯，对卜凯倡导的农业调查方式多有践行；邹依仁力推数理统计学，1934年即发表《数理统计总和公式之原理及其在实业统计上之应用》，介绍了数理统计学在实业统计中的具体运用；1945年，他在《复旦统计通讯》中介绍了西方统计学中常态曲线理论的演进历程。

在借鉴西方学说的同时，无锡籍经济学家还借鉴西方学科规范研究中国传统经济思想。在这方面，唐庆增的著作可认为是当时的最高成就。唐庆增家学渊源，后留学哈佛大学学习财政学和西洋经济思想史，1925年归国后在多所大学任教并开课讲授中国经济思想史。他曾指出："中国虽然没有经济科学，却有很有价值的理论，和不可磨灭的思想，贡献吾人，其时代远在西洋之前，只因为进步不及西洋的快，所以内容也就赶不上西洋的丰富了。"[1]他积十年之力于1936年出版《中国经济思想史》（上卷），阐述我国原始社会至秦末的上古经济思想史。这是唐庆增中国经济思想通史三部中的一部，其余两部有关中世纪和近代经济思想史的专著最终完成。但他发表了大量有关中世纪和近代经济思想史的论文，如"盐铁论"研究，孙鼎臣、陈炽、曾国藩、郑观应、汤寿潜、徐光启等人的经济思想研究。同时，他还发表了不少有关外国经济思想史的论著。可见唐庆增不仅是研究中国先秦经济思想史的专家，而且是有体系通论古今中外经济思想史的大家。他认为，研究现实问题，创立新经济科学，都必须研究中国经济思想史，指出："世界各国实情不同，其历史的背景亦迥异，处今日而欲创造适合我国之经济科学，必以不背乎国情为尚。在纵的一方面，必须研究我国经济思想与制度之史的发展，在横的一方面则当研究各地经济状况与解决之方案；探讨本国经济思想发展之历史，即属第一种之研究，盖一国自有其特殊之环境与其需要，非审度本国思想上之背景，不足以建设有系统之经济科学也。彼罗斯休（Roscher）、贝觉（Pecchio）、泼拉斯（Price）之流，努力于本国经济思想历史之研究，亦本此意，为其国人士服务，为创造本国新经济思想之准备耳。然则中国

---

[1]　唐庆增：《中国经济思想四大潮流》，《唐庆增经济演讲集》，第 67 页。

经济思想史之研究，讵非当前之急务耶？"①"欲产生一适合国情之经济思想，非研究中国经济思想之历史不可，学者当注意现在中国经济组织之内容，再细察过去中国经济思想之得失，采用学说之长而创一新思想，以解决现在之经济问题。"②他还说，研究中国经济思想史有三大理由：（1）可以解决现在之经济问题；（2）可以帮助了解经济理论的源流；（3）可以发扬中国的固有文化。③后来他又提出研究中国经济思想史有五大利益，即在上述三大利益（理由）之外，补充两点：可以了解各种经济专门名词的意义；可以学习前人研究经济的方法。④

唐庆增对研究中国经济思想史作用的特殊认识，来自德国历史学派思想的影响。他认为："历史学派主张用历史方法（historical method）以阐明经济学原理，不仅著书立说，彼辈且自行努力研究德邦及其他欧洲各国之经济史，该派中人有相对之观念（relativism），所以有别于英国旧派经济家之绝对主义（absolutism），实予经济学一大进步，所谓相对观念者，包含有三要素：（一）时间，（二）地点，（三）环境；盖谓应用经济原理，须受此三者所限制，而绝对主义者，则并不注意于此，欲知何种学理始能适用于某种时间地点及环境，势非研究经济史不可，此该派学说之骨干也。"⑤唐庆增将历史学派另一首领施穆勒（G. V. Schmoller）作为西洋五大经济学家之一，对其思想予以肯定，并认为"施穆勒最大之贡献，为引起经济学者对历史事实之兴趣"⑥。

应该指出，这些经济学家在积极借鉴和引进西方经济学说的同时，并没有一概否定摒弃我国传统的经济思想。对延续数千年的经济思想，采取科学的"扬弃"态度，这正是他们对传统文化传承的一个反映。在《中

---

① 唐庆增：《中国经济思想史》（上卷），"自序"，第1页。
② 唐庆增：《中国经济思想史》（上卷），第4页。
③ 唐庆增：《中国经济思想史之根本问题》，《唐庆增经济演讲集》，第76—78页。
④ 唐庆增：《中国经济思想史》（上卷），第4—5页。
⑤ 唐庆增：《经济史之重要及其研究法》，《唐庆增经济演讲集》，第262—263页。
⑥ 唐庆增：《西洋五大经济学家》，上海：黎明书局，1930年，第30页。

国经济思想史》（上卷）中，对延续数千年的中国传统经济思想总体持批评态度。他对中国经济思想总体评价是：中国数千年来，思想家及政治家发挥经济思想者甚多，但只有经济学说而无经济科学。中国经济思想历史虽长，而进步非常缓慢，中国现时物质文明的落后，未始不是经济思想不发达所造成的。关于我国经济思想，他表示："平心而论，中国先哲之经济名论，产生虽早，进步固缓，如果十分发达，中国经济思想史早在世界经济思想史中占一重要之位置矣。"①但是，他对中国传统经济思想并没有一概否定摒弃，而是采取科学的扬弃态度，对中国经济思想的得与失做了客观评价。他认为研究中国经济思想史的目的在于"细察过去中国经济思想之得失，采用学说之长而创一新思想，以解决现在之经济问题"。又指出："不可以中国经济思想历史之渊古而自大，因为可贵者，是在进步，但也不要以为落伍自卑。"②他对中国经济思想的基本判断是：中国经济思想不发达。要促进中国经济思想的进步，必须扫除一切阻碍中国经济思想进步的因素。这说明了他研究的前提或立场是批评，而不是完全抛弃。《中国经济思想史》出版之时，马寅初、赵人俊、李权时分别撰写了序言。其中，赵人俊说："近复以其中国经济思想史一书见示，审其内容，旁征博引，择精语详，且其结构亦多与经济学说相对论吻合，昔之梦寐以求之者。"③此后，唐庆增在多个场合讲演中国经济思想，分析其中的四大潮流、发展历程及史料整理方法，对中国传统经济思想的认识有了进步，主张把西方经济理论与中国现实问题结合起来。他认为，要解决中国现代的经济问题，"不可仅采取消极办法，徒从事于西洋经济思想之研究，不问中国经济状态之背景，生吞活剥，无补于事；宜采积极之办法，研究古代之经济思想，整理之批评之，以明了我国经济之背景；同时研究西洋之经济思想，整理之批评之，明了其实情，以为他山之助，从而研究

① 唐庆增：《中国经济思想史》（上卷），第 15 页。
② 唐庆增：《中国经济思想之改造》，《唐庆增经济演讲集》，第 116 页。
③ 唐庆增：《中国经济思想史》（上卷），"赵（人俊）序"，第 4—5 页。

解决现代经济问题之方法"①。

在经济思想史的专著之外，不少无锡籍经济学家也有意在各类经济问题的论述中谈及历史渊源。他们或挖掘中国传统经济思想中值得珍视的闪光点，古为今用；或反思传统经济思想中的不足之处，以史鉴今。贾士毅在《中国近代财政思潮之变迁》中开篇论述了春秋战国百家争鸣道、儒、墨、法等派思想中蕴藏的财政思想，并评述了王莽、王安石等财政改革。贾士毅认为，"洎夫晚近，经济思想，益复风发云涌"，"以视春秋战国时代，亦何多让"。②祝世康的民生主义经济思想借鉴了我国传统的儒家思想。他说："民生主义的精神，就是中国'仁民而爱物'的精神表现。所以它不以人为物役，即不以物质支配精神，亦即不以物欲支配理智；而以物为人用。承认物心的并存，且以理智去节制物欲。借此以符合宇宙间'生生'之道，以进向世界大同。"③他还写下《民生主义经济学说与中国哲学之关系》，充分论述中国的宇宙哲学、社会哲学、经济哲学，称孙中山重视民生"既是从中国宇宙哲学'生'是进化的法则中得来，遂确认'民生为社会进化得重心'"④。杨荫溥对孙中山"三民主义"中的经济思想同样持肯定态度。他在《吾国文化与经济思想的渊源》一文中也追溯了中华文化、中国经济特质的历史发展，指出中国经济思想"以理性为本源，不以欲望为本源""以社会人类全体为本位，不以个人为本位""不但重民生同时兼重国计"⑤，以此论证孙中山"三民主义"经济思想。

中华人民共和国成立后，我国在经济建设上以苏联为师。1952年，斯大林发表了《苏联社会主义经济问题》一书，不久根据前者编写的苏联

---

① 唐庆增：《中国经济思想史之根本问题》，《唐庆增经济演讲集》，第86页。
② 贾士毅：《中国近代财政思潮之变迁》，《中国最近经济问题》，上海：民生书局，1930年9月，第140页。
③ 祝世康：《论民生主义经济学的哲学基础》，《经济论衡》1943年第1卷第4期。
④ 祝世康：《民生主义经济学说与中国哲学之关系》，《建国季刊》1945年创刊号。
⑤ 杨荫溥：《吾国文化与经济思想的渊源》，《吧城老巴塞义务学校二周年纪念特刊》，1948年，第29—30页。

《政治经济学教科书》出版。这两本书很快就译成中文出版发行。斯大林在《苏联社会主义经济问题》一书中提出了以下一些有很大影响的观点。如："社会主义经济规律具有客观性，人们可以认识它们，利用它们以利于社会，但是人们既不能'创造'也不能'改造'或'消灭'它们。""现阶段苏联社会主义社会还存在全民所有制和集体所有制，在这种条件下必然存在商品生产和商品流通。""价值规律在社会主义制度下仍然存在和发生作用。它在商品流通领域起着调节作用，而在生产领域则只起影响作用，不起调节作用，生产资料脱出了价值规律发生作用的范围。""由于存在两个对立阵营，统一的无所不包的世界市场瓦解了，存在的是两个既平行又互相对立的世界市场。""社会主义的基本经济规律（或法则，以下同）是：用在高度技术基础上使社会主义生产不断增长和不断完善的办法，来保证最大限度地满足整个社会经常增长的物质和文化的需要。""马克思再生产理论的基本原理，不仅对于资本主义社会形态是有效的，而且任何一个社会主义社会在计划国民经济时，不运用这些原理也是不行的。"[1]以上几条，可以说是传统社会主义经济理论的基本点，是对传统社会主义经济体制的理论说明。由于当时世界上只有苏联有社会主义建设经验，加上二战结束不久斯大林个人威信奇高和个人迷信盛行，所以这两本书的出版引起国内各界特别是经济学界的极大关注，许多人把斯大林的《苏联社会主义经济问题》当成对苏联社会主义建设经验的科学总结，把它当作马克思主义的经典作品，笃信不疑。从此，公有制一统天下、排斥市场、限制商品生产和商品交换、贬低价值规律的作用、几乎没有什么激励机制、自我封闭等，成为传统社会主义经济体制理论的主要特点。

不过，孙冶方从中国国情出发，敏锐地发现了苏联计划经济模式存在的弊端。他认为价值规律是贯穿在社会主义政治经济学整个体系中的，只能从这个角度考察价值规律，才能建立起系统性和逻辑体系。因此孙冶

① 张卓元、张晓晶主编：《新中国经济学研究70年》（上卷），第76页。

方提出要以"价值"为红线，来构建社会主义政治经济学新体系。[①]20世纪50年代中期，他组织当时比较年轻而后来都成长为著名经济学家的刘国光、孙尚清、张卓元、冒天启等年轻经济理论工作者，对中国社会主义政治经济学体系进行了研究和探讨，目的是要建立起一个科学的社会主义政治经济学体系。他认为，社会主义经济"基本上应该按照马克思《资本论》的程序来研究，按照马克思分析资本主义经济的程序来分析流通过程，最后分析社会主义社会的整个生产过程"，而"价值规律则应该贯穿在社会主义政治经济学的各章，即是通过对于社会主义经济的全面分析来表述它"。[②]他说："在这里，我并不想建立一个社会主义政治经济学的完整体系。我在这里只是想证明价值这个概念不论在社会主义政治经济学，还是在共产主义政治经济学的任何一篇中也是少不了的。少了它是不成其为政治经济学，且也是不成其为经济的。"[③]

"文化大革命"期间，"四人帮"控制的理论战线批判了刘少奇的"洋奴哲学"和"唯生产力论"，批判了孙冶方的"利润挂帅论""价值规律支配一切论""政治工作为生产服务论""企业自治论"。苏联《政治经济学教科书》也被当作修正主义样板大批特批，西方经济学科作为资产阶级经济学当然在批判和打倒之列。

以党的十一届三中全会确立改革开放为基本国策这一重要标志，中国经济理论界又获得了蓬勃发展的生机。1979年3月，邓小平指出："我们面前有大量的经济理论问题，包括基本理论问题、工业理论问题、农业理论问题、商业理论问题、管理理论问题等等，列宁号召多谈些经济，少谈些政治。我想，对于这两方面理论工作的比例来说，这句话今天仍然适用。"又指出："我们已经承认自然科学比外国落后了，现在也应该承认社会科学的研究工作（就可比的方面说）比外国落后了。我们的水平很低，好多年连统计数字都没有，这样的情况当然使认真的社会科学的研究

---

①②③ 孙冶方：《论价值——并试论"价值"在社会主义以至于共产主义政治经济学体系中的地位》，《经济研究》1959年第9期。

遇到极大的困难。"①同年初，被称为日本经济奇迹创造者的大来佐武郎受邀来华与中国经济官员和专家座谈。时任副总理谷牧对此给予很高评价，认为这一座谈会"是改革开放初始，外国高层人士给我国经济部门负责人开的第一堂经济课，对我国政府官员的思想解放起了某种程度的启蒙作用"②。1982年7月，为了更好地引进和吸收西方经济学的先进理论，以布鲁斯教授为首的七人经济体制考察团来我国做学术交流，在浙江莫干山开了一次研讨会，薛暮桥等经济学家参加了座谈。这是我国实行改革开放后中外学者第一次共同研讨中国经济发展问题。1985年9月初，包括詹姆斯·托宾、阿来克·凯恩克劳斯等诺贝尔经济学奖获得者以及薛暮桥、马洪等在内的一批重量级的中外学者，又在长江乘坐的"巴山"号游轮上召开了"宏观经济管理国际研讨会"，对中国改革目标、向市场经济过渡的措施以及1984年经济过热、物价大幅上涨等问题展开了热烈的讨论。这就是著名的"巴山轮会议"。

此后，我国经济学界着眼于中国国情以及改革发展的实证和经验，以开放的心态吸纳旁人乃至相关学科的成果，力图解决国家建设和民生改善的实际问题，产生了许多重要的理论创新。一方面，马克思主义经济学的学习和研究逐步导入正轨，显示出更为强烈的理论自觉。1979年12月，薛暮桥《中国社会主义经济问题研究》出版，总结了我国社会主义革命和社会主义建设的历史经验，对理论和实践均产生了重要影响。该书多次翻印，总印数近1000万册，并被译成英、日、法、德和塞尔维亚等国文字，在国际上也颇有影响。另一方面，西方经济学的引进和应用也得到重启，各种应用经济学迅速发展，一派繁荣景象。金融学、财政学、国民经济管理学、国际贸易学、区域经济学、城市经济学、产业经济学、劳动经济学、人口资源环境经济学、可持续发展经济学、统计学、数量和技术经济学、国防经济学、市场营销学等，都有很大发展，论著甚丰，学者日众。

---

① 邓小平：《坚持四项基本原则》，《邓小平文选》（第二卷），第 181 页。
② 谷牧：《谷牧回忆录》，北京：中央文献出版社，2014 年，第 332 页。

各种经济管理学科，包括工商管理（内含会计学、企业管理、旅游管理、技术经济及管理）、农村经济管理、公共管理（内含教育经济与管理、社会保障、土地资源管理）等，也成为研究和学习的热门。一些西方经济理论，也被用来分析中国经济问题，其中有产业组织理论、二元经济结构理论、非均衡发展理论、制度效率理论、成本—效益分析理论、现代公司理论、厂商理论、可持续发展理论等。西方经济学中稀缺性、机会成本、边际效用、均衡价格、全要素生产率、GDP、GNP、生产函数、消费倾向、基尼系数和恩格尔系数等概念，也成为分析经济活动不可缺少的工具。

在此期间，就有无锡籍经济学家的学术贡献。1973年布雷顿森林体系崩溃之后，国际金融逐步向浮动汇率制的"牙买加体系"发展，钱荣堃敏锐地观察到浮动汇率的波动往往过度，贸易不平衡无法通过汇率变动调节使之平衡，反而会增加汇率风险，其中发展中国家风险更大。他建议今后的国际货币体系要提供一种调节机制。此外，钱荣堃对当时引进的国际金融理论进行了初步的归纳和评论，包括国际收支理论方面的弹性分析理论、吸收分析理论、货币分析理论、内部平衡与外部平衡的调节理论、新剑桥学派的国际收支理论，汇率理论方面的购买力平价学说、供求流量说、国际货币主义的汇率理论、射击过头理论、资产组合平衡理论、理论评价说等。差不多同时期，季崇威在国际贸易方面提出采用比较成本学说，积极参与国际分工；荣敬本则立足比较经济学，翻译引介了纽伯格的《比较经济体制》和东欧经济学家布鲁斯、奥塔·锡克、科尔奈等人的著作，主张把新古典学派和新制度学派结合起来；梅汝和创立了全国第一个市场营销学的硕士点，发表了全国最早一篇有关市场营销的专论，并主持翻译了经典著作《营销管理》；葛霖生关注到美国在率先转入"知识经济"时代后"基尼系数"扩大的问题，他在考察了20世纪末我国基尼系数后，对2020年、2050年我国基尼系数进行了科学预测，并提醒决策层予以关注。甚至在引进吸收西方学说分析中国经济发展的过程中，还出现了一定的理论创新：浦山因社会主义与市场机制的相容性和弗里德曼进行了深入的辩论，有力地回应了当时国内外舆论对中国式改革路径的责难，并提出了自己的观点；李炳炎在研读分析马克思主义经典著作和西方前沿经济理论，并结合中国经济实情分析之后，进一步完善了"社会分工派"社会主义市场经济理论，创立了社会主义新成本理论、"需要价值理论"，并早于美国经济学家马丁·L.威茨曼的分享经济思想，形成了中国特色社会主义分享经济理论……他们的引进、吸收、创新、发展，伴随着整个改革开放的历史时期，不少学说至今仍然是当代中国经济学理论的重要支撑。

第三节　推进马克思主义经济学的中国化

　　"马克思主义中国化"的科学概念，是毛泽东在1938年10月召开的党的六届六中全会上所作报告《论新阶段》中首次明确提出的。从马克思主义传入中国的那一刻起，就面临着中国化与时代化的重大课题。其中，马克思主义经济学中国化过程就是马克思主义经济学基本理论与中国实际相结合，又不断丰富和发展马克思主义经济学，使之成为既体现马克思主义经济学基本原理又具有中国特色的马克思主义经济学。在中华人民共和国成立以后70多年间，在马克思主义经济学中国化的进程中，始终活跃着无锡籍经济学家的身影。

　　马克思主义中国化是一个动态的过程。早在中华人民共和国成立以前，以陈翰笙为代表的，薛暮桥、孙冶方、钱俊瑞等大批无锡人参与其中的"中国农村派"，就对马克思主义中国化做出了开创性的贡献。

　　"中国农村派"学者在进行农村调查、社会性质论战等活动时，无时无刻不贯穿并宣传着马克思主义理论，推动了马克思主义在中国的传播。在他们的论著中，马克思、恩格斯、列宁等马克思主义经典作家的名字、理论、观点频频出现。陈翰笙在回忆录中写道："通过学习《资本论》，使我懂得了人类社会发展的自然规律，了解一些马克思主义的基础理论。马克思花费40年时间写成《资本论》，对解释社会发展确有独到之处。相比之下，我过去在欧美学的历史却没有使我了解历史，而只是些史料、史实的堆砌，读了《资本论》才使我了解了真正的历史。"①这段话表明，他在初次接触马克思主义时就深深体会到了马克思主义对他自己的重要启发作用。在从事农村调查过程中，他不仅深入研究并且充分吸收了《资本论》等马克思主义经典著作的观点，例如地租理论、阶级分析方法等，并将其作为他写作的理论指导。在调查开始之前，陈翰笙还组织调查员系统学习了《资本论》，以确保马克思主义的理论和方法贯彻于调查的始终。薛暮桥回忆道："社会科学研究所的书籍很多，我开始读了《共产党宣言》、列宁的《国家与革命》《两个策略》《帝国主义论》、恩格斯的《社会主义从空想到科学》《家庭、私有制和国家的起源》等著作，进一步提高了我对马克思主义的认识水平。"②更为重要的是，"中国农村派"最终通过农村社会性质论战的胜利，推动了整个学界对马克思主义的研究。在这场激烈的论战中，马克思主义理论闪耀的真理光芒逐渐显现，马克思主义唯物史观的影响在"中国农村派"的努力下显著扩大。

在开展农村经济调查和农村社会性质论战过程中，"中国农村派"学者坚持马克思主义中国化的基本方法，就是将马克思主义基本原理与中国社会实际相结合。如果只重视马克思主义理论，而不注重中国社会实际，"中国农村派"不会得出正确的研究结论；如果仅注重实地调查，而缺乏马克思主义理论的指导，调查难免会成为表面研究。也正因为将两者结合起来，马克思主义真理的作用得到了真正发挥。通过一系列范围广、规模大的农村社会调查，他们广泛深入地接触到了中国农村实际。在掌握大量第一手资料的基础上，他们又运用马克思主义的基本方法和基本原理，分析时代问题，揭示了中国各地农村的土地关系和中国农村的主要矛盾，论证了中国农村半封建半殖民地的社会性质，提出只有阶级斗争和土地革命，才能改变封建社会不合理的地权关系，为中共进行土地革命做了理论上的准备工作。正如当代学者所说，"其目的是通过对中国农村经济各个

---

① 陈翰笙：《四个时代的我》，第33页。
② 薛暮桥：《薛暮桥回忆录》第2版，第25—26页。

侧面的研究、剖析和评述，宣传中共六大关于中国社会性质和中国革命性质的正确论断，宣传解释党的反帝反封建的新民主主义革命理论"[1]。与之形成鲜明对照的是，在论战过程中，对面阵营或僵化固守中国传统，或一味生搬硬套列宁关于资本主义在俄国农村发展的论证方法和结论，自然难以得出科学的结论，更不能用以指导中国革命。

此外，"中国农村派"的农村经济调查和农村社会性质论战，为日后培养了一大批马克思主义经济学家。农村经济调查伊始，陈翰笙吸收了包括钱俊瑞、薛暮桥、孙冶方、秦柳方等在内的一批优秀青年加入。他们积极学习马克思主义理论知识，刻苦钻研如何用马克思主义立场、观点和方法看待和开展经济问题研究，成为"中国农村派"的中坚力量。钱俊瑞、张锡昌、秦柳方等人通过参加农村调查，摒弃了原先的改良思想，接受了革命主张；薛暮桥、孙冶方也因此与经济学结下了不解之缘。中华人民共和国成立后，他们逐渐成长为经济理论工作者中的佼佼者，对于中国社会主义建设问题有着深刻独到的见解，不断地推进马克思主义经济学的中国化。"薛暮桥、钱俊瑞后来既是党和政府的高级官员，也是国内一流的经济学家，而孙冶方建国以后也成了著名经济学家"[2]。

20世纪50年代，中国共产党人通过土地改革、没收官僚资本、保护民族工商业三大经济纲领，构建了新民主主义经济，并逐步实现了对农业、手工业和资本主义工商业的社会主义改造，构建了比较完整的社会主义经济体制。其间，经济学界应用马克思主义经济学的基本理论，研究和讨论了中国国情下的特殊经济问题，出现了一批关于马克思主义经济学在过渡时期中国化的研究成果。1957年冬，受中宣部之托，薛暮桥与苏星、林子力等写了《中国国民经济的社会主义改造》一书，以大量第一手资料，对改造的过程给予了系统、具体的论述，是对我国农业、手工业和私人资本主义工商业进行了社会主义改造方面研究的代表性成果。此书于1959年8

---

[1] 郑京辉、李静体：《陈翰笙与近代中国马克思主义农业经济学》，《保定学院学报》2011年第6期。

[2] 沙尚之：《记孙冶方》，上海：上海文艺出版社，2001年，第190—193页。

月由人民出版社出版，并被译成英、法、日、俄四种文字向国外发行。

纵观中华人民共和国成立后70年的历程，在对各种经济理论问题的讨论中，在推进马克思主义经济学中国化的伟大进程中，始终活跃着无锡籍经济学家的身影。他们一方面借鉴、吸收中国传统经济思想的精华和一切有价值的成果，另一方面通过对社会主义革命和建设的实践经验的总结、概括和提升以及对自然科学和社会科学最新成果的总结与概括，在学科体系、结构内容和概念范畴等理论研究方面，推进马克思主义经济学的中国化。他们的思想观点主要集中在对以下几个问题的认识：

一、对价值规律的认识

商品生产和价值规律是马克思主义政治经济学的核心理论之一，也是经常与其他经济学流派互通、对话的一种基本理论。20世纪50年代中期，斯大林《苏联社会主义经济问题》极大地影响了我国的经济学界，普遍认为随着社会主义公有制的确立，国民经济有计划按比例发展规律就取代价值规律而成为生产的调节者，价值规律的作用范围将会受到限制，生产资料将"脱出了价值规律发生作用的范围"。

20世纪50年代后期，"大跃进"建立起的人民公社，实行"一大二公"，刮"一平二调"的"共产风"。在一个时期，高指标、浮夸风、瞎指挥，造成了国民经济困难。1959年3月，毛泽东提出社会主义经济建设也要"算账"，"价值法则是一个伟大的学校"，因此社会主义的经济建设中还要"利用"价值规律。当年4月，我国经济学界在上海举行了关于社会主义制度下商品生产和价值规律问题的理论讨论会，会议围绕着经济核算、经济效果、社会主义再生产等若干具体的经济理论问题进行研究。其中，薛暮桥指出社会主义经济建设必须实行严格的经济核算，"社会主义社会的经济核算，包括生产中的经济核算（主要是劳动成果和生产成本的核算）和建设中的经济核算（主要是投资效果的核算）。前者保证现有生产能力的合理利用，发挥最大的经济效果；后者保证用尽可能少的活劳动和物化劳动的消耗，创造出尽可能多的新的生产能力"①。孙冶方提出："利润的多少是反映企业技术水平和经营管理好坏的最综合的指标。社会平均资金利润率是每个企业必须达到的水平，超过平均资金利润率水平的就是先进企业，达不到这水平的就是落后企业。"②这些讨论对价值规律的认识，总体上还停留在"如何利用"的层次，但这些具体理论问题的讨论，大大提高了对价值规律在社会主义经济建设中的作用的认知。

二十年后的1979年4月，全国第二次经济理论讨论会在江苏省无锡市召开。会议围绕计划调节与市场调节、计划经济与市场经济的关系及价值规律的客观作用展开了讨论，并以此延伸到了对国民经济管理体制的改革；会议就试点扩大企业管理权限的经验，摸索到了以此为突破口，推进对国民经济管理体制的改革的初步认识；与此同时，为适应对管理体制的改革，要以生产价格为理论基础，对现行的价格体系和价格管理体制进行改革，缩小工农业产品价格的"剪刀差"。会议中有各种观点交锋，深入一些过去不能碰触的理论禁区。以生产资料产品是商品为突破口，跨越"利用价值规律"的认知，逐步接触到了市场机制在社会主义经济中的客观作用的问题。这些讨论将价值规律在国民经济运行中的作用提到了空前的高度，为撬动市场化改革奠定了舆论和理论的基础。如果说1959年上海价值规律讨论会是某种清醒剂，那么1979年无锡价值规律讨论会可以说是中国由计划经济向现代市场经济转型即市场化改革的催化剂，拉开了中国由计划经济向市场经济过渡的大门。

关于价值规律的学说，是孙冶方整个经济理论的基石。孙冶方价值规律和商品生产的理论著述，多集中在他的《社会主义经济的若干理论问题》中，并占了相当大的比重。这些文章的篇目是《从"总产值"谈起》《关于等价交换原则和价值政策》《对社会主义政治经济学中若干理论问题的感想》《流通概论》《社会主义再生产问题座谈会上关于生产价格问

---

① 薛暮桥：《关于社会主义的经济核算》，《红旗》1961 年第 23 期。
② 参见孙冶方：《社会主义计划经济管理体制中的利润指标》（1963），《社会主义经济的若干理论问题》，第 265—266 页。

题的发言提纲、发言纪要》《要全面地体会毛主席关于价值规律的论述》《千规律，万规律，价值规律第一条》《论价值规律的内因论和外因论》《要理直气壮地抓社会主义利润》《价值规律和改进计划方法问题》等。

　　20世纪50年代，孙冶方就突破传统社会主义经济理论的框框，鲜明地提出了超越时代的、后来被实践证明是正确的远见卓识，到70年代末，他的价值规律理论形成了具有严密系统性和内在逻辑性的完整体系。一方面，严格遵循马克思列宁主义的理论研究方法，对马克思和恩格斯的价值规律理论学说进行了深刻的理论阐述；另一方面，对这些思想学说，他又在实践的基础上进行充分的发挥，由浅入深地进行论证，从马克思主义关于价值规律的理论中，引申出新的思想含义。他认为，社会主义制度下价值规律的作用问题、计划与市场的关系问题，始终是政治经济学社会主义部分的核心问题；抓住这个问题，就抓住了社会主义政治经济学学科建设的"牛鼻子"。孙冶方对价值规律的一系列论述反映了他对价值规律的高度重视和深度把握，而这源于他突破传统的社会主义经济理论，揭示了自然经济论的理论弊端，进一步提出价值规律内因论，并为构建社会主义政治经济学体系找到了一条红线——价值，认为价值规律应该贯穿起整个社会主义政治经济学。①

　　在改革开放以前，薛暮桥对价值规律总体持"限制论"。随着对计划经济体制弊端的认识逐步清晰，他勇于修正过时观点，对价值规律的认识也由浅入深，逐步提高。价值规律如何起作用？在什么范围内起作用？1980年，他在全国各省区市第一书记会议上作关于经济体制改革的报告时，明确提出，经济体制改革的原则和方向是，在坚持生产资料公有制占优势的条件下，按照发展商品经济的要求，自觉运用价值规律，把单一的计划调节改为在计划指导下充分发挥市场调节的作用。1990年，他进一步明确，在社会主义有计划商品经济中，应该让价值规律在市场上自发调

---

① 孙冶方：《论价值——并试论"价值"在社会主义以至于共产主义政治经济学体系中的地位》，《经济研究》1959 年第 9 期。

节价格。还说，计划和市场都是配置资源的手段，但市场是计划的基础，计划是市场的反映，市场是第一性的。在这里，他指明了市场在资源配置中发挥基础性作用的改革方向。1991年在《关于社会主义经济的若干理论问题》一文中，他进一步阐述了对社会主义经济体制中价值规律的最新认识。他认为，传统的计划管理制度是把商品经济变为产品经济，不让价值规律在市场上自发调节价格，而只能由国家自觉运用价值规律来制定计划价格。而实践证明，所谓"自觉运用价值规律"，实际上是抛弃价值规律，因而难免要受到客观经济规律的惩罚。社会主义有计划的商品经济，不应该在所谓的"自觉运用价值规律"的名义下，为各类商品制定计划价格，而应该让价值规律在市场上自发调节价格。在价值规律的自发调节下，各类商品的供求会趋向平衡，从而保证各类商品生产的按比例发展，这是最理想的办法。

二、对计划与市场关系的认识

社会主义制度下计划与市场的关系问题，是长期以来困扰社会主义国家的一个重大理论问题，也是我国经济学界绵延五十多年研讨的第一大热点，讨论最为热烈、争议最大、发表文章最多、成果最为突出。薛暮桥是我国社会主义经济中计划与市场问题研究的主要开创者之一。[1]他在长期实践的基础上，对社会主义经济中计划与市场的关系进行了深入、持久、卓有成效的探讨。在此，就以薛暮桥对计划与市场的关系的认识为例作一论述。

20世纪50年代中期，我国经济学界普遍认为，只有社会主义国营经济受社会主义经济规律支配，个体经济完全受价值规律支配，私营资本主义经济完全受剩余价值规律支配；后两者还不受社会主义经济规律影响。薛暮桥不是从这种经济成分与经济规律的简单的对应关系，而是从并存的各种经济成分的相互联系中来分析经济规律的作用。1953年，他在《价值规

---

[1] 杨欢进：《薛暮桥经济思想研究》，第207页。

律在中国经济中的作用》一文中认为当时私营资本主义经济的大部分已经通过加工订货，在相当大程度上受国家计划管理，个体经济（主要是农民）在供销社领导下，国家可以通过价格政策把它们的生产纳入国家计划，因此这两种经济也部分地受社会主义经济规律支配。他还特别强调："国民经济的计划化，并不否定价值规律在我国国民经济中的重大作用。"①从历史的发展过程来看，薛暮桥的这篇文章是我国经济学界从理论与实践相结合的角度研究社会主义经济中计划与市场问题的开山之作。②薛暮桥是新中国国民经济计划管理的主要领导者之一③，但他从一开始就没有陷入计划万能或计划支配一切的幻想。在第一个五年计划刚刚完成和社会主义改造结束的1957年，他发表了《再论计划经济与价值规律》的文章，指出："我国的社会主义改造事业现在已经取得了决定性的胜利，我们已有可能适当地扩大国民经济计划管理的范围。国民经济计划管理范围的适当的扩大，可能更有利于我国的社会主义经济的发展。但是，不适当的过分的扩大，也有可能对我们的国民经济带来严重的恶果。"在这篇文章中，他还对社会主义国家实行经济管理提出了国家计划直接管理、国家计划间接管理、价值规律自发调节三种主要形式。④薛暮桥重视、强调价值规律在社会主义经济中的客观存在，是由于他在实践中深刻体会到了价值规律的重要地位。他认为："在社会主义经济中由于存在着上述各种矛盾，因此还必须采取一些调整矛盾双方利益的妥善办法。在各种办法中，最重要的就是'等价交换'。"⑤把价值规律推为调整社会主义经济利益关系的"最重要的"办法或准则，实际上也就是充分肯定了价值规律在社会主义经济中以及社会主义经济规律体系中的非同一般的重要地位。

①　薛暮桥：《价值规律在中国经济中的作用》，《学习》1953年第9期。
②　杨欢进：《薛暮桥经济思想研究》，第207页。
③　杨欢进：《薛暮桥经济思想研究》，第210页。
④　薛暮桥：《再论计划经济与价值规律》，《计划经济》1957年2月号。
⑤　薛暮桥：《社会主义生产关系的内部矛盾》，《学习》1957年第9期。

1977年，薛暮桥任国家计委顾问兼经济研究所所长，重新获得了从事经济研究的权力。从这时到1984年《中共中央关于经济体制改革的决定》发表这一时期，他通过对过去30年左右的计划管理的实践进行总结，反思旧计划管理体制的成败功过，重新审视计划与市场在社会主义经济中的作用及其两者的相互关系。薛暮桥认为，我国的计划管理体制是20世纪50年代从苏联引进的，是建立在自然经济或产品经济基础上的。他说："实践已经证明，过去我国的计划管理制度（其他社会主义国家也有此种现象）还不能充分发挥社会主义制度的优越性，甚至在某些方面（如技术革新和适应市场需要）反而不如有些发达的资本主义国家。"[①]"过去我们国民经济管理体制的最大缺点，是用行政管理来代替经济管理，只有计划调节，缺少市场调节。"[②]基于对我国旧计划体制弊端的分析，薛暮桥从计划管理形式、方法及计划的制订等多方面，探讨了我国计划体制改革的基本方向。就改革的基本原则和基本方向而言，他认为计划管理必须更多地运用经济手段，"我们的经济管理体制非改不可，而且不是小改，是大改。改的原则，就是少用行政方法，多用经济手段"[③]。在计划制订方法上，改变按生产计划定收购计划，按收购计划定销售计划的办法，而是从市场需要出发，按照市场需要定收购计划，按收购计划定生产计划，"不是由生产计划来决定市场销售，而是由市场需要来决定生产计划"[④]。他说："总之，社会主义国家对国民经济的计划管理，一方面必须有统一的国家计划，来调整国民经济各方面的比例关系，规定今后国民经济的发展方向，使生产不至于陷入无政府状态……另一方面，应该重视市场和价值规律的作用，不能以为国民经济的计划管理，就是使一切经济活动都由国家计划来具体规定，一切基层企业甚至集体经济单位都只能够按照国家计

---

① 薛暮桥：《中国社会主义经济问题研究》，第 151 页。
② 薛暮桥：《关于经济体制改革问题的探讨》，《经济研究》1980 年第 6 期。
③ 薛暮桥：《利用价值规律来为经济建设事业服务》（1978），《当前我国经济若干问题》，第 111 页。
④ 薛暮桥：《中国社会主义经济问题研究》，第 148 页。

划下达的指标办事，取消它们的自主权和主动性。这样做，将使国民经济陷于僵死状态，生产和需要互相脱节的现象永远无法解决。特别是在我们这样国土大、人口多的国家，这种计划管理制度，显然是不适宜的。"①

20世纪80年代前半期，薛暮桥连续发表《关于经济体制改革问题的探讨》《计划调节与市场调节》《经济管理体制改革需要解决的几个问题》《关于计划经济和市场调节的关系》《计划经济和市场调节》等文章，对计划调节与市场调节的相互关系问题又提出一系列有价值的见解。他认为，对社会主义经济来说，市场调节是不可缺少的，"必须认识到只要存在商品生产和商品交换，市场调节就是不能取消的"②；而且，市场调节的必然性也为社会主义的实践所证明。他说："国家决不可能直接管理全国的一切经济活动，多数经济活动还必须交给各级地方政府以至基层企业，在国家计划指导下自己去管理。我国有几十万个国营企业（包括工业、农业、商业、交通运输等）和几百万个集体所有制企业，为使它们各自独立进行经济核算，还必须按等价交换原则进行商品交换。而且为着满足社会各方面的需要，我们还必须在国家计划指导下利用市场调节作为计划调节的补充。"③计划调节与市场调节的相互关系，被视为经济体制改革的核心问题之一。针对当时根深蒂固地把计划调节与市场调节对立起来的认识，他指出："这样的认识是不正确的。计划调节和市场调节可以并行不悖、相辅相成，而不是水火不相容的对立物。"④他认为，计划调节与市场调节的统一在于计划调节大部分通过市场调节来实现。他说："过去认为实行计划调节就不能实行市场调节，这是不对的。应该又是计划调节又是市场调节，计划调节大部分通过市场调节来实现。通过市场调节，保证市场供需的平衡。所谓计划调节和市场调节，并不是这些产品计划调节，另一些产品市场调节，而是许多产品都通过市场调节来实现计划调

① 薛暮桥：《中国社会主义经济问题研究》，第 151 页。
②④ 薛暮桥：《关于经济体制改革问题的探讨》，《经济研究》1980 年第 6 期。
③ 薛暮桥：《经济管理体制改革需要解决的几个问题》（1981），《我国国民经济的调整和改革》，第 77 页。

节。"①至于计划调节、市场调节的关系，薛暮桥认为，就多数产品而言是通过市场调节来实现计划调节，因此两者可以说是相互渗透、交替结合的，但作为两种不同的调节手段或方式，计划调节和市场调节的功能应各有侧重。他的主张是：计划调节着眼宏观控制，市场调节侧重微观搞活。

在从理论上探讨计划与市场关系的同时，薛暮桥还紧密结合经济体制改革的实践，对在改革中如何加强市场调节、改善计划调节提出了自己的看法。

如何加强市场调节呢？薛暮桥的观点是：一是扩大流通渠道。他说："市场调节的关键是扩大流通渠道，打破目前生产资料由物资部门、城市消费品由商业部门、农副产品由供销合作社、对外贸易由外贸部独家包办的现象。"②二是调整市场价格。他认为，"利用价值规律来改善我们的计划管理，并发挥市场调节的辅助作用，必须正确运用价格这个最重要的经济杠杆"③，"不调整价格，市场调节就不能充分展开"④。三是充分发挥税率和信贷的作用。他说："国家利用……税率的增减，来奖励企业（包括工厂和社队）增产某些短线产品，或影响企业减产某些长线产品，保持供求之间的平衡。此外还要适当利用银行的作用，通过贷款和利率来指引企业的发展方向。"⑤四是加强经济立法和工商管理。在改革中加强市场调节，并不是可以放任自流。他指出："当然，在实行市场调节时，仍然必须加强管理，不是说可以放手不管，而是采取另一种方法来管，例

① 薛暮桥：《计划调节与市场调节》（1980），《当前我国经济若干问题》，第250页。
②⑤ 薛暮桥：《关于经济体制改革问题的探讨》，《经济研究》1980年第6期。
③ 薛暮桥：《经济管理体制改革需要解决的几个问题》（1981），《我国国民经济的调整和改革》，第78页。
④ 薛暮桥：《计划调节与市场调节》（1980），《当前我国经济若干问题》，第251页。

如经济立法……"① "社会主义制度下，市场调节既有积极作用，也有消极作用。在计划指导下，前者是主要的，后者是次要的。所以我认为我们的工商管理工作，应当采取积极的方针……同时防止盲目发展和投机倒把、弄虚作假等不利于国计民生的消极作用。"②

怎样改善计划调节？薛暮桥的观点：（1）计划调节要更多地运用经济手段。他提出："在过去，我们往往把利用行政手段的调节与计划调节相混淆，把利用经济手段的调节与市场调节相混淆。……如果这样理解，计划调节是主体，市场调节是补充，就将被理解为利用行政手段的调节是主体，利用经济手段的调节是补充，这显然是不对的。"在加强计划调节时，"新的措施不是回到过去单纯地采取行政手段来管理经济，而是要随着调整事业的进展，逐步较多地利用经济手段来管理经济，这样才能使地方和企业的积极性符合于国家计划和国家整体的利益"③。（2）计划调节要着眼于总量控制。他说："根据我们30年的经验，国家应当控制什么呢？一是建设规模，二是人民生活提高的幅度，经济建设和人民生活要统筹安排。"④（3）计划调节要坚持综合平衡。他说："计划管理的中心任务，是对国民经济实行综合平衡。我国过去20年经济工作方面发生几次失误，除林彪、'四人帮'的干扰破坏外，主要是没有做好国民经济的综合平衡工作，引起国民经济比例失调。"⑤这是薛暮桥从实践经验的总结中得出的重要结论。包括财政收支平衡、信贷收支平衡、外汇收支平衡、

---

① 薛暮桥：《再论经济结构和管理体制的改革》（1980），《我国国民经济的调整和改革》，第19页。

② 薛暮桥：《工商行政管理面临的新情况和新任务》（1980），《当前我国经济若干问题》，第159页。

③ 薛暮桥：《计划经济和市场调节》（1982），《我国国民经济的调整和改革》，第230页。

④ 薛暮桥：《计划调节与市场调节》（1980），《当前我国经济若干问题》，第247页。

⑤ 薛暮桥：《关于经济体制改革问题的探讨》，《经济研究》1980年第6期。

物资供求平衡在内的综合平衡，其结果是总供给与总需求的平衡，为国民经济的持续、稳定、协调发展提供了保证。他说："只要做到财政收支平衡、信贷收支平衡、物资供求平衡、外汇收支平衡，其他工作放手让大家自己去办，出不了大乱子。现在我们出乱子，主要是没有做好综合平衡。国家计划应该抓综合平衡，而我们没有认真去做，而是抓一个个具体项目的安排，没有抓积累和消费的比例关系。结果一方面大家都想大干快上，基本建设规模越大越好；另一方面重工业生产发展太快，挤了农业和轻工业生产。这样生产资料就留了很大缺口，市场供应也留了缺口，这就非搞乱不可。"①

"社会主义经济是有计划的商品经济"的论断在1984年中共十二届三中全会确立之后，价值规律和市场作用得到了强调，但计划管理又相对被忽视了。对此，薛暮桥多次表示了不同意见。1986年8月，他明确指出："发展社会主义商品经济不是要取消国民经济的计划管理，而是使计划管理的体制适应商品经济发展的需要。近几年经济体制改革的实践使我们进一步体会到，在微观放活的同时，必须相应改进计划管理工作，加强宏观控制。"②他指出社会主义商品经济需要有效的宏观管理，必须建立以经济手段为主的间接调控体系。他说："实践表明，在经济体制改革过程中，既要在微观上进一步放活，又要加强宏观控制。在着重增强企业活力的同时，必须加强和改善宏观计划管理。"③1984年底我国经济出现宏观失控，有人主张在计划管理上走回头路。对此，薛暮桥坚决反对，指出："十二届三中全会以后，我们改革的步子迈得比较大，在经济发展中出现了一些新情况和新问题。少数同志迷惑不解，企图恢复旧的管理制度来克服这些混乱现象。这是行不通的。事实告诉我们，我们体制改革的大方向是完全正确的。"④

---

① 薛暮桥：《关于经济体制改革问题的探讨》，《经济研究》1980年第6期。
②③ 薛暮桥：《〈中国社会主义经济问题研究〉修订版日译本跋》，《经济研究》1986年第10期。
④ 薛暮桥：《继往开来 稳步前进》（1986），《改革与理论上的突破》，第136页。

　　1987年，党的十三大报告在提出社会主义初级阶段理论的同时，在计划与市场的关系上提出了"必须把计划工作建立在商品交换和价值规律的基础上"的全新论断。薛暮桥以他丰富的实践经验，认识到了这一全新论断的重要性。他专门写了《把计划工作建立在商品交换和价值规律的基础上》一文，强调指出，对于社会主义商品经济而言，"要搞好计划管理，'必须把计划工作建立在商品交换和价值规律的基础上'，这是从几十年实践经验中得出的唯一科学的结论"①。进入20世纪90年代，薛暮桥又把自己的思想在两个方面向前推进了一步。首先，对于"要把计划工作建立在商品交换和价值规律的基础上"这种提法中的"商品交换"，薛暮桥主张改为"商品经济"。其次，明确地否定"指令性计划、指导性计划、市场调节"三块论，认为计划与市场都是覆盖全社会的。与此相适应，薛暮桥提出了社会主义初级阶段最理想的经济模式："我认为社会主义初级阶段最理想的经济模式，是通过国家计划把宏观控制搞好，通过市场调节把微观经济搞活。宏观控制搞好，是微观经济搞活的先决条件；微观经济搞活，是打破社会主义经济过去的僵化状态，使它具有生机和活力的关键。"②

三、对所有制的认识

　　生产资料的所有制问题，是决定不同社会经济形态的关键所在。生产资料的社会主义所有制，是社会主义经济的最本质的内容，也是几十年来社会主义经济理论研究的核心问题之一。三大改造任务结束直至改革开放，我国经济学界的主流观点认为社会主义公有制是社会主义社会的唯一的经济基础，社会主义公有制包括全民所有制和集体所有制，全民所有制是高级形式，集体所有制是低级形式；随着社会生产力发展，集体所有制要向全民所有制过渡，形成全面的全民所有制。在这期间，无锡籍经济学家也提出了一些有创新价值的观点。

---

① 薛暮桥：《把计划工作建立在商品交换和价值规律的基础上》，《经济研究》1988年第3期。

② 薛暮桥：《计划经济与商品经济计划调节与市场调节》，《改革》1988年第1期。

在传统的计划经济体制条件下，所有的经济活动都依赖政府的行政命令，所有的企业都是依附于政府行政体制的生产单位，人财物、产供销都遵循计划安排。孙冶方较早地认识到了其中的弊端，在1961年第一个提出了所有权和企业经营权分离的理论。他认为在全民所有制之下，"经营管理权问题应该代替所有制的地位而成为社会主义政治经济学所要研究的生产关系三个方面中的第一个方面"。同时，他还提出了划分国家和企业权限的"杠杠"。"财经管理体制的中心问题是作为独立核算单位的企业的权力、责任和它们同国家的关系问题，也即是企业的经营管理权问题"①，经营管理体制中"大权"和"小权"、"死"和"活"的界限是简单再生产和扩大再生产的界限。属于简单再生产范围以内的事是企业应该自己管的"小权"，国家多加干涉，就会管死，束缚企业从事生产经营的积极性和主动性。

薛暮桥是最早主张发展多种经济成分的经济学家。②20世纪50年代，薛暮桥从我国现有的生产力水平出发，特别强调了合作社经济、集体所有制经济、个体经济的重要性，论述了劳动力个人所有制的存在及其意义。他在1957年对追求生产资料所有制过渡的"左"倾冲动及时提出了批评。他指出，集体所有制将长期存在。他说："我们能不能把集体所有制经济迅速转变成为全民所有制经济呢？显然不能。在手工劳动还广泛存在的基础上，大部分手工劳动者在过去只能主要采取个体经营的方式，在现在也只能主要采取集体所有制的方式，农业生产由于还广泛地存在着自给自足性质，即便在部分机械化以后，也还只能主要采取集体所有制的方式。"③同时，他还指出，个体经济在某些行业还有优越性。他在《经济工作中的若干理论问题》一文中发问："社会主义经济是否需要百分之百的社会主义，是否可以容许小商品经济甚至资本主义经济在一定时期、

---

① 孙冶方：《关于全民所有制经济内部的财经体制问题》（1961），《社会主义经济的若干理论问题》，第140页。

② 张卓元、张晓晶主编：《新中国经济学研究70年》（上卷），第209页。

③ 薛暮桥：《社会主义生产关系的内部矛盾》，《学习》1957年第9期。

一定范围以内存在，并有一些发展，然后慢慢改造它们？"①到1959年，"一大二公"、所有制迅速过渡的观点风靡一时。对此，薛暮桥提出了明确的警告："如果把分散的个体经济直接改造成为全民所有制经济，或者在条件还不成熟的时候，勉强地使集体所有制经济迅速地过渡到全民所有制经济，就有可能损害农民生产的积极性，就有可能破坏工人阶级同农民的团结，那是不能容许的冒险行为。"②

到20世纪70年代末，薛暮桥对脱离我国生产力的发展状况去搞所有制的"穷过渡"进行了反思，得出结论："积30年的经验，只有两种所有制是不行的，要建立多种多样，从国营经济到个体经济的多层次的经济结构。今后我国的经济成分，至少有七八种……"③提出："在社会主义国营经济的坚强领导下，以大量的社会主义集体经济为助手，以小量的其他几种经济成分为补充，这可能是我国社会主义建设所必须走的道路。"④他认为，像中国这样一个经济落后的国家，不仅要保留一定的非剥削的劳动者个体经济，还必须保留一些资本主义经济成分；在社会主义初级阶段，资本主义经济可以采取不同的形式以适应不同的生产力发展水平和不同的经济条件，如中外合营的形式、公私合营的形式、私营的形式等。他提出："我们现在还不可能使资本主义绝种，有一点也没有什么可怕……这同农村中的自留地、家庭副业一样，是社会主义经济的必要的补充。"⑤这一观点的提出，标志着薛暮桥社会主义所有制理论的深化和一个重要的发展。

---

① 薛暮桥：《经济工作中的若干理论问题》（1957），《薛暮桥学术精华录》，北京：北京师范学院出版社，1988年，第204页。

② 薛暮桥：《怎样认识社会主义经济》，《新建设》1959年第10期。

③ 薛暮桥：《再论经济结构和管理体制的改革》（1980），《我国国民经济的调整和改革》，第13—14页。

④ 薛暮桥：《经济结构和经济体制的改革》，《红旗》1980年第14期。

⑤ 薛暮桥：《谈谈劳动工资问题——1979年3月24日在全国改革工资制度座谈会上的讲话》（1979），《当前我国经济若干问题》，第125页。

20世纪50年代中期，薛暮桥就形成了个体经济将在手工劳动的基础上长期存在的思想，这一思想使他在20世纪70年代末最早提出了恢复和发展个体经济的问题。[①]1979年，全国城镇待业人员已达2000万，如果这部分人员不能充分就业，有可能影响社会安定。有鉴于此，他多次明确地提出发展个体私营经济的建议。在1979年初开始执笔的《中国社会主义经济问题研究》中，薛暮桥指出："凡是适宜于手工生产的产品，仍然可以保存分散的手工业合作社，甚至准许极少数个体手工业者和小商贩游街串巷，直接为消费者服务。这不但方便城乡居民，而且对安排劳动就业也是有好处的。"[②]在当时和随后的几次报告中，薛暮桥多次提出了恢复和发展个体经济的问题。同年3月，薛暮桥在全国改革工资制度座谈会上的讲话中进一步明确地提出："个体经济的尾巴割不掉，不能割。""目前我们不主张消灭个体经济，还要在一定程度上保护它。""在目前留一点资本主义和个体经济的尾巴，可能利多害少。第一，可以有一点竞争，使国营经济减少一点官僚主义；第二，填空白，干一些国营经济不愿干的事；第三，满足市场的需要，方便人民生活。"[③]同年7月18日，薛暮桥向新华社记者发表谈话，指出广开就业门路必须改革劳动管理制度，允许个体经济的存在和发展。第二天，《人民日报》发表《手工业大有可为》的社论，这实际上是在全国吹响了大力恢复和发展个体经济的号角。薛暮桥上述关于恢复和发展个体经济的主张，在相当的层次和范围内引起争论，但薛暮桥都不为所动。恢复和发展个体经济，终于成为在所有制方面的一项改革内容而付诸实践。

面对后来私营经济的发展，不少人害怕这会动摇社会主义公有制。对此，薛暮桥认为："我们对拥有数千万元资金的中外合营企业和外资独营企业都不害怕，为什么要害怕几万元至几十万元的私营企业呢？只要我

---

① 杨欢进：《薛暮桥经济思想研究》，第 104 页。

② 薛暮桥：《中国社会主义经济问题研究》，第 47 页。

③ 薛暮桥：《谈谈劳动工资问题——1979 年 3 月 24 日在全国改革工资制度座谈会上的讲话》（1979），《当前我国经济若干问题》，第 124—125 页。

们进一步扩大国有企业的自主权，让它们也能够像集体、个体经济一样自力更生，迅速发展起来，我们是不必要害怕社会主义公有制的基础被动摇的。"①当然，他并不主张对私营经济放任自流，建议对个体经济、私营经济加强工商行政管理、税收管理，使之健康发展。

我国股份经济研究的热潮出现在1985年以后，而早在1980年当企业改革尚处于扩大自主权、实行经济责任制的起步阶段的时候，薛暮桥就以一个改革探索者的口吻提出："除发展合作社、合作小组、个体经营和农副产品市场以外，是否可以考虑在公股占绝对优势的条件下，吸收一点私股，办公私合营企业。既然可以让外国资本家来办中外合资企业，为什么就不能允许本国原来的工商业者来投资办公私合营企业呢？"薛暮桥提出的另一种股份经济形式，是吸收职工入股，"特别是吸收职工投资入股，可以考虑。主要不是为着吸收资金，而是使他们更关心企业的经营管理、监督领导者的浪费。大企业职工资金很少，性质不变；小企业私股如果多于公股，可以变为集体所有制"②。可见，薛暮桥是我国经济改革中提出把股份经济作为所有制改革内容之一的最早探索者之一。③

薛暮桥早期对合作社的重视，奠定了他对合作经济认识的基础。在改革之初，薛暮桥又提出了恢复和发展各种合作小组、合作社等合作经济形式的主张。他认为，这种合作经济，在城市尤其值得发展。"文革"后，城市普遍面临着吃饭难、住宿难、做衣难、修理难等一系列生活难题，薛暮桥提问："可不可以办几千个合作社、合作小组来解决这些困难？"他在1987年更为明确地从所有制的角度提出了合作社问题："在所有制问题上，除股份公司外，还有一个值得考虑的问题，就是合作社所有制。过去我们常把合作制和集体所有制等同起来，其实这两者是有区别的。我认为

① 薛暮桥：《建设有中国特色的社会主义的必由之路》，《经济日报》1987年3月5日。
② 薛暮桥：《再论经济结构和管理体制的改革》（1980），《我国国民经济的调整和改革》，第13页。
③ 杨欢进：《薛暮桥经济思想研究》，第106页。

合作社所有制只是集体所有制的一种形式，而且是比较低级的形式。"①
对于我国落后的生产力发展水平而言，这种较低级的合作社所有制有其存
在的客观基础。

　　总体来看，薛暮桥关于非社会主义经济成分的思想是非常丰富的，
他是新时期恢复和发展个体经济、小资本主义经济的主要倡导者；是股份
经济的最初提出者；是合作经济罕见的推崇者。②但他主张恢复和发展非
社会主义经济成分，始终有一个大前提，这就是社会主义公有制占主导地
位。他在谈到个体经济、小资本主义经济、合作经济、股份经济的发展
时，始终强调公有制占主导地位的大前提。薛暮桥始终认为，经济体制改
革，包括所有制方面的改革，最终目的都是促进社会主义经济的发展，而
绝不能损害、削弱公有制经济，瓜分国有财产。他提出："明确了公共财
产的范围，并经过清产核资来确定每一个企业的公共财产（包括国家所有
和集体所有）。以后，还必须建立专职机构来保护这些公共财产。""解
决国有财产的管理问题，必须有一个实实在在的管理机关和一套明明白
白的管理办法。"③后来设立的国有资产管理局，正是这种主张的直接
结果。

　　过去，以公有化程度作为衡量所有制形式优劣的标准，导致了对提高
公有化程度的片面追求。改革时期所有制结构的调整和非社会主义经济成
分的恢复和发展，形成了对这种标准的巨大冲击。重新认识判别所有制形
式优劣的标准，就成为一个必须解决的问题。薛暮桥在对我国几十年所有
制变动的经验教训的总结中认识到："在生产关系的社会主义改造方面，
过去我们的指导思想往往不重视生产关系和生产力之间的辩证关系，离开
了我国生产力的发展状况，错误地认为社会主义公有化的水平越高越好。
结果有些时候生产关系的改造不但不能促进生产力的发展，反而阻碍生产

---

① 薛暮桥：《我国生产资料所有制的演变》，《经济研究》1987 年第 2 期。
② 杨欢进：《薛暮桥经济思想研究》，第 108 页。
③ 薛暮桥：《认真管好社会主义国有财产》，《经济日报》1987 年 10 月 24 日。

力的发展，甚至使生产力受到破坏。"①"判断哪一种所有制最优越，主要标准应当是有利于提高社会生产力和劳动生产率，发挥最大的经济效果。离开了这一点来要求'一大二公'，是不切实际的空想。"②薛暮桥所提的这个生产力标准，完全是历史唯物主义的。这一标准的确立，为薛暮桥多种所有制形式并存的思想提供了理论基础和理论依据。

四、对均衡发展的认识

中华人民共和国成立以后，实现什么样的发展、怎样发展问题，一直成为经济学界研究的热点问题。落后国家在获得民族独立后，都急于把本民族的经济迅速推向前进。这一点在中国表现得异常明显。我国从1958年起三年"大跃进"，结果严重破坏了生产力，使得国民经济水平失调，人民生活水平下降，造成了我国1959年至1961年连续三年的困难时期。为了总结其中的教训，我国经济学界在20世纪60年代起在薛暮桥、于光远、孙冶方共同主持下，举办了多次关于速度与比例、社会主义再生产、农轻重关系、经济核算与经济效果座谈会。关于速度与比例关系问题，薛暮桥认为："不是说在提高速度的时候，可以不考虑客观的可能性，可以不考虑国民经济各部门的比例关系。速度必须建立在客观可能性的基础上；而且必须保持国民经济各部门的基本的比例关系，这样才能保证国民经济的高速度发展。"③

"文革"结束后不久，追求高指标、高速度的苗头再次出现。薛暮桥有鉴于过去中国经济大起大落的痛苦经验，对此深为担忧。他出于强烈的社会责任感，在1978年4月致信邓小平、李先念，指出"在目前新的跃进形势中，中央建设项目的盘子又越来越大，地方工业、社办工业都在大干快上"，这样势必使现在已经存在的不平衡状态继续扩大。他希望领

---

① 薛暮桥：《艰苦创业三十年》，《红旗》1979年第10期。
② 薛暮桥：《经济结构和经济体制的改革》，《红旗》1980年第14期。
③ 薛暮桥：《社会主义经济的高速度和按比例发展》，《人民日报》1959年1月7日。

导人出来讲话，打破"左"倾思潮设立的禁区。他在1979年的多次讲话中直截了当地指出：过去讳言"左"的错误，其实造成损失最大的是"左"倾思潮的错误。他认为，国民经济比例失调已经十分严重，必须采取措施调整国民经济，使国民经济积累（投资）和消费的比例恢复大体平衡的状态。①在论证自己的观点时，他使用了"国民收入超分配"概念，表示按不变价计算的"积累基金和消费基金合计超过国民收入总额"（或"货币形态上的积累基金和消费基金合计超过实有的国民收入"）的状态，建议通过各种政策手段控制财政赤字和货币发行，压缩总需求，实现经济的再平衡。②他分析到，追求不切实际的高指标、高速度，必然导致高积累。高积累又必然导致两个结果，一是积累与消费比例关系失调，影响人民生活的改善，严重挫伤人民的生产积极性；二是国民经济部门比例失调，基本战线过长，重工业过分膨胀，农业、轻工业短腿，使国民经济难以协调发展，最终是欲速则不达。

晚年的薛暮桥在回忆这段经历时，仍对当时的经济形势表现出十分的担忧。他说："当时如果我们任其发展下去，过不了几年，经济建设肯定会再次遭到重大挫折。为了使社会主义现代化建设顺利发展，必须坚决纠正冒进的错误，把国民经济的调整放到首位，根本改善国民经济的比例关系。"③针对当时理论界有人认为应当把改革而不是调整放到首位的观点，薛暮桥指出："改革应当为经济发展服务，它的每一个重大步骤都应当取得促进经济正常发展的良好效果，否则改革容易遇到挫折。经济稳定协调的发展，是改革顺利推进的重要条件。当时，在改革的步骤上应当首先促使农业生产上升，使农轻重比例向协调方向发展，发挥促进调整的作用，为调整服务。"④

---

① 吴敬琏：《走向市场经济的开拓者》，《薛暮桥文集》，北京：中国金融出版社，2011年，"序言"，第3页。
② 吴敬琏：《走向市场经济的开拓者》，《薛暮桥文集》，"序言"，第3页。
③ 薛暮桥：《薛暮桥回忆录》第2版，第264页。
④ 薛暮桥：《薛暮桥回忆录》第2版，第264页。

薛暮桥对20世纪50年代的"土冒进"和70年代的"洋冒进"给我国经济发展带来的危害感受颇深，所以他反复讲20多年中追求高速度、高指标的教训，再三强调："正像我国的社会主义改造不能急于过渡一样，社会主义建设也不能盲目追求高速度、高积累，让主观要求超越客观可能。"①他把反对追求不切实际的高指标高速度的认识上升到客观规律的高度来强调，说："这是我国社会主义经济发展的客观规律。"②薛暮桥的这些意见，对当时国民经济调整和即将启动的经济体制改革起到了应有的作用。1980年末，中央明确提出调整国民经济的方针，着手扭转投资"过热"和"重重（工业）轻轻（工业）"的结构扭曲状态。对于党中央提出的调整方针，薛暮桥给予极高的评价，认为"我国的经济建设从30年来急于求成、欲速不达的道路，转移到实事求是，一切从全国人民实际需要出发的道路"，"是一个历史的转折点"。③在此后的发展历程中，靠投资拉动增长的思维惯性却十分顽强而难以扭转，一次调整过后不久，经济"过热"往往又死灰复燃。每当遇到这种情况，薛暮桥总是一以贯之，在事前发出预警信号，力求防患于未然；"过热"发生以后，积极地提出应对措施，减少可能造成的损失。④

1982年党的十二大报告提出用20年时间使国民生产总值"翻两番"的任务后，孙冶方在11月19日《人民日报》上发表《二十年翻两番不仅有政治保证而且有技术保证——兼论"基数大、速度低"不是规律》一文。指出："基数大，速度就低"不是社会生产发展的规律，而主要是忽视对现有企业进行技术改造的结果；只要不再"冻结技术""复制古董"，有重点有步骤地把几十万个现有企业的技术改造做好了，生产发展的速度就一定会快起来。他建议应该逐步提高固定资产折旧率、缩短折旧年限。

---

① 薛暮桥：《中国社会主义经济问题研究》，第 208—209 页。

② 薛暮桥：《中国社会主义经济问题研究》，第 208 页。

③ 薛暮桥：《中国经济的最近动向》（1981），《我国国民经济的调整和改革》，第 228 页。

④ 吴敬琏：《走向市场经济的开拓者》，《薛暮桥文集》，"序言"，第 4 页。

孙冶方的这些观点受到党中央的高度重视。李剑阁回忆："（20世纪）80年代初，学术界包括经济学界关于中国用20年时间使国民生产总值翻两番的目标能否实现的问题，曾经有过一场比较激烈的争论。一部分人估计目标不能实现。他们认为，资源和资金的约束，特别是能源的储量短缺和开采能力不足，将是难以克服的。而以孙冶方为代表的观点认为，困难可以克服，目标能够实现。持两种观点的同志都做了有理有据的论述和大量的定量分析。当然，实际的发展业绩已经证明孙冶方所持的观点是正确的。"①

从20世纪70年代末期开始，随着西方经济学影响的增大，在中国实行"温和的通货膨胀"宏观调控政策的主张逐渐有了市场。这种主张刚一冒头，薛暮桥就十分警惕，在1979年就明确提出："我认为，我国的情况与资本主义国家不同。他们生产过剩，需要使物价徐徐上升，来促进商品销售，企图以此来逃避或者缓和由于生产过剩所引起的经济危机。我国绝大多数产品供不应求，如果物价随意上升，供销不平衡将更加严重。而且物价上升就要增加职工的工资，如果物价不断上升，工资不断调整，则人们将天天议论工资，议论价格，有可能影响职工内部和工农两个阶级之间的安定团结。……为此，国家需要保持财政收支和信贷收支的平衡，货币流通数量和市场货币流通需要量的平衡，避免通货膨胀。"②1981年薛暮桥更提出严重警告："如果物价不断上升，人民就有可能不向银行存款，而向银行提取存款来抢购各种商品，市场供应将更紧张。这样银行就将被迫增发货币，促使物价继续上升，形成通货膨胀和物价上涨的恶性循环。我国60年代初期就曾经出现过这样的情况。"③20世纪80年代中期，通货膨胀在中国日趋明显，导致了经济过热。薛暮桥指出："要防止通货膨胀，

① 李剑阁：《经济学家的作用、责任和命运》，孙冶方经济科学基金会编：《孙冶方经济观点评述》，第247页。
② 薛暮桥：《中国社会主义经济问题研究》，第141—145页。
③ 薛暮桥：《中国目前的经济情况》（1981），《我国国民经济的调整和改革》，第212页。

就必须下决心压缩基本建设规模，使它同生产资料的供应相适应。其次是下决心控制消费基金（除控制工资奖金外还要控制机关的集团购买力），使它同消费品的供应相适应。"①为避免"再一次出现国民经济比例失调的现象"，薛暮桥指出："我们必须努力改善和健全宏观控制的手段和方法。"②一是充分发挥银行总枢纽的作用。不论是从商品经济的一般规律来看，还是从我国经济改革所表明的趋势来看，银行都在宏观控制中占有突出的地位。"银行是经济活动的中心。我曾说过银行像人的心脏，所有资金全都流到心脏，然后再流向全身。这是一个总枢纽，这个枢纽不搞现代化，还吃'大锅饭'，那是不可思议的。"③银行要控制好货币发行，正确划分地方政府同银行的关系，发挥好中央银行的作用。二是发挥财政的调控作用。在薛暮桥看来，"国民经济宏观控制的主要工具有两个，一个是财政，一个是银行"④。要控制好基本建设规模，利用税率调节个人收入和调整产业结构。三是加强横向经济联系。

五、对对外开放的认识

季崇威在1981年撰文提出，发展对外贸易包括发展同资本主义国家对外贸易，可以取得比较利益，对国家的经济发展有积极作用。⑤季崇威是我国利用外资的坚定倡导者和理论家，并在国家进出口委和国务院发展研究中心任职期间加以实践和应用，在推进深圳、珠海等我国首批经济特区的创建和拓展、14个沿海城市的率先对外开放、对外经济贸易体制改革

---

① 薛暮桥:《物价的结构性的调整和通货膨胀》(1985),《改革与理论上的突破》,第169页。
② 薛暮桥:《我国经济体制改革的回顾和瞻望》,《中国经济体制改革》1986年第1期。
③ 薛暮桥:《现代化经济要有现代化金融体系》,《经济工作通讯》1985年第6期。
④ 薛暮桥:《银行在国民经济宏观控制中的作用》,《金融时报》1987年5月8日。
⑤ 季崇威:《应用比较成本论指导我国对外贸易》,《外贸教学与研究》1981年第3期。

等实务工作中发挥了积极的作用。20世纪80年代中期他旗帜鲜明地批驳了"利用外资将摧残扼杀民族工业"的错误思潮，多次强调"要贯彻执行对外开放政策必须肃清闭关自守的'左'的思想残余特别要认清对外开放同坚持独立自主、自力更生和保护民族工业的关系把两者统一起来而不是对立起来"。他对浦东的开发开放倾注了极大的热情，指出："20世纪80年代中国对外开放是以华南地区特别是以珠江三角洲为重点，形成了以香港—深圳—广州为轴心的华南经济协作区，带动了广东等省外向型经济的迅猛发展。90年代中国进入了全方位开放和加速实行社会主义市场经济体制的新阶段，在继续重视香港充分发挥其作为中国对外桥梁和纽带作用的同时必须在内地构建和形成我国新的国际经济、金融、贸易中心，作为90年代以至21世纪中国扩大对外经济开放的龙头浦东开发是跨世纪工程，上海正在逐渐恢复它历史上作为全国经济中心的地位。随着浦东开发开放的成功，它必将进一步发展成为东亚以至国际的经济金融、贸易中心促进长江流域和中国经济的振兴。"在我国对外开放理论研究中，他较早提出"吸引跨国公司的总部到上海来，使上海逐步成为国际经济中心城市""建立生产、流通和资金方面的统一大市场""向外汇的期货市场和汇兑市场中心努力"等观点。

　　1992年，周小川对于"社会主义市场经济应该与什么样的对外开放的模式相衔接呢?"这一问题深入思考，并撰文指出，社会主义市场经济已经被确立为我国经济体制改革的目标模式，在对外开放上，社会主义市场经济所对应的模式应该是开放型经济。开放型经济与对外开放有一定的区别，从经济学概念及经济体制模式来讲，对外开放讲的是一个过程和方向，开放型经济是一个在经济学上明确地与"封闭型经济"相对照的概念，强调的是把国内经济和国际市场联系在一起，尽可能充分地参与国际分工并发挥我国经济的比较优势。开放型经济是厂商在国际市场中自负盈亏、自主经营、放开经营、自由进入的体制，它不仅区别于传统的中央计划经济中的国营贸易的体制，也区别于过分搞保护主义———使用关税和非关税壁垒尽力把国内市场和国际市场隔绝的经济体制。他在文中梳理了我国对外开放已取得的贸易体制上的进展，指出尽管世界银行将我国划为一般内向型经济，但我国自我评价可能会更乐观一些，并提出我国应明确进一步发展的方向——走向开放型经济。这篇论文收录在1993年出版的《走向开放型经济》一书中，该书获1994年度"安子介国际贸易著作奖"。值得一提的是，他还在文中直接指出，实现本国货币的可兑换是扩大对外开放的一个重大步骤。对应于开放型经济，本国货币更应该是可兑换的。①纵观周小川的职业生涯，他始终致力于人民币可兑换与国际化问题的深入研究和探讨，并带领央行采取了一系列具有前瞻性和战略性的举措。近年来人民币在国际货币体系中的地位逐渐上升，成为全球重要的储备货币之一，不仅彰显了中国金融改革的成果，也为中国经济的全球化发展奠定了坚实基础。

---

① 周小川：《走向开放型经济》，《经济社会体制比较》1992 年第 5 期。

第四节　学术追求与社会责任

　　无锡历来有崇尚"实学实用"的文化传统。无锡籍经济学家负有强烈的社会责任感和事业心，不以个人的立言立功、成名成家为学术追求的目的，而是在严谨求实的学术追求中，自觉承担起经世致用的社会职责，把学术象牙塔的基础牢固地建筑于大千世界的坚实土地上，用个人的智慧和勤奋服务于国家发展和人民福祉。他们从来不把经济学仅仅作为个人的"饭碗"。在他们看来，学术应当是利国利民的"公器"，而不能作为自己和特定利益集团服务的"私物"。

一、把中国经济作为研究的对象

　　自近代以来，中国出现了振兴实业、发展经济的热潮，一系列经济法规、条例出台。同时，由于政局不安、军阀混战，国家的发展之路坎坷。面对这一切，无锡籍经济学家把自己的研究和讲学定位于"强国富民"，以国家社会和人民的福祉为根本目标。

　　贾士毅作为富有经验、又有学识的财政专家，一直在当时中国经济系统中扮演重要角色，并灵活地周旋于政府部门、商业银行和大学等多个领域，对民国政府的财政金融多有建议。正是在他的建议和倡导下，1934年国民政府在第二次全国财政会议上议定了五项《划分省县收支原则》，次年立法院又通过和公布了《财政收支系统法》，确定了财政收支系统分为中央、省（市）和县（市）三级，县市财政由此成为独立收支系统。到了1942年，国民政府在第三次全国财政工作会议上，对已经建立起来的分税制财政体制进行了改动，将全国财政划分为国家财政与县自治财政两大系统，省级财政并入了国家财政，三级分税制改成了两级分税制。贾士毅不仅在学术上著书立说，而且在实践上也颇有建树。在担任湖北省政府委员兼财政厅厅长期间，他采取措施整顿稽征机关，调查田赋及工商税源；整理及清偿新旧债务，恢复政府信用，安定金融和市场；确立预算制度，划清县省收支界限；并逐步降低军事开支，提高行政、建设及教育等支出。

　　"赋税系民生，度支关国计。"贾士毅的财政思想中就闪烁着"经邦济世"的思想光辉。在《废除苛捐杂税与发展国民经济》一文中他指出："经济为财政之基础，二者互为因果，关系至为密切。故善理财者，应以不妨害国民经济之发展与民生事业之繁荣为原则。"可见，理财应以国民经济与民生事业为基础。"近年以来我国外受世界经济恐慌之影响，内遭天灾人祸之摧残，农村衰落，工商交困，至今日已达极点。揆厥原因，固有多端，而苛捐杂税过于繁重，竭泽而渔，民不聊生，实为厉阶也"，他由此反对苛捐杂税。1927年7月，贾士毅正在赋税司司长任上，财政部发布了《国民政府裁撤厘金暨关税自主布告》，向苛捐杂税发出了征讨檄。[1]"生天下财，计天下利"，正是贾士毅"财政救国"思想的生动体现。

　　发展民族工业，以实际行动抵制外国的经济侵略，是杨荫溥在读书期间经历"五四运动"后发出的呼声。此后，他选择以偏重实际的经济、金融研究为业。在美国学成归国后，他一方面利用所学，结合中国政治、经济实际情况，对金融学和经济学进行深入研究，著书立说，培育人才；另一方面在经济实务岗位上积极参与计划设计，或者协助实际工作。在银行任职的五年多时间里，他对20世纪30年代中国政府的重要金融举措，如废两改元、推行新货币政策、发行统一公债等提出政策建议；同时对传统银钱业的改革和业务建设的策划改进，以及对新式银行业的业务拓展，包括组织联合准备会、成立票据交换所、合组中国征信所、创设银行学会等发

---

① 　汤虎君：《贾士毅——近代财政史学大家》，许卫国主编：《无锡走出的经济学家》，第 129 页。

表了自己的观点。①他将学术研究与业务工作相结合，相继撰写了《经济新闻读法》《各国币制》《中国金融研究》等著作。在《中国金融研究》一书中，他着重对中国金融业面临的困境以及中国银行制度存在的弊端等问题做了剖析，并从货币政策、国际收支、财政制度、金融市场等方面进行了理论探讨，对当时急需解决的一些问题提出了积极的建议。"以宅心为公，为一生处事之信条"，杨荫溥用实际行动践行了这一信条。

同样，探求富民强国的出路是祝世康躬耕于经济学领域的初衷。他始终关注并深入研究劳工问题，在全面抗战前就出版了《中国劳工运动》（英文版）、《劳工问题》、《社会保险》、《国防经济与经济建设》等专著。受孙中山"三民主义"思想的影响，全面抗战时期，祝世康在重庆创议成立了"民生主义经济学社"，倡导建立民生主义经济学体系，并创办并主编《经济论衡》杂志。在《经济论衡》创刊词中，他写道："非提倡活用经济方策，不足以裨益社会；非努力求经济学体系的树立，不足以改进人类经济生活。"其倡导建立的民生主义经济学派，更是以"养民"为宗旨。依他的观点，民生主义经济学有两个特点：第一是以整个国家民族的人民生计为对象；第二是以调和为发展人民生计的法则。②凡此种种，无不流露出其倡导建立民生主义经济学体系的"经世济民"之目的。

全面抗战时期，大后方工业的发展与持久抗战的关系至为密切，张锡昌、秦柳方等发起创办《中国工业》月刊，探讨战时工业发展的理论和政策，研究工业生产和工业品销售市场问题。张锡昌在《中国工业》上发表《中国工业化的当前问题》《如何挽救工业生产》《当前经济的中心问题》《对于筹设工业经济研究所的希望》《工业标准化的前提》《物价与工业》等文章，论述探讨战时工业问题；秦柳方则围绕"今后的工业建设""论工业贷款""税捐与工业""当前工业的救济"等问题在《中国工业》上发表多篇专题论文。

---

① 朱昱鹏：《杨荫溥——学养深厚的财政金融学家》，许卫国主编：《无锡走出的经济学家》，第 137 页。
② 祝世康：《民生主义经济学体系的研究》，《经济论衡》1944 年第 2 卷第 3 期。

1947年，徐毓枬从英国学成归国。当时的中国，战事不断，政府财政困难，民间物价飞涨，经济领域中最大的主题就是如何缓解经济危机。徐毓枬在此时代背景下运用留英所学知识力图解决当时经济危机，发表《目前中国是否已达到充分就业》《再论中国是否达到充分就业》《由政治谈经济从何谈起：对批评目前几种经济急救方案者之批评》《论几种经济急救方案之配合运用》等多篇文章，探讨充分就业问题、财政与物价问题、强国与富国的抉择问题。篇篇都是立足于中国实践，将凯恩斯理论与中国特殊历史背景相结合，为中国发展献计献言。

近代中国是典型的农业国，农业在国民经济中占据最重要的地位。只有准确把握中国农村的情况，才能全面把握中国的经济全貌。"中国农村派"学者，在陈翰笙的领导下进行了大规模的农村经济调查。他们以马克思主义为指导，通过深入实地调查考察，掌握真实可靠的实情资料，并对此加以切合实际的科学分析，为积贫积弱的中国农村寻找方向和出路。而且，在中国农村社会性质论战中，揭示了中国农村社会的半封建半殖民地性质，为中国共产党开展土地革命的必然性提供理论和实证的依据。陈翰笙回忆："20年代末30年代初的这次农村社会调查，其范围、时间、影响都是空前的。我终于能够以大量的第一手资料和充分的事实来驳斥马季亚尔及中国托派的谬论，也揭穿了当时国民党政府关于'农村复兴'的谎言，为我党在农村实行正确的策略提供了可靠的依据。"[1]

林毅夫、胡书东曾撰文指出：民国时期，特别是五四运动以后，经济学在中国已经走出了单纯的学习、普及阶段，出现了一批既掌握先进经济学理论，同时又能运用这些理论和方法研究现实经济问题的中国学者。"凡是在学术上有重要成就的中国经济学家，几乎全是研究中国经济问题的经济学家"[2]。以上无锡籍经济学家就是明显的例证。

中华人民共和国成立后，经济学家的研究更是把学术深深植根于中国

---

① 陈翰笙：《四个时代的我》，第49页。

② 林毅夫、胡书东：《中国经济学百年回顾》，《经济学》2001年第1期。

社会主义建设活生生的实践。对于中国实现经济现代化的发展道路，薛暮桥提出了一系列观点，可概括为："稳定发展、打好基础、注重就业、两个并举、引进适度技术、加强消化创新。"这就是紧紧从中国国情实际出发提出的，突出体现了中国这样一个东方大国的特色。中国有过八国联军入侵、落后挨打的耻辱经历，在独立后追求经济发展高速度的冲动远远甚于其他国家，因而"稳定发展"是来自中国实践、对中国经济发展又至关重要的经济发展方针。中国是世界上人口最多的国家，面临着巨大而突出的就业问题，"注重就业"的发展方针和广开就业门路的思想，正是薛暮桥源于中国国情而提出的。"两个并举"，即大中小并举、机械化半机械化手工劳动并举，也正是从中国底子薄、生产力发展水平低，各地区经济发展不平衡的现实提出的。还有，中国商品经济发展程度低，自然经济色彩极为强烈，大力发展商品经济是绕不过去的"坎"，薛暮桥提出了"没有商品经济的发展就没有社会化大生产，而没有社会化大生产就没有社会主义的胜利"的观点。此外，薛暮桥从中国生产力多层次的特点提出了多种所有制形式并存的理论，从中国物价实践中提出治理通货膨胀的理论，从中国乡镇企业发展的实践中提出乡镇企业理论，等等。

薛暮桥始终从对中国国情的准确把握中构筑经济理论大厦，这就使薛暮桥的经济理论深深地植根于中国经济的土壤之中，揭示了中国经济的特殊矛盾运动和特有的规律性，对认识和解决中国经济问题具有极强的针对性。薛暮桥的第一部经济学著作——《中国农村经济常识》，就是他对中国农村经济广泛深入调查研究的结晶。在此后数十年的经济研究中，不论自身的地位怎样变化，政治经济形势如何变化，他都紧紧把握住中国经济这个特定的对象，写下《中国国民经济的社会主义改造》《中国社会主义经济问题研究》《当前我国经济若干问题》《我国国民经济的调整和改革》《我国物价和货币问题研究》《论中国经济体制改革》等著作。孙冶方也是如此，写下了《社会主义经济的若干理论问题》《社会主义经济的若干理论问题（续集）》《社会主义经济论稿》等主要著作。这些经济学著作的名称就清楚地表明，他们的经济思想都是着意研究中国现实经济问题的，中国经济始终是他们研究"镜头"所瞄准的对象。与同时代的社会主义经济理论专著相比，他们的著作呈现出更为强烈、更为浓厚的中国特色。

二、以经济发展与改革的实际问题为主要内容

经济学是实用之学，产生伊始就把人民富裕、国家富强作为自己的使命，即所谓"经世济民"。中华人民共和国成立后，由于身居经济领导工作岗位，经济学家开展理论研究都以解决经济生活中重大问题为研究目的，这决定了经济学家的经济理论研究，没有经院哲学的霉气，较少引经据典的空论，不搞释义诠注式的考究，而是充满着对现实经济生活的建设性分析，具有高度的建设性。

薛暮桥历来认为，理论是为实践服务的，理论研究工作的目的就在于解决实践生活的各种问题。一般科学研究是如此，作为致用之学的经济学研究更是如此。他最初投身经济研究，就是为深入了解中国农村、改造中国。他到山东抗日根据地研究经济问题，是为了解决根据地对敌货币斗争的紧迫现实问题。中华人民共和国成立后，薛暮桥深感经济实践对经济理论的需要，深感社会主义建设中的诸多重大问题，需要进行深入研究，给予理论的说明。他更是明确而自觉地以此为己任。他明确提出："我们经济理论研究工作的目的是解决社会主义经济建设中的许多重大问题。"[①]1959年，他在《社会主义制度下的商品生产和价值规律》一文中以相当大的篇幅论述了经济研究的目的问题，提出首先要明确"为什么要研究商品生产和价值规律"。他说：研究商品生产和价值规律，第一是调整内部矛盾，第二是为学会经济管理。为着这样的目的，他反复强调："研究商品生产最好不要陷入概念式的争论。"他郑重提出："我的文章拿出来是为了研究实际问题"，"引到概念争论上去，这不

---

① 薛暮桥：《社会主义制度下的商品生产和价值规律》（1959），《社会主义经济理论问题》，第58页。

是我的目的"[①]。

20世纪50年代，他为解决我国的计划管理而研究国民经济的综合平衡、速度与比例问题，针对"大跃进"的错误而研究社会主义的发展阶段问题。20世纪60年代，他为搞好物价管理工作而研究价格理论。20世纪70年代之后，他为中国的经济体制改革，更是不顾年事已高，呕心沥血开展研究。

在商品生产和价值规律的研究上是这样，在其他经济问题的研究上也是这样。不论是在什么样的政治形势下，只要有研究的权力，薛暮桥几十年间始终以解决我国社会主义建设与改革中的重大课题为己任，从不回避现实问题。20世纪50年代，他注重研究生产资料所有制的社会主义改造过程中的重大理论问题，针对急于搞所有制过渡的急躁冒进错误倾向而研究多种经济形式和社会主义发展阶段问题；针对"一平二调"的"共产风"而认真研究社会主义制度下的商品生产和价值规律问题；针对高度集中的计划管理体制建立后带来的问题，研究计划与市场的关系；针对高指标、高速度的冒进而探讨比例与速度的关系，等等。20世纪60年代，他积极研究国民经济的调整、通货膨胀的治理和物价的稳定。恢复工作之后，薛暮桥一如既往地积极投身到现实经济问题的研究中去。1977年，他毅然给刚恢复工作的邓小平同志和李先念同志写信，指出国民经济已经比例失调，对当时的经济工作指导方针提出批评。1979年，面对几千万待业青年的就业问题，他大胆地提出恢复个体经济、允许自谋职业的主张。20世纪80年代，薛暮桥对我国经济管理体制的弊端进行了深刻研究，对体制改革的目标和突破口的选择提出了建议。1985年前后，他对作为经济体制改革关键的敏感而充满风险的价格改革，给予了极大关注和深入研究。随后，他又对通货膨胀政策多次提出公开的和内部的批评，力主治理整顿。进入20世纪90年代，在人们对中国下一步的改革迟疑、观望的时候，他以80多

---

① 薛暮桥：《社会主义制度下的商品生产和价值规律》（1959），《社会主义经济理论问题》，第60—62页。

岁高龄仍为进一步深化改革鼓与呼。1990年，改革进入关键时期，保守思想回潮。有些专家和学者认为，苏东剧变是由改革开放引起的。当年7月5日，中央政治局邀请经济学家座谈经济形势和对策。薛暮桥认为，苏东剧变的主要原因，是因为未作彻底改革，而采取零敲碎打、修修补补的改革做法，至多是延迟矛盾的爆发，把国民经济引入慢性危机，而不可能求得经济状况的根本改善和同资本主义竞赛的胜利。回到家中，他对自己的发言并不满意：岁数大，思维没有原来敏捷，中间又插话频繁，该说的没说清楚，内心很不平静。7月15日，他给中央政治局常委写了封信，书面陈述意见。[①]1991年春，薛暮桥针对可能使改革发生逆转的思想倾向，写就《关于社会主义经济的若干理论问题》，从商品、货币、市场计划、劳动工资、财政税收、银行金融、所有制、企业制度等10个方面进行分析，把多年的改革主张进行了一次综合论述，把对市场经济的认识提高到一个新的理论高度。

薛暮桥的研究，始终以解决经济工作中的重大问题为研究目的，这决定了他的经济理论既是来自实践，又对我国的经济实践有着直接的应用价值。同时，薛暮桥的学说以解决实际问题为目的，但他并不排斥理论研究。薛暮桥在对实际问题的研究中，注重把经验加以总结、归纳，上升到理论分析，然后再化为政策建议，指导实践。他的价格、货币理论、综合平衡理论、初级阶段理论、宏观调控理论等，都是在这样的过程中形成的。

与薛暮桥一样，孙冶方也不是为了研究而研究，不是单纯为了著书立说而研究。他从1956年开始系统研究"苏联教科书"，对其中存在的错误和缺陷进行批判，并设想构建社会主义经济理论的一个新体系。在这个新体系中，孙冶方主张运用马克思《资本论》的方法，以"产品价值"为核心，以最小的劳动耗费取得最大的经济效果作为红线，以生产过程、流通过程、社会的总生产过程来论述社会主义经济。孙冶方曾指出："在讨

---

① 薛暮桥：《薛暮桥回忆录》第 2 版，第 336 页。

论社会主义政治经济学教科书提纲的时候，曾经提出过一个问题：贯穿着社会主义政治经济学的红线是什么？有的同志说，这条红线是阶级斗争；也有同志说，社会主义政治经济学的红线应该是社会主义社会的基本矛盾，就是上层建筑和经济基础，生产关系和生产力的矛盾……我们不能把社会主义政治经济学教科书写成一本政治教科书，写成一本阶级斗争的教科书……我们不能把社会主义政治经济学教科书写成一本历史唯物主义教科书……那么社会主义政治经济学应该怎样不同于政治读本、阶级斗争读本，不同于哲学教科书、不同于历史唯物论教科书呢？那就是我们要证明社会主义生产关系比资本主义生产关系更经济、更能够推进生产的发展。总而言之，政治经济学教科书要讲经济。而什么是经济呢？就是以最小的耗费，取得最大的效果。我们要通过对社会主义生产关系的分析研究来证明社会主义生产关系，比资本主义能够以更小的耗费取得更大的效果，从而推动社会经济的发展。"①这一观点对于破除传统观念、构建社会主义经济理论新体系发挥了重要作用。

自18世纪70年代工业革命以来，工业化一直是经济发展的主题。世界经济史表明，没有经历成功的工业化进程，就不可能成为繁荣富强的发达国家。对于中国而言，近代以来，如何把中国这样一个落后的农业国建设成为一个发达的工业国，实现工业化，是众多经济学家着力研究的重点课题。自1953年第一个五年计划开始，中国经济体制就开始全面向计划经济转轨，围绕过渡时期总路线开展的社会主义改造和计划经济下的工业化成为经济理论界研究的核心内容。从中国实际出发，探索一条快速实现从落后的农业国变成先进的工业国的社会主义道路，是经济学界研究的中心工作。

20世纪50年代，汪鸿鼎利用自己在中国人民大学进修的契机，向该校苏联专家总顾问、工业经济专家波哥达维奇学习，获得苏联发展工业经济的大量资料。他一边开展教学工作，印发工业经济讲义，一边从事工业经

---

① 孙冶方：《讲经济就是要以最小的耗费取得最大的效果》（1981），《社会主义经济的若干理论问题（续集修订本）》，第202—208页。

济研究，就改进企业管理方面提出相关建议。如在无锡《新经济周刊》写过工业企业计划管理的建议（第133期），在《中国工业》月刊发表关于工业企业生产技术财务计划工作的论文（1957年连载4期）。结合正在进行的企业公私合营和社会主义改造，汪鸿鼎经过深入调查研究以后，提出了设立专业公司的建议，并介绍上海一些规模小而分散的私营机床厂，通过成立专业公司提高企业组织程度、提升生产力的成功范例。[①]

以古博今，镜鉴现实，要为工业化发展寻求一条适合中国国情的路子，就需要从历史中了解中国近代工业发展历程，探寻中国经济社会发展的规律。孙毓棠从社会经济的角度进行历史阐释，钻研于中国近代工业史领域，在中国科学院经济研究所任职期间，他对中国近代工业的兴起、工业无产阶级的产生，以及19世纪帝国主义各国在工业、铁路、银行、借款等方面的对华侵略等中国近代史上的重大问题进行了开拓性研究，形成一系列研究成果，尤以《中国近代工业史资料》（第一辑）最为突出。在序言中，他专门撰写了《十九世纪中国近代工业的兴起与工业无产阶级的诞生》这篇长文，系统地叙述中国近代工业的发生过程，分析各个组成部分的经济性质及对中国社会经济发展的影响，并针对中国近代经济史中若干重要的复杂的问题，提出自己独到精辟的见解。[②]这项成果为中国近代经济史的研究奠定了坚实的基础，也为中国工业化发展提供了历史借鉴和理论支持。

改革开放以后，我国经济学界更多的是从现实的角度出发思谋中国工业化发展。20世纪80年代中期，乡镇企业异军突起，成为中国工业化进程中的一支有生力量。裴叔平将研究视角投向苏南乡镇企业，主持开展"苏南工业化"课题研究，形成《苏南工业化道路研究》这项研究著作。这本从工业化角度研究地区乡镇企业发展的专著，颠覆了此前发达国家城

[①] 陈建良：《汪鸿鼎——中国合作经济的倡导者》，许卫国主编：《无锡走出的经济学家》，第 255 页。

[②] 尤学民：《孙毓棠——近代工业史研究的开创者》，许卫国主编：《无锡走出的经济学家》，第 241—242 页。

市工业化的模式，提出了城市工业和农村工业同时发展、实现工业化的双轨制模式，提出了具有中国特色的工业化发展道路。[①]同样，顾松年本着跟踪实践、指导实践的精神，对"苏南模式"做了理论探索和超前研究。1980年，当社会上包括学术界对发展乡镇企业（开始称为社队企业）指责之声四起的时候，他经过比较系统调查后，与他人撰写《发展社队企业问题的探讨》一文，联系我国经济落后的农业大国、建设现代化必须解决农村大量剩余劳动力出路等问题的具体国情，对发展社队企业、兴办农村工业，城乡联手推进工业化，走中国式现代化道路的必要性和必然性进行论述，回答了人们对兴办社队企业的一些疑问和指责。他主张突破就乡镇企业而研究乡镇企业的研究思路，从全面的角度研究乡镇企业。1987年，他在《经济发展模式研究和苏南模式》一文中指出："乡镇企业的发展，绝不是孤立的事。在农村，它们同农村经济综合发展的全局相联系；在一个地区，它们又同城乡经济协调发展的宏观要求相联系。"后来他更强调提出："模式的考察，绝不能局限于乡镇企业本身，必须从它们同整个农村、整个地区经济的联系上，考察其循环机制的形成以及对社会生产力发展的实际作用。"正是基于这样的理念，他长期关注乡镇企业以及苏南模式在我国体制转轨、经济转型的大背景下如何坚持改革创新的问题。21世纪初，他读到某杂志发表的《苏南模式的历史终结》文章，明显感到"这个结论是把'模式'等同于'经验'，同时又把苏南农村经济发展模式局限为苏南乡镇企业发展模式，在过于简单化的研究思路下作出的"，于是撰写了《苏南模式：是已经历史终结，还是在创新演进？》一文，阐述自己的看法。此后，他又连续发表文章论述"苏南模式的创新演进"，竭力主张以苏南的新实践为依据，进一步探索跳出就农村研究农村模式的局限性，扩展研究城乡一体化下的区域发展的新苏南模式问题。[②]

① 陈乃醒、莫授鹏：《裴叔平——思谋中国工业化的著名学者》，许卫国主编：《无锡走出的经济学家》，第439页。
② 《顾松年——追踪区域经济发展前沿理论》，许卫国主编：《无锡走出的经济学家》，第388—390页。

　　党的十一届三中全会之后，中国的经济体制改革启动。如何开展经济体制改革？改革的目标是什么？我国经济学界开展经济体制改革理论与实践研究，提出独创的见解，为经济体制改革建言献策。吴树青站在经济体制改革的前沿，就我国经济体制改革问题提出了许多深刻的理论与政策建议。他指出："我国的经济体制改革是社会主义经济制度的自我完善和发展，因此，改革必须坚持社会主义的性质和方向，必须把改革开放同四项基本原则统一起来而不能割裂开来。""改革既要持积极的态度，但在具体操作上不能过急过快，否则欲速则不达。宏观决策及体制变革不能过于频繁，应保持相对的稳定性，稳中求进是最有利于中国经济体制改革的。"在《1988—1995年中国经济体制改革规划》中，吴树青具体阐述了他关于中国经济体制改革战略选择的思想，认为在改革战略选择上应注重配套改革，不能单方突进。随着社会主义市场经济体制的改革目标的确立，吴树青的思想和认识也随之改变，他认为不同社会的市场经济的区别，主要不在于经济运行的机制、配置经济资源的方式和方法，而是市场经济在什么样的经济条件下运行，服从于什么样的目的，即它同什么样的经济制度结合在一起。结合我国社会主义初级阶段的基本经济制度，社会主义市场经济在所有制结构上是以公有制为主体，在分配制度上是以按劳分配为主体，社会生产的目的是满足人民群众不断增长的物质和文化生活的需要，最终要实现全体人民的共同富裕。①

　　为了满足经济体制改革的理论需要，陆南泉将视野放到中国曾经"引以为师"的苏联，研究苏联经济体制改革的历史，从中汲取经验教训，并根据中国的实践，指导建设有中国特色的社会主义。他说："一个社会主义国家的成败、兴衰，归根到底取决于选择的体制模式，以及能否在不同历史时期根据变化了的情况对选择的模式进行正确和及时的改革。经济体制是整个体制中的一个重要组成部分，它对生产力与社会的发展起着重大

---

① 北大校办：《吴树青——创新现代政治经济学学科体系》，许卫国主编：《无锡走出的经济学家》，第451—454页。

的作用。""苏联剧变表明斯大林式的苏联社会主义模式未获得成功（包括经济体制模式），但绝不是'共产主义已经死亡'，也并不意味着科学社会主义的失败，而只是社会主义的一种特定模式即斯大林模式的失败。"陆南泉指出，中国要深化改革，使改革顺利发展，既要反对生搬硬套马克思主义，又要反对生搬硬套西方经济理论。[①] 裴叔平则把借鉴的目光放在日本和西方国家。1979年，他参加中国社会科学院考察团赴日本考察中小企业，主笔撰写了《日本中小企业考察报告》，介绍国外企业的运作和内部管理，叙述考察团对企业现代化、企业竞争力、政府管理体制等问题的深层次思考。1988年，他又赴美国考察，撰写了《如何使企业成为真正的企业——从美国马萨诸塞州的经济发展中得到的启示》一文，他的如何使企业成为真正的企业的观点，论证了企业是市场经济体制的基础，为我国以市场经济体制建设为目标的改革提供了理论依据。[②]

"做学问就要解决实际问题"，是陆学艺从事农业经济研究的宗旨所在。作为"三农"问题专家，他始终践行这一宗旨，就农村发展提出多项政策建议并被高层采纳。1978年，他利用两个多月的时间写出《关于加速发展我国农业的若干政策问题的建议》一文，对农村经济政策共提出了12条建议。1979年6月，他到安徽肥西县山南区实地考察了包产到户试点，写出《包产到户问题应当重新研究》一文，论述了包产到户也是生产责任制的一种形式，属于社会主义性质，认为试点是很成功的。他最早从理论上论证了农村实行家庭联产承包责任制的必要性、合理性。1986年，在当时学界对农村农业形势一片叫好的情况下，陆学艺却敏锐地感知到农业发展存在的问题，写出了《农业面临比较严峻的形势》，引起了决策层的注意，农研中心、农业部、水利部等5个单位做出了解决农业问题的8条

---

① 管欣：《陆南泉——研究苏俄经济的资深学者》，许卫国主编：《无锡走出的经济学家》，第492—494页。
② 陈乃醒、莫授鹏：《裴叔平——思谋中国工业化的著名学者》，许卫国主编：《无锡走出的经济学家》，第435、437—438页。

措施。①从20世纪90年代起，他关注农民负担问题，先后发表《当代中国农村与当代中国农民》《解决农民负担要着眼城乡关系》，系统研究"三农"问题，出版《"三农论"——当代中国农业、农村、农民研究》等著作，为解决实际问题提出针对性的建议。

刘崧生开展农经科学研究，同样是为我国社会主义农业建设和发展实践服务。1980年，他与他人合作发表论文《农业现代化与农业经济管理》，根据当时的历史条件，把农业现代化的内容概括为三个方面：一是农业生产手段现代化，二是农业生产技术现代化，三是农业生产管理现代化。而农业现代化也为农业经济管理提出了繁重的任务，由此概括出了"九个合理"为主要内容的农业经济管理任务。之后，他针对农村合作经济、农业技术经济、经济发达地区农业发展战略、农村商品经济发展方向等重大课题进行重点研究，并形成相应成果，为农业经济的发展提供理论支撑。②刘崧生就社会主义初级阶段农村经济发展的规律也进行了探索。1988年，刘崧生与他人发表《试论社会主义初级阶段农村经济发展的规律》一文，指出："在产业结构演化过程中，农业和非农产业总是两类性质不同但又紧密联系的产业。在非农产业起步阶段，农业是非农产业启动资金的原始积累部门，在工业发展进入成熟阶段以后，非农产业应反哺于农业，最终进入农业与非农产业协调发展的阶段。基于上述构思，社会主义初级阶段农村经济发展的过程可以划分为前后相继、相互联系的三个阶段，即积累资金阶段、非农产业反哺阶段和农业与非农产业协调发展阶段。三个阶段的循序演进反映社会主义初级阶段农村经济发展的规律。"③据此为统一农村发展中若干重大理论分歧提供理论基础，也为正

① 王丽珂：《陆学艺——心系三农的社会经济学家》，许卫国主编：《无锡走出的经济学家》，第89—94页。

② 刘葆金：《刘崧生——创建中国农业经济管理专业的学者》，许卫国主编：《无锡走出的经济学家》，第331—332页。

③ 刘葆金：《刘崧生——创建中国农业经济管理专业的学者》，许卫国主编：《无锡走出的经济学家》，第332页。

确进行我国农村发展的策略选择和深化改革提供依据。农业发展三个阶段理论后来被吸收到2009年中共中央一号文件。

针对农业现代化，叶谦吉有着自己的思考和认识，提出了"生态农业"的观念。1982年，他在《生态农业——我国农业的一次绿色革命》一文中指出："按照生态规律帮助我们因地制宜地建立起一个较为理想的农业生态系统，就是能够稳定持久地保持最佳平衡状态的高效农业生态系统。这正是'生态农业'所要探讨的课题，同时也是我国农业发展中的一个重要的战略问题。"1987年，他在与人合作的《生态农业发展的战略问题》一文中提出，要把"'生态农业'作为现代农业发展的战略模式"[①]。此后，便围绕生态农业开展系统深入的理论与实践研究，并获得丰富的理论成果和显著的社会效益，他曾在全国生态农业问题讨论会上提出的"大力建设生态文明"的观点，被纳入了党的十七大的重要决定。孙颔高度重视农业现代化，指出："没有农业现代化，就不可能有整个国民经济的现代化"；他界定现代农业的内涵，描述现代农业的目标，指出了实现农业现代化的路径；1983年，他主持的南方麦区湿害发生规律和防御技术研究，成果一经推广，促进了我国南方麦区大面积增产。[②]

李炳炎以劳动群众共同富裕，解决当代重大课题为己任，创作出版了一部劳动人民的致富经济学专著《需要价值理论——"富国裕民"论》，确立"社本"理论和价值理论；在国企改革进入产权改革阶段后，一些地方出现了将国有企业一卖了之的做法，他深入调查研究，倡导"工人自治，其股买断，建立工人所有制股份公司"改革实践。他站在工人阶级立场上透视国企改革，用马克思主义观点撰著《中国企改新谭》，为工人阶级呐喊。他的理论被人们称为"工人经济学"。

总之，无锡籍经济学家的学说、主张，很多都来自深入实地、认真细

---

① 朱昱鹏：《叶谦吉——著名生态农业经济学家》，许卫国主编：《无锡走出的经济学家》，第235页。

② 薛中卿、练维维：《孙颔——擘画现代农业的学者型领导》，许卫国主编：《无锡走出的经济学家》，第412、423页。

致的调查研究，来自人民群众创造性实践的总结。他们不唯上、不唯书、不媚俗、不跟风，理论以实践为依据并接受实践的检验，所以他们没有盲目的对上级服从，也不会随波逐流、人云亦云。正如鲁迅先生所说，他们是"独立支撑的大树，而不是倒向两旁的小草"。

三、坚持理论联系实际的研究方法

研究方法，是科学研究工作者的工具。而工具总是为一定的目的服务的，科学研究的目的不同，所选择的方法工具就会有所差别。理论与实践相结合，是由新中国经济学家所普遍坚持的原则方法，这正是他们明确的经济研究目的所决定的。

在1959年4月上海经济理论讨论会上，薛暮桥做了题为《社会主义制度下的商品生产和价值规律》的发言。他在发言的六个问题中，有两个问题专门论述理论联系实际。他认为，理论联系实际，对经济研究工作者来说至关重要。在经济研究工作中，一要反对就事论事，只研究现象，不研究本质的经验主义倾向；二要反对脱离实际，不研究和解决实际问题，热衷于概念上争论的教条主义倾向。1964年，薛暮桥又写下《提高我们的理论研究工作水平——读〈实践论〉的一点感想》的文章，从认识论的角度专门阐述了经济研究中理论与实践相结合的问题。他认为：提高经济科学理论研究工作水平的关键，是"理论同实践的结合，即马克思主义经济理论同社会主义建设实践的结合"[1]。他批评说："有一些同志，他们在研究社会主义的某些现实问题的时候，不从实际出发，不研究实际资料，甚至不弄清楚问题的本质所在，而只是翻阅某些经典著作，提出一些空洞的概念和不符实际的结论；有时甚至离开现实问题，为着某一个概念而进行无休止的争论。也有一些同志，他们不是研究社会主义经济的具体发展过程，从这里去认识经济发展的客观规律，而是预先提出几条所谓客观规律，企图依靠这些规律来说明社会主义经济的发展过程和各种具体的

---

[1]　薛暮桥：《提高我们的理论研究工作水平》，《大公报》1964年6月19日。

问题，其结果也往往陷入空洞的说教或者抽象概念的争论。这两种研究方法，同毛泽东同志在《实践论》中所提倡的研究方法，显然是不符合的。"[1]他还说："社会主义是一种崭新的社会制度。研究社会主义社会的经济运动规律，必须坚持实事求是，一切从实际出发，理论联系实际的原则。"[2]理论联系实际，既是薛暮桥对经济研究工作的方法论主张，也是他身体力行的治学原则。

经济现象作为基本的社会现象，其复杂性是不言而喻的。如果没有深厚的理论基础，只是就事论事，单凭经验办事，是不可能对复杂的经济现象有深刻认识的。薛暮桥没有进过大学，但他深知经济理论基础极其重要。在几十年的经济研究生涯中，他始终非常重视理论学习。20世纪20年代在国民党杭州"陆军监狱"三年的牢狱生活中，他坚持每天六七个小时的自学，打下了经济学理论和社会科学理论，特别是马克思主义理论的深厚基础。在20世纪30年代的中国农村经济调查和执教过程中，薛暮桥广泛阅读各种经济理论书籍，在研究实践中不断提高理论修养。进入根据地后，在抗日军政大学的教学中，进一步系统地掌握了马克思主义的基本原理。20世纪50年代，苏联的《政治经济学教科书》和斯大林的《苏联社会主义经济问题》出版后，薛暮桥对社会主义经济理论进行了系统的研究，并在陪同刘少奇、周恩来等领导同志的读书活动中，提高了理论水平。"文化大革命"中，薛暮桥利用一切可以利用的时间，在湖北干校劳动期间通读了《马克思恩格斯选集》《列宁选集》《资本论》，并反复学习了《毛泽东选集》。多年的刻苦自学和深刻钻研，使薛暮桥的经济理论造诣不断提高。

在理论联系实践的研究过程中，薛暮桥不仅仅满足于能解释经济过程，而更着重改造经济生活，把研究的着眼点放在提出切实可行的政策建议，旨在解决实际问题。他多次呼吁："从事科学理论研究工作的同志，

---

[1] 薛暮桥：《提高我们的理论研究工作水平》，《大公报》1964年6月19日。
[2] 薛暮桥：《中国社会主义经济问题研究》，"序言"，第4页。

必须重视做实际工作的同志所取得的丰富经验，帮助他们来整理这些经验，整理已经掌握的丰富资料，从中找出事物发展的客观规律。"[①]在山东抗日根据地，他通过研究提出了禁止法币流通、控制边币发行数量、掌握一定物资来吞吐货币等一系列政策建议，取得了对敌货币斗争的全面胜利。中华人民共和国成立后，他依据按比例发展和综合平衡理论，1960年写了调整国民经济的报告，提出了下马10万个小高炉、再动员1000万城市职工回农村等一系列重大建议，为国民经济的调整和恢复奠定了基础。随后，他又依据价格、货币理论，提出了治理通货膨胀，稳定物价、调整物价的各种政策、措施，为当时的物价稳定与合理调整做出了贡献。改革时期，他根据社会主义商品经济理论，提出了从扩大流通渠道、减少流通环节等，改变统购包销体制等重大政策，到恢复长途贩运、恢复广告业务等具体建议在内的一系列发展商品交换的改革主张，推动了流通体制的改革。他依据自己从实践中得来的价格、货币理论提出了价格调整与改革的一系列建议，及时、反复强调了反通货膨胀的政策主张，等等。就这样，几十年来，薛暮桥总是密切关注经济实践的发展，从新的实践中总结概括出新的理论、新的观点。社会主义经济实践每前进一步，薛暮桥都及时深入地进行总结、研究、概括。每次总结、概括都使他的社会主义经济理论得以升华，使之对社会主义经济规律的认识不断深化。实践证明，面对经济实践进行研究，虽然在理论上难免一时不成熟、不完善，但比那种空洞的纯理论研究要有意义。这种经济研究建立在常青的生活之树上，植根于经济实践的深厚土壤之中，生命力要强得多。所以说，薛暮桥是对我国重大经济决策和制定经济政策最有影响力的经济学家。[②]

张卓元在纪念文章中满怀深情地写道："暮桥同志严谨的治学态度和优良的学风也是我们学习的榜样。""首先，最突出的是理论联系实际的好作风。暮桥同志写文章，作报告，都能从中国国情出发，从实际出发，

---

① 薛暮桥：《提高我们的理论研究工作水平》，《大公报》1964 年 6 月 19 日。

② 杨欢进：《薛暮桥经济思想研究》，第 69 页。

有根有据地阐发自己的理论观点，从来不写空对空、从规律到规律、无的放矢的文章，也从不生搬硬套外国的模式。他非常注重调查研究，重要统计数字记得清清楚楚，比许多从事经济理论研究的经济学家'务实'得多。但是，他又不是就事论事，狭隘的经验主义，而是能在大量资料基础上进行概括，从理论上找出其中的本质属性和规律性。所以他又比许多从事实际经济工作的同志更能'务虚'，用经济学的范畴、概念对千变万化的经济现象进行系统梳理。"①吴树青认为："这种坚持从实践出发，理论和实际相结合，为解决社会主义建设中重大现实问题而从事经济理论研究工作的态度和方法，是应当大力提倡和发扬的。"②薛暮桥自己也说："一个经济学家有价值的学术观点，既不可能产生于书斋里的冥思苦想，也不可能产生于忙忙碌碌而无思考的实际工作，而只能产生于扎实理论同艰苦实践之间的结合。""我的经济观主要是在中国经济的实践中形成和发展的。"③

孙冶方的经济理论同样是理论与实践紧密结合的产物，具有科学性。他的社会主义经济理论开始形成于20世纪50年代中期，在60年代中期以前得到进一步发展并初步构成了一套比较完整的理论体系。当时，社会主义经济制度在中国和其他一些国家已经有了一段时间的实践，显示了它的优越性。与此同时，作为一种崭新的社会主义经济制度，也出现了许多问题，要求在实践中发展和完善，并寻求适合各国国情的、能使社会主义经济制度的优越性得以充分发挥的模式。在这样的背景之下，要找到和建立新的社会主义经济体制，必须分析原有的经济体制的弊端，批判构成这种体制的理论基础的错误的社会主义经济理论。孙冶方的社会主义经济理论

① 张卓元：《中国经济学界最活跃的引领者薛暮桥》，薛小和编：《百年沧桑 一代宗师——薛暮桥逝世一周年纪念文集》，北京：中国发展出版社，2006年，第66—67页。
② 吴树青：《从实际出发，加强社会主义经济理论研究工作》，《经济研究》1980年第1期。
③ 薛暮桥：《我的经济观在实践中形成和发展》，《薛暮桥晚年文稿》，第1页。

就是适应这种客观需要，在实践的基础上产生的。也因为他的理论从实践中来，经受了实践的检验，并随着实践的发展而发展，虽然长期被视为异端邪说，没有得到公正的对待，但是却经受住了实践的检验。原有的经济体制在运行中产生了越来越严重的种种弊端，这种实践从反面证明了他的经济理论的正确性。李剑阁说："孙冶方有句名言：'经济规律不是任人使唤的丫鬟，可以随心所欲地召之即来，挥之即去。'确实，不管你承认不承认经济规律，经济规律是客观存在的。膜拜经验，盲从感觉，排斥理论，违背规律，最终只会受到规律的惩罚。我们就是在受到价值规律的反复惩罚、吃足苦头后，才认识到孙冶方的历史地位的。"[1]董辅礽也说："冶方同志的论著有一个显著的特点，这就是他对于现实生活中的问题总是力图从理论上去把握它们，不是就事论事，同时又根据理论提出解决它们的原则性办法，不是停留于抽象的议论。孙冶方的经济理论总是同他对改革经济体制的具体主张和建议密切结合在一起的。他提出的许多具体主张和建议是很有见地、很有价值的……应该说，从提出一种理论到把这种理论变成可以付诸实施的办法，再到把这种办法应用于实际，有一段相当长的距离，这段距离并不是轻易可以走完的，必须反复地实践和认识。冶方同志的理论的可贵之处在于他根据实践而提出一种理论后，总是力图使这种理论在实践中运用以变革实际。这是有些经济学家没有做到或者是做不到的。"[2]

20世纪50年代，当时在中国流行的政治经济学教材是苏联《政治经济学教科书》。为尽快编写一本适合中国社会主义建设实践需要的政治经济学教科书，1955年中宣部部长陆定一找到孙冶方、薛暮桥、于光远三人，要求他们写出一本政治经济学教科书。孙冶方、薛暮桥虽然都没有写成政治经济学教科书，但他们的著作都是踏踏实实总结实践经验的著作，较之

---

[1]　李剑阁：《经济学家的作用、责任和命运》，孙冶方经济科学基金会编：《孙冶方经济观点评述》，第246—247页。

[2]　董辅礽：《孙冶方经济理论的特点》，中国社会科学院经济研究所学术资料室：《孙冶方纪念文集》，上海：上海人民出版社，1983年，第94页。

抽象而空洞的，凭空拼凑起来的种种"政治经济学（社会主义部分）"的"体系"，影响更为深远，生命力更强。

党的十一届三中全会以来，新一代经济学家紧紧围绕改革开放的伟大实践，坚持理论联系实际的方法论，把握时代脉搏，勇担时代使命，或是理论创新，或是参与政策制定和评估，为经济决策提供咨询和建议等来实现"经世济民"的理想与追求。

长期从事金融工作的盛慕杰，从银行工作实务与金融理论研究相结合的角度，对如何进行金融体制改革进行了全面而深刻的思考。他的著作《再生产理论与银行调节机能》，对银行改革和在经济体制改革中发挥银行的调节作用提出了观点。此外，围绕如何发挥中央银行职责职能、如何加强中央银行调控等方面撰写了很多论文。他的《金融政策》一文系统论述了金融政策的内容，包括货币政策、信用政策、利率政策等，从历史到现状，从世界各国到国内，有比较、有总结，为我国金融政策的制定起到了重要参考作用。[①]钱荣堃在潜心研究国际金融理论的基础上，积极借鉴国际经验，从中提出我国金融发展的对策意见。在《借鉴国际经验按市场经济要求改革我国金融体制》一文中，全面阐述了对我国金融体制改革的系统主张。比如，就货币政策的目标问题，他主张把稳定货币作为中央银行货币政策的长期的和基本的目标。他指出"变更银行存款准备金率、公开市场业务和变更中央银行贴现率这三种手段我们都可以借鉴"，"西方国家运用货币政策来调控宏观经济是通过各种市场来实现的，我国应学会运用利率、汇率等货币政策，通过市场的作用调控宏观经济"，"改革我国金融体制还要重视金融法规的建设、大力培育金融人才队伍"[②]。

在价格体系和价格管理体制改革方面，王振之责无旁贷地站在了第一线。在理论层面，他力主自觉利用价值规律，"第二种含义的社会必要劳

① 郁有满：《盛慕杰——谋划金融体制改革的银行学家》，许卫国主编：《无锡走出的经济学家》，第 276—278 页。
② 谈菁：《钱荣堃——国际金融研究的先行者》，许卫国主编：《无锡走出的经济学家》，第 300 页。

动时间"是价格理论的重大突破；在政策层面，他提出渐进改革新思路，参与制定国家价格改革方案；在实践层面，他注重调查研究，对农副产品价格体制改革、实行项目可行性论证、试行工业产品浮动价、降低商品流通费用等众多方面提出创新意见。[①]在商品流通体制改革方面，姜君辰也发出了自己的呼声。他赴四川、广东、江苏、上海、河北等地进行调查，在掌握大量资料的基础上，结合自己几十年的实际工作，撰写《商品流通问题的调查研究》《关于商品流通的几个理论问题》《总结经验，进一步发展城乡商品流通》《改革商业体制意义重大》等多篇论文，就新的历史时期商品流通体制改革等问题发表很多真知灼见。他大声疾呼要重视流通："忽视流通，忽视商业，也是国民经济比例关系严重失调的重要教训之一。""在整个国民经济中，在公有制、社会主义商品经济和社会主义的社会化大生产的条件下，流通过程是十分重要、十分复杂的。各种经济关系都要通过商品交换在流通中反映出来。""我们要做好商业工作，合理组织商品流通，就必须按照商品流通的客观经济规律办事。"[②]

在对外开放方面，随着我国先后开放4个经济特区和沿海14个开放城市，长期位居全国经济中心城市首席的上海，发展优势逐渐被拉平，面临着被赶超的巨大挑战。西方学者就此研究中国近代城市的发展，并引申出若干理论模式。这也要求国内学者做出相应回应。张仲礼主持"近代上海城市研究"重大课题，带领课题组概括出了近代上海城市发展的基本特点，总结上海城市发展规律。上海的开发开放从历史的追溯中得到启示，无论是金融中心、贸易中心的城市功能内涵，还是沿海和长江流域对外开放的龙头地位，都描绘出延续发展的历史轨迹。在此基础上，张仲礼又围绕东南沿海城市与中国近代化，开展城市群体研究，特别是对外贸易、商场联系和近代工业兴起都以开放为前提的观点，为沿海城市的发展实践

---

① 孙梦誉：《王振之——中国价格体系改革的耕耘者》，许卫国主编：《无锡走出的经济学家》，第 401 页。

② 朱昱鹏：《姜君辰——社会主义商品流通理论的开拓者》，许卫国主编：《无锡走出的经济学家》，第 204 页。

提供了历史的借镜。①除了为近代城市化探究发展路径，张仲礼也是一名"议案大王"，为政府提供决策咨询，为人民解决问题。自1983年起，他连续四届担任全国人大代表，20年内与上海代表团的其他有识之士一起，一共提出了61个议案，其中8个被列为当年人大会议的"一号议案"。而这些反映出的正是张仲礼作为一名社会科学工作者的社会责任感和民主参政情怀。如他所言，"对事关民生、事关法治、事关发展的问题，表达人民的意愿，推动民主和法治建设，是我的职责所在"②。

在改革开放伟大实践的深入推进下，经济学家的研究视野更加开阔，研究的经济范围和领域更加广泛深入，以解决改革开放和我国经济发展中的重大理论和实践问题。周小川关注改革开放的多方面议题，如资源配置、对外经济贸易、企业制度改革和公司治理、财政税收、社会保障、城镇化、住房制度和房地产市场，乃至与环境保护相关的碳排放市场等。他遵循系统性的制度转型和转型期间的政策体系设计的逻辑框架，以期优化中国体制改革的道路，达到更有效率的制度安排和政策选择。③以整体改革思想和走向开放型经济思维，主持推动金融领域的一系列重大改革和实践。这体现的正是他对自己的要求："经济学家的任务是努力解决问题，而不是早早地断言问题无法解决。"葛霖生通过对发达资本主义国家、新兴工业化国家（地区）成功转型经验，以及苏联未能转变增长方式原因的剖析，系统论证了我国转变经济增长方式的设想，为党的十四大提出的要"努力提高科技进步在经济增长中的含量，促进整个经济由粗放经营向集约经营转变"的战略决策提供了有力支撑。

---

① 汤可可：《张仲礼——彰往察来的中国经济史学家》，许卫国主编：《无锡走出的经济学家》，第320—321页。

② 汤可可：《张仲礼——彰往察来的中国经济史学家》，许卫国主编：《无锡走出的经济学家》，第325页。

③ 肖梦：《周小川——整体改革理论的创新者》，许卫国主编：《无锡走出的经济学家》，第100页。

四、站在中国的土地上对待外国经济理论

无锡籍经济学家以中国经济作为研究对象，根据中国的实践来立论，并不意味着他们在经济研究中"闭关锁国"。相反，他们为了恰当地认识和解决中国的经济问题，十分注意了解、学习、借鉴国外各种有益的理论和经验。

薛暮桥没有受过高等教育，更没有出国留学的经历，他的理论素养是通过自学积累而成的。但是，他从来没有放弃、放松对苏联和西方经济理论的学习和借鉴。他对苏联经济建设的理论和经验进行过系统研究，20世纪五六十年代认真研究斯大林《苏联社会主义经济问题》和苏联的《政治经济学教科书》。他同时对西方经济理论也投入了关注，20世纪70年代认真研究了凯恩斯主义特别是萨缪尔森的经济学说，改革开放以后多次到日本、美国等西方国家进行实地考察、研究。他指出："既然我们承认有必要发展有计划的商品经济，要充分利用价值规律的作用，那么西方国家管理市场经济的经验以及有关国民经济宏观控制的理论，有许多是值得我们研究和借鉴的。"[①]

不过，他从不盲目迷信某种经济理论，更不轻易崇拜外国的某种"模式"或某种经验，而是时时注意把握中国国情，从不生搬硬套外国的理论和经验。20世纪50年代，是社会主义国家向苏联"老大哥"学习的年代。在积累率的确定这样一个关键性的实践问题和重要的理论问题上，苏联的经验是积累占国民收入的25%左右。对于积累率，能不能照搬？薛暮桥认为不能。他认为原因有二：一是"因为各个国家的生产水平不同，积累和消费的比例也就不能相同。我国现在基本上还是一个落后的农业国，农业的生产水平很低，……我国积累所占的比例，应当比苏联低一点"；二是"由于各个国家各种产品的价格的比例关系不同，因此按照不同价格计算出来的国民收入的比例关系也就会有相当大的出入"[②]。斯大林在《苏联

---

① 薛暮桥：《要把马克思主义这门科学不断推向前进》，《人民日报》1987年3月20日。

② 薛暮桥：《国家建设和人民生活的统筹安排》，《学习》1958年第3期。

社会主义经济问题》中提出"轻工业赚钱、重工业赔钱"的观点。苏联据此在战后七次降低轻工业产品的价格，并认为这是社会主义经济的客观规律。对此，薛暮桥查阅了苏联的大量资料，发现苏联在第二次世界大战中，重工业品、农产品收购价格基本未变，轻工业品售价上涨了五六倍，战后虽七次降价，仍比战前高出一倍左右。由此薛暮桥断定，这并不是社会主义经济的普遍规律，而是战时农、轻、重产品比价极不合理所导致的必要调整。20世纪70年代末，他把批判的矛头直接指向了斯大林和《苏联社会主义经济问题》。他批判斯大林对生产关系的定义，认为在生产关系之外去孤立地研究所有制是有害的。在所有制上搞"穷过渡"，其理论根源就是斯大林把所有制形式从生产关系中独立出来，简单地看作是一种"归属"关系，用政治运动来调整财产归属，把基于经济的所有制变成了基于暴力的所有制，破坏了正常的经济利益关系。他还批判斯大林对生产力的定义，认为把劳动对象从生产力因素中排除掉也是有害的。

同一时期，孙冶方也对苏联模式提出了批评意见，提出了划分国家和企业权限的"杠杠"观点。他说："财经管理体制的中心问题是作为独立核算单位的企业的权力、责任和它们同国家的关系问题，也即是企业的经营管理权问题。"[1]他认为，经营管理体制中"大权"和"小权"、"死"和"活"的界限是简单再生产和扩大再生产的界限。属于简单再生产范围以内的事是企业应该自己管的"小权"，国家多加干涉，就会管死，束缚企业从事生产经营的积极性和主动性。具体而言：（1）在资金价值量范围内的简单再生产，其中包括在这前提下提高劳动生产率搞实物量扩大再生产，完全由企业自主；（2）对于物资供应问题，按企业的原有协作关系的合同不打乱，由企业自主；（3）在原有资金范围内企业的设备更新、产供销、招工、干部任免等，都由企业自主。改革开放后，我国的经济体制改革在国家集权和企业分权的关系处理上，有些措施采用

---

[1] 孙冶方：《关于全民所有制经济内部的财经体制问题》（1961），《社会主义经济的若干理论问题》，第 140 页。

了孙冶方的扩大企业自主权的总体思想。这是孙冶方对体制改革的有益贡献。

　　薛暮桥对苏联的经验不照抄照搬，对西方国家的经济理论和政策更不盲从。他十分注意区别西方国家经济理论中的糟粕和精华，即使是其实践证明有一定程度可行性的理论和政策，薛暮桥也不轻易接受。对西方"温和的通货膨胀政策"，薛暮桥特别注意了它产生的背景条件和适用条件，指出这一政策虽然在西方国家起到了一定程度的积极作用，但是以生产过剩的运行特征为条件的。中国经济的运行特征恰恰相反，不是生产过剩而是供给不足。在1979年他就指出："我国的情况与资本主义国家不同。他们生产过剩，需要使物价徐徐上升来促进商品的销售，企图以此来逃避或者缓和由于生产过剩所引起的经济危机。我国绝大多数产品供不应求，如果物价随意上升，供销不平衡将更加严重。而且物价上升就要增加职工的工资，如果物价不断上升，工资不断调整，则人民将天天议论工资，议论价格，有可能影响职工内部和工农两个阶级之间的安定团结。……为此，国家需要保持财政收支和信贷收支的平衡，货币流通数量和市场货币流通需要量的平衡，避免通货膨胀。多年来我们一直采取这样的政策，在改革物价管理体制的时候，这个政策仍然应当坚持。"[①]他在对中国经济运行实践的长期分析中，提出了"稳定发展、控制基建、紧缩通货、综合平衡"的宏观调控理论，这与西方经济学中的"有效需求不足"为基础的"适度通货膨胀政策论"截然不同，是建立在对中国经济运行特征现实分析基础上的中国式宏观调控理论。从不生搬硬套外国经济理论和政策的严谨学风，使薛暮桥的经济学识既能吸收真正有用的东西，又能恰当地与中国国情相结合，从中国经济实践出发来消化、吸收外国的东西，并使之升华为适合中国国情、颇具中国特色的经济理论和政策主张。

---

① 　薛暮桥：《中国社会主义经济问题研究》，第 144—145 页。

第五节　奋斗精神与务实学风

　　求真务实的思想品格，与时俱进的创新精神，勇为真理而献身的理想信念，构成无锡籍经济学家平凡而又崇高的思想道德风范。他们身上所体现的科学精神、人文精神，是所有知识分子应有的精神境界，也是中华民族生存、进步、发展的内在动力。

一、矢志追求真理

　　在数十年的岁月间，孙冶方始终秉持革命者的态度来进行学术研究的。他非常推崇意大利诗人但丁《神曲》中的一段："在科学的入口处，正像在地狱的入口处一样，必须提出这样的要求：这里必须根绝一切犹豫，这里任何怯懦都无济于事。"他说过："死不足惜，名声毁了也不要紧，但我长期从事经济研究形成的经济学观点决不能丢，我要为真理活下去。"①董辅礽评介他是同"左"的经济理论和经济工作中的"左"的错误路线最早进行艰苦斗争的勇士之一。②冒天启也评价说："冶方是我国学术思想界坚持理论联系实际，为真理而勇于献身的光辉典范。"③

---

① 黄海：《卓越的探索者——孙冶方》，北京：中国统计出版社，1998年，第13页。
② 董辅礽：《孙冶方经济理论的特点》，中国社会科学院经济研究所资料室：《孙冶方纪念文集》，第99页。
③ 冒天启：《孙冶方》，刘启林主编：《当代中国社会科学名家》，北京：社会科学文献出版社，1989年，第424页。

在源自苏联的传统社会主义政治经济学一统天下的时期，"经济学家的任务，主要是按照苏联的经济学教科书诠释马列的经典著作，或者按照规定的口径宣传国家经济政策。经济学家很少有自己独立的思考和见解，当然也就谈不上有什么真正意义上的研究。即使偶有一得之见，也难有发表观点的机会和坚持观点的勇气"[①]。孙冶方能够从貌似深刻的理论体系中，深刻地洞察出其中蕴藏的深层次矛盾和问题，对传统理论的观点、体系和方法论提出全面的质疑，并根据对中国具体国情的认识，提出了一系列充满真知灼见的理论观点和改革建议，在此基础上，初步形成了自成体系的社会主义经济理论体系。李剑阁说："像孙冶方以及他的挚友顾准这样真正有见解、有风骨的经济学家，很难逃脱历次政治运动的批判和迫害。……到'文革'中，和所有的知识分子一样，经济学家都成了受批挨斗的臭老九，孙冶方、顾准等有些自己观点的经济学家陷入了更加悲惨的境地。"[②]在"文化大革命"期间，孙冶方的经济学观点被当作"反革命修正主义"进行无情的"大批判"。1968年4月，孙冶方被捕入狱，在秦城监狱被关押了长达七年。但所有这些迫害，丝毫没有动摇他对共产主义的必胜信念和对伟大的中国共产党的信赖。在监狱里，他以一种特殊的方式一章章一节节地默写着他那本未完稿的长篇专著《社会主义经济论》提纲。直到出狱前，他已经为这部专著提纲打了80多遍的腹稿。出狱后的孙冶方不随政治风向而轻易改变观点，宣布："我是一不改志，二不改行，三不改变自己的观点。"[③]他对夫人说："我是为真理而活着的。"[④]这充分展现了一个严肃的学者追求真理、坚持真理的良好风范，堪为后世楷模。

王元化在《记孙冶方》文中引述了陈修良所著《孙冶方革命生涯六十

①② 李剑阁：《经济学家的作用、责任和命运》，孙冶方经济科学基金会编：《孙冶方经济观点评述》，第245页。
③ 陈修良：《孙冶方革命生涯六十年》，北京：知识出版社，1984年，第87页。
④ 《洪克平同志在闭幕式上的发言》，中国社会科学院经济研究所学术资料室编：《评孙冶方的经济理论》，北京：经济科学出版社，1984年，第347页。

年》有关他的那些"硬骨头"事迹。现引述如下，从中可见孙冶方矢志追求真理的精神。

1958年"大跃进"时，"一大二公"之风盛行，张春桥在《解放》杂志上发表鼓吹供给制的文章，孙冶方提出了"价值论"。

1962年6月至8月，陈伯达邀孙冶方每天去《红旗》杂志编辑部参加"座谈会"，康生也几次约他去"座谈"，鼓励他尽量"放"，以便收集他的"修正主义"罪证，再将他一棍子打死。他明知这是一个阴谋，仍决定参加。他说："我不需要三不主义（不抓辫子、不打棍子、不戴帽子），只要有答辩权，允许我反批判就行。帽子总是要戴的，不是戴这顶，就是戴那顶，可是答辩权最要紧。"

1963年底，他在哲学社会科学部一次扩大会议上，发表了关于利润问题的演说。有人劝他说："风声很紧，还是不要再讲利润问题。"他回答："什么是风声，我不是研究气象学的。"

1964年，康生、陈伯达给孙冶方戴上"中国最大的修正主义者"的帽子。有一次他们指定他去参加会议，讨论一篇由几个年轻人写的有关生产价格的论文。他挺身而出说："不必批判年轻同志，这些观点是我的。"他阐发了价值规律的作用和资金利用效益的重要性后，严正声明："要解决几十年的疑难，是要冒点风险的。尽管人家在那里给我敲警钟，提警告，说这是修正主义观点，我今天还要在这里坚持自己的意见，以后也不准备检讨。"从此对他的打击一步步升级。"文革"开始，1968年4月4日夜间他被戴上手铐，关进秦城监狱。

他坐了七年的牢，在牢中一直坚持写"论战书"。他说："死不足惜，名声毁了也不要紧，但我长期从事经济研究所形成的经济学观点决不能丢，我要为真理活下去，要在死前把它留下来，让人民去作公正的判决。"狱中没有纸，没有笔，他就打腹稿，反复背诵，达八十五遍之多。他长期患肝病，居然熬过了极端苦难的七年铁窗生活。1975年他被释放出狱。押他回家的造反派在汽车上警告他"要老实做人"，他回答："我是一不改志，二不改行，三不改变自己的观点。"

他回家不久，"反击右倾翻案风"开始了。一次江青在大寨的讲话说："孙冶方又要翻案了。"他不但不怕，还坦然地说："我有什么案可翻？至于经济学问题，我可以同她争论。他们把经济搞成了这个样子，难道也是我孙冶方的罪过吗？"

"文革"后，他快七十岁了，仍努力学德文，做调查研究，写文章，做读书笔记。1978年6月下旬，他批评了"唯上"的学风。他以马寅初的人口论为例，十分赞赏马老在1959年遭到围攻时说的一段话："我虽年届八十，明知寡不敌众，自当单枪匹马，出来应战，直到战死为止，决不向以力压服不以理说服的那些批评者投降。"1979年9月他经过超声波检查，发现胆囊附近有黑影，医生从他腰部抽出了瘀血，于是立即剖腹检查，发现是晚期肝癌。他开刀不久，就支撑着伤口未痊愈的病体，为多年未得彻底平反的老战友沙文汉向中央写报告。修良大姐听人说，这报告是"他用两条纱布拴在床上，拉着纱布条强坐起来"写成的，这事使修良大姐热泪盈眶。

1982年，他为影片《天云山传奇》进行了申辩。这部影片放映不久就被斥为"完全歪曲了反右斗争的真相"，被指为"资产阶级自由化在文艺上的反映"。他不顾身患绝症，撰文反驳。这时他身体已经十分虚弱，距去世只有几个月的时间了。[①]

在那段特殊的岁月，薛暮桥也受到了不公正的对待。1966年，在"文化大革命"开始不久，薛暮桥被错误地戴上"三反分子""走资派""经济学界反动学术权威""贩卖苏联修正主义统计学"等大帽子，挨批挨斗。到1968年3月，薛暮桥被关入"牛棚"。薛暮桥再次用上杭州监狱里用过的办法，趴在办公桌上，旁若无人地孜孜读书。在被关押的一年半的

① 王元化：《记孙冶方》，《思辨历程》，青岛：青岛出版社，2011年，第316—318页。

困境中，学习《毛泽东选集》，他开始撰写《中国社会主义经济问题研究》初稿。1969年12月，薛暮桥被送到湖北襄樊"五七"干校劳动改造。劳动之余，他通读《马克思恩格斯选集》《列宁选集》，继续写《中国社会主义经济问题研究》第二稿。女儿薛小和去探望，发现父亲每天收工后，就坐上小马扎，趴在床沿上，一笔一画地写他的书。[①]1973年夏，薛暮桥因年老体弱又回到北京，在此后三年多时间内又通读了《资本论》，写下《中国社会主义经济问题研究》第三至六稿，对凯恩斯主义进行系统研究、批判。

薛暮桥在他恢复工作后，仍然矢志不渝，坚持对现实经济问题的研究。对中国的社会主义现代化道路这一重大现实问题，薛暮桥进行了系统研究。20世纪70年代末，面对知识青年回城和大批城镇青年待业这一大现实问题，薛暮桥大胆提出了大力发展个体经济、合作经济和集体经济，广开就业门路的主张。当时，这一主张冒有很大的风险，招致了当时颇有地位的一些人的非议。此外，薛暮桥反对高速发展的观点也受到了批评，但他不为所动。吴敬琏回忆："暮桥的这些意见，对20世纪80年代初期的国民经济调整起到了重要作用。但是，其间也经过一些波折。当时一些老的经济工作领导还习惯于'跃进'思维，部分主张改革的学者专家也有乘风破浪、推动高速增长的想法。暮桥同志的正确主张，一度被指为'泼冷水'的'保守思想'，受到国家计委主流思想的抵制和批评。只是在1980年3—4月，国务院召集的长期计划座谈会明确积累率不能太高、需要加快农业和轻工业的发展等指导思想，以及调整国家计委的领导以后，对暮桥同志的批评才告停止。"[②]

1979年4月，全国第二次经济理论研讨会在江苏无锡举行。在会上，薛暮桥、孙冶方参加了这次会议并作讲话。在讲话中，他们除了经济理论外，对经济研究应秉持的精神风骨都提出了要求。薛暮桥回忆："我

---

① 薛小和：《"我很想做个学者，但我首先是个共产党员"——写在父亲薛暮桥100岁寿辰之际》，薛暮桥：《薛暮桥回忆录》第2版，"再版附文"，第411页。

② 吴敬琏：《走向市场经济的开拓者》，《薛暮桥文集》，"序言"，第3—4页。

们两人代表计委经济研究所和社会科学院经济研究所来主持会议，开会那天我为鼓励百家争鸣，讲了'三不主义'（不抓辫子、不打棍子、不戴帽子），接着他讲了'五不怕'（不怕受批评、不怕撤职、不怕开除党籍、不怕杀头、不怕老婆离婚）。会议结束时，我讲了理论与实际相结合，他讲了要提高理论水平，多读几遍《资本论》。讲完以后两人相视而笑。"①

李剑阁评价："孙冶方无疑是当代中国最杰出的经济学大师。这不仅因为他在一个时代里始终处于经济学界的鼻祖、导师和主帅的地位，更重要的是他在坎坷的人生中所表现出的一以贯之的执着精神和宁折不弯的人格力量。如果说评价孙冶方的学术思想和理论观点，需要用历史和发展的眼光来理解其先进性和局限性，那么评价孙冶方的学术精神和理论勇气，则经济学界乃至整个学术界毫无疑义应当将其奉为永恒的学习楷模和追求境界。"②

以孙冶方、薛暮桥为代表的经济学家，最突出的人格魅力在于对真理的不懈追求。他们把学术研究与自己的信仰紧密结合在一起，研究的每一步拓展都被当作对真理的追求和捍卫。对于经过长期思考而得出的见解、形成的主张，只要不被实践证明为错误或者已经过时，他们都会毫不动摇地信守，即使在政治批判的巨大压力面前也绝不退缩。

二、勇于修正错误的、过时的观点

执着理念信念，勇于反思，薛暮桥完全堪称后来者的典范。他是新中国社会主义计划经济体制的设计者之一，但也最早开始主动对这种僵化体制进行痛苦而深刻的反思。

从1948年起，薛暮桥就在周恩来的领导下开始筹备成立新中国的计划经济体制，直到"文革"被打倒，都一直围绕计划经济体制辛勤地工作，

---

① 薛暮桥：《向孙冶方同志学习》，孙冶方经济科学基金会主编：《孙冶方经济观点评述》，第 4 页。

② 李剑阁：《经济学家的作用、责任和命运》，孙冶方经济科学基金会主编：《孙冶方经济观点评述》，第 244 页。

为建立和完善计划经济体制呕心沥血。他的女儿薛小和说："从一开始，父亲就直接参与计划经济体制的建立和完善。和其他人一样，他也认为计划经济是一个好的制度，并极力想办法做好它，也就是在不断完善、修补之后，他发现了计划经济的制度缺陷。"在实际工作中，薛暮桥也对计划经济体制的弊端有着切身的体验，他曾有过两三次对计划体制非常委婉的批评，但都因形势所迫，一露头就收了回来，即便如此也付出了一些政治上的代价。①"文革"期间，薛暮桥被当作"中国赫鲁晓夫的经济顾问""经济学界头号反动学术权威""修正主义统计学祖师爷"而下放"五七干校"接受劳动改造。薛暮桥他以一个学者特有的钻研学问的志趣，利用一切可以利用的时间系统读书、潜心研究，写出了《政治经济学（社会主义部分）》的初稿，对我国计划经济体制从理论上进行了深刻反思。薛小和说："当他为之献身的事业竟然走到与其初衷完全相反的道路上去，并且由他和整个国家一起吞下自己参与种下的苦果，给他造成的刺激会更深，促使他反省的动力会更大，推动他改革的愿望会更迫切，他对改革目标的认识也容易达到常人难以达到的高度。"②对于自己在计划经济时代的言行，薛暮桥这样反思："任何一个经济学家不可能完全超越时代的限制，我也不能例外。现在看来，建国以后我在各个时期写的文章中的观点，有一些就是不正确的，甚至是错误的。这些不正确的观点，有些是当时屈从于政治压力，不能畅所欲言造成的，有些是受教条主义和极'左'思想的影响造成的。"③

1976年后，薛暮桥开始一步步系统地深入批判计划经济体制，1980年后更是亲身参加到经济体制改革的实际工作中。1980年夏天，由国务院体

---

① 薛小和：《"我很想做个学者，但我首先是个共产党员"——写在父亲薛暮桥100岁寿辰之际》，薛暮桥：《薛暮桥回忆录》第2版，"再版附文"，第412页。

② 薛小和：《"我很想做个学者，但我首先是个共产党员"——写在父亲薛暮桥100岁寿辰之际》，薛暮桥：《薛暮桥回忆录》第2版，"再版附文"，第416页。

③ 薛小和：《"我很想做个学者，但我首先是个共产党员"——写在父亲薛暮桥100岁寿辰之际》，薛暮桥：《薛暮桥回忆录》第2版，"再版附文"，第417页。

改办起草的《关于经济体制改革的初步意见》（以下简称《初步意见》）明确指出："我国现阶段的社会主义经济，是生产资料公有制占优势，多种经济成分并存的商品经济。"文件的主要起草人薛暮桥在各省、自治区、直辖市书记会议上做说明时说："在我们起草这个文件的时候，深深感到所谓经济体制的改革，是要解决在中国这块土地上，应当建立什么形式的社会主义经济的问题，这是社会主义建设的根本方针。将来起草的经济管理体制改革规划，是一部'经济宪法'。""现在我们提出我国现阶段的社会主义经济是生产资料公有制占优势、多种经济成分并存的商品经济，是对三十年来占统治地位的教条主义思想的挑战。"[1]这个《初步意见》和"说明"虽然没有公开发表，但从改革的历史来看，《初步意见》可以说是我国市场取向改革的第一个纲领性文件。薛小和说："父亲这个当时的国家计委副主任，站出来批评自己过去从事的事业，否定计划经济体制，不但体现了他不断探索、勇于批判的精神，更使这种批评和否定具有很强的说服力。"[2]此后，薛暮桥更是坚定地维护社会主义商品经济的发展，提出了许多引领时代、超越时代的观点，比如怎样让价值规律在市场上自发调节价格、怎样以公有制为基础并让多种所有制共存、怎样在保留按劳分配的同时改革社会分配制度，以及怎样让所有企业公平参与竞争等。每个观点的提出，都在社会主义经济理论与政策领域掀起了一场又一场"革命"。

　　《中国社会主义经济问题研究》出版后广受欢迎，印数突破了1000万册。1983年党的第十二次全国代表大会以后，为了使这本书反映改革开放的新情况，薛暮桥又决定对这本书进行一次修订。他在修订版前言里指出："经过这次修订，我自己认为比较大的缺点已经消除了。未修改的部分，论点基本上是正确的。对三年多以来的许多新情况、新问题、新观

---

[1]　薛暮桥：《对〈关于经济体制改革的初步意见〉的说明》，《薛暮桥晚年文稿》，第235—236页。

[2]　薛小和：《"我很想做个学者，但我首先是个共产党员"——写在父亲薛暮桥100岁寿辰之际》，薛暮桥：《薛暮桥回忆录》第2版，第412页。

点、新政策也尽可能做到在书里有所反映。但是，因为时间短促，总会有疏忽之处，何况历史是不断前进的，新情况、新问题仍会继续出现，修订以后，也难免还存在这样那样的缺点。由于这本书不是一本阐述基本理论的著作，而是力求理论与实际相结合，这样的缺点更是无法避免的。只要做到基本观点大体正确，我就可以聊以自慰了。"①薛暮桥正是本着这种"解放思想，开动机器，敢于实事求是，敢于大胆创新，不怕犯错误，错了就改，再错再改"的精神，本着"我们这一代要有披荆斩棘的精神，为子孙后代开辟前进的道路"②的精神来从事研究的。他以古稀之年，不惜冒风险，不怕犯错误而大胆探索，为经济学界解放思想、大胆探索做出了榜样，推动了我国经济学界理论研究活跃局面的形成。

据薛暮桥回忆，孙冶方不喜欢谈个人生活问题，但一谈到理论问题，就滔滔不绝。"冶方同志对于学术研究一贯主张百家争鸣，甚至主张'求异存同'，鼓励把不同的意见拿出来争辩。因此，他不但不害怕别人对他的批评，而且很欢迎人家对他的批评。……冶方同志对哗众取宠、任意批评他的同志，也从不记仇，他相信真理是经得起任何检验的。"③他的很多同事也都说，在学术讨论中孙冶方喜欢同别人进行指名道姓的争论，也欢迎别的同志对他的观点提出不同意见或批评。④薛暮桥还说，他和孙冶方这一对同门兄弟之间时常就经济问题发生争论。他说："我过去同他在某些问题上也是常有不同意见的，我在发表文章以前，常常给冶方同志看，他提出不同的意见，而且申明要保留批判权；他在发表文章时候，也

---

① 薛暮桥：《〈中国社会主义经济问题研究〉的序和跋（1979 年、1981 年、1986 年、1987 年）》，《薛暮桥改革论集》，北京：中国发展出版社，2008 年，第 55 页。
② 薛暮桥：《中国社会主义经济问题研究》，"序言"，第 2 页。
③ 薛暮桥：《向孙冶方同志学习》，孙冶方经济科学基金会编：《孙冶方经济观点评述》，第 4 页。
④ 孙尚清、林青松、吴敬琏、冒天启、张卓元、霍俊超：《试论孙冶方的社会主义经济理论体系》，中国社会科学院经济研究所学术资料室：《孙冶方纪念文集》，第 77 页。

是如此。虽然我们在某些问题上经常争辩，但并不伤害我们之间的深厚长远的友谊。"①在1959年上海经济理论讨论会的发言中，薛暮桥集中分析了价值规律的作用问题。他把价值规律的作用分为正面作用和反面作用，等价交换是正面作用，价格变动引起供求变动是反面作用。对价值规律的反面作用，薛暮桥主张加以利用和限制。这一观点，在他这一时期的研究中多次提及。他认为，价值规律的反面作用是可以而且应该限制的。"社会主义国家所以能够限制价值规律的反面作用（或调节作用），是由于：第一，限制了商品交换的范围和程度（即对物质利益考虑的多少）；第二，有强大的国营经济，能够控制市场价格，有国家计划发挥强制作用。"②之所以应该限制价值规律的反面作用，是因为某些重要的消费品在供不应求时，若不限制价值规律的自发作用，任其涨价，则购买力较低的劳苦大众会难以支付，导致严重的后果。薛暮桥在论述这一思想时，有时用"价值规律已经受到限制"来代替"价值规律的自发作用已经受到限制"。正如他自己后来所说，这些说法是容易被人误解的。孙冶方就对薛暮桥"限制价值规律"的说法提出批评。薛暮桥回忆："他在1959年发表的名著《论价值》中，针对我的论点说，价值规律既然是客观规律，它就不能加以限制；限制价值规律，同取消或者改造价值规律犯着'同样'的错误。"薛暮桥承认："他的批评，从文字表述的严谨要求来说是对的。我在说到价值规律受到限制时，本意是指价值规律的自发作用受到限制；同样，说到'反对无限制地利用价值规律'，也是指的'反对无限制地利用价值规律的自发作用'，略去'的自发作用'五个字，容易引起误解，说明表述上不确切。"③不过，两人之间在价值规律作用的认识上还是同大于异的。薛暮桥说："冶方同志曾批评我也把价值规律作为国家计

---

① 薛暮桥：《向孙冶方同志学习》，孙冶方经济科学基金会编：《孙冶方经济观点评述》，第 4 页。

② 薛暮桥：《社会主义制度下的商品生产和价值规律》（1959），《社会主义经济理论问题》，第 63 页。

③ 薛暮桥：《薛暮桥回忆录》第 2 版，第 184 页。

划的对立物，因为我说过，'国家对人民公社生产所起的作用显著地增强了……价值规律所起的作用是显著地缩小了'。后一句话确有严重语病，应当说'价值规律的自发作用是显著地缩小了'。前面所引的提法，在某种程度上是受当时人民公社'一大二公'错误思想的影响，所以我在《社会主义经济理论问题》一书中已将它删掉了。冶方同志同时又引用我的另一句话，'认为承认了国家（计划）起决定作用，价值规律就不起作用；或者承认价值规律还起作用，就必须贬低国家（计划）所起的作用，这样的认识都是不完全的'。说我前后两段话互相矛盾，看来他是同意我后面所说的那句话的。"①

同样，孙冶方既勇于坚持真理，又敢于修正错误。当他发现实践已经在某些方面跑到了他的前面，发现自己的理论中的错误和不完善的地方以后，他能坦率地而又诚恳地进行自我批评，纠正自己的错误，并随着实践的发展而发展自己的理论。他说："我一般地否定奖金制和企业留成，主张把利润一个不留、全部上缴，是错误的，是不利于促进生产的。"②这就是说，他已经认识到，企业作为独立的经济核算单位，不仅要有责、有权，还要有经济利益。③他在文章中公开说，在"左"的思想影响下，"我一般地否定奖金制和企业留成，主张把利润一个不留全部上缴，是错误的"④。

2005年3月，101岁的薛暮桥荣获首届中国经济学奖，颁奖词称："薛暮桥从事经济研究的最大特点是理论联系实际，善于在实践中形成、发展和坚持正确的观点，并勇于在实践中修正错误的、过时的观点。""勇于修正错误的、过时的观点"的背后是几十年来薛暮桥在中国经济发展史上

---

① 薛暮桥：《薛暮桥回忆录》第 2 版，第 187 页。
② 孙冶方：《要理直气壮地抓社会主义利润》，《经济研究》1978 年第 9 期。
③ 董辅礽：《孙冶方经济理论的特点》，中国社会科学院经济研究所学术资料室：《孙冶方纪念文集》，第 99 页。
④ 张天来：《学术讲坛创新风》，陈雪：《孙冶方颂》，北京：光明日报出版社，1983 年，第 43 页。

留下的重要印记。这个印记就是中国从计划经济向社会主义市场经济的转轨。

三、善于培养、提携后进

提起无锡籍经济学家的成长，必须提到陈翰笙以及他主持开展的"无锡农村调查"。一批年轻的进步青年通过持久而深入的农村调查，以及参与中国农村社会性质的论战，不仅形成和完善了自己关于农村经济的理论，还扩大了在学界和对民众间的影响，同时"也锻炼和培养了我党的马克思主义理论家"，他们是"开展思想文化战线的斗争"的骨干力量。①中华人民共和国成立后，这些高理论水平的马克思主义经济学家，将训练所得的经验和方法加以改造，为新中国经济的建设提供理论借鉴和引导。"薛暮桥、钱俊瑞后来既是党和政府的高级官员，也是国内一流的经济学家，而孙冶方建国以后也成了著名经济学家。"②

除了陈翰笙，"中国农村派"的主要人物王寅生、薛暮桥、张锡昌、孙冶方、钱俊瑞、秦柳方等均来自无锡，有同学和同乡之谊，这是"中国农村派"不容忽视的乡土特色。正是这群无锡青年开创了一个马克思主义农村经济学的时代。在这个研究群体中，陈翰笙无疑是灵魂人物，正如薛暮桥在回忆录中所言："我们的带头人陈翰笙同志是我国马克思主义农村经济学的先驱……钱俊瑞、孙冶方、张锡昌、姜君辰、秦柳方、陈洪进和我，都是在他的培养下开始研究农村经济，进而研究其他经济问题的。"③

同样，孙冶方、薛暮桥善于培养、提携后进。他们的助手、学生和秘书，多有成为一代经济学家的，如吴敬琏、张卓元、李克穆、李剑阁等。除了学术的传承外，他们身上的治学方法和奋斗精神更是影响了这批年轻人。曾经担任薛暮桥秘书的李克穆说："跟随薛老工作的过程，就是当学

---

① 薛暮桥：《三十年代中国农村社会性质论战有关情况回忆》，《党史通讯》1984 年第 12 期。
② 沙尚之：《记孙冶方》，第 190—193 页。
③ 薛暮桥：《薛暮桥回忆录》第 2 版，第 67 页。

生的过程，学知识、学做人。薛老在对我们讲述经济学知识和讨论问题，很少采用老师授课的方式和口吻，他总是和我们一同调研、一同讨论，让大家充分地各抒己见。在讨论中，老人家总是鼓励大家，引导大家不断深化思路。""薛老是领导、是老师、是一位可敬的长者，跟随薛老工作的收获来自他一点一滴地言传身教。薛老一生默默耕耘，为中国革命和经济建设事业做出了公认的贡献。了解薛老的人，无不对这位非凡的老人充满敬意。"①

经济思想史家海尔布鲁纳曾将那些彪炳史册的经济学大师如亚当·斯密、大卫·李嘉图、马克思、凯恩斯称为"入世的哲人"，以彰显他们为人类认识世界和改造世界做出的巨大贡献。在吴敬琏看来，"毫不夸张地说，薛暮桥正是这样一位'入世的哲人'"②。吴敬琏在为《薛暮桥文集》所作序言时说："我在1984年10月参加国务院经济研究中心的工作，成为暮桥总干事的学生和主要助手之一。在暮桥同志直接领导下工作得越久，对他深沉含蓄的家国情怀越是崇敬，对他在专业上所达到的高度越是钦佩。我甚至经常想，在老一辈经济学家中，薛老可能是对中国经济问题看得最清楚透彻的。我受他的教诲既广且深。"③后来，吴敬琏又专门为《薛暮桥年谱：1904—1952》撰写了推荐词，他写道："在数十年的交往中，我切身感受到他超出寻常的严肃工作态度和一切从实际出发的科学精神。他从来不凭感觉办事，也不固守老经验。即使到了耄耋之年，仍然不断汲取新知识，不断更新自己的观念，使自己的思想始终站在中国经济理论界的前沿。作为中国市场化改革方案的设计者和组织实施者，他为推进

① 李克穆：《桃李无言，下自成蹊》，薛小和编：《百年沧桑　一代宗师——薛暮桥逝世一周年纪念文集》，第54—55页。
② 吴敬琏：《薛暮桥——一位入世的哲人》，薛小和编：《百年沧桑　一代宗师——薛暮桥逝世一周年纪念文集》，第37页。
③ 吴敬琏：《走向市场经济的开拓者》，《薛暮桥文集》，"序言"，第1页。

中国改革立下了不朽的功勋。"[①]

　　李剑阁被孙冶方矢志追求真理的精神所深深震撼。他针对当前经济学界"急功近利，趋时媚俗"的倾向，秉笔呼吁："从经济学家自身来说，应当以孙冶方为榜样，确立起'居庙堂之高，则忧其民；处江湖之远，则忧其君'的忧国忧民的社会责任感；建树一种专业人士应有的职业道德和规范，提倡严谨的治学态度，努力加强理论素养，积累实际经验。这些年，经济学界令人担忧的倾向，是急功近利，趋时媚俗。有些人不是以科学和真理为期许，只惟上，不惟实，追名逐利，将经济学降格为对现实做法的辩解；有些人热衷于出席各种各样与专业关系不大的会议，抛售一些假冒伪劣的理论观点；有些搞理论研究的人，硬要在并不熟悉的领域里表现自己，写一些畅销的'快餐式的书'；甚至有些人一边以经济学家的身份发表股市分析，一边暗中与机构联手炒股票，赚取不义之财。真正愿意坐冷板凳，甘于寂寞和清贫，看几本书，研究点理论问题的人实在越来越少。社会和时代在呼唤孙冶方精神再世。"[②]

[①]　范世涛、薛小和：《薛暮桥年谱：1904—1952》，北京：中信出版社，2022年，封面。

[②]　李剑阁：《经济学家的作用、责任和命运》，孙冶方经济科学基金会编：《孙冶方经济观点评述》，第248—249页。

参考文献

1. 许卫国.无锡走出的经济学家［M］.南京：凤凰出版社，2012.

2. 张卓元、张晓晶.新中国经济学研究70年［M］.北京：中国社会科学出版社，2019.

3. 叶世昌.近代中国经济思想史［M］.上海：上海财经大学出版社，2017.

4. 吴汉全.中国马克思主义学术史：第五卷［M］.北京：人民出版社，2019.

5. 李稼蓬、庄祖武、裴晓鹏，等.中国社会主义经济思想史研究［M］.合肥：安徽人民出版社，2001.

6. 杨欢进.薛暮桥经济思想研究［M］.北京：中国经济出版社，1992.

7. 孙冶方经济科学基金会.孙冶方经济观点评述［M］.太原：山西经济出版社，1998.

8. 财贸经济编辑部.孙冶方社会主义流通理论［M］.北京：中国展望出版社，1984.

9. 薛小和.百年沧桑 一代宗师——薛暮桥逝世一周年纪念文集［M］.北京：中国发展出版社，2006.

10. 中国社会科学院经济研究所学术资料室.孙冶方纪念文集［M］.上海：上海人民出版社，1983.

11. 黄海.卓越的探索者——孙冶方［M］.北京：中国统计出版社，1998.

12. 周子东、杨雪芳、季甄馥，等.三十年代中国社会性质论战［M］.

北京：知识出版社，1987.

13. 郭道扬.中国会计史稿［M］.北京：中国财政经济出版社，1998.

14. 陈翰笙.四个时代的我［M］.北京：中国文史出版社，1988.

15. 陈翰笙.陈翰笙集［M］.北京：中国社会科学出版社，2002.

16. 陈翰笙.陈翰笙文集［M］.上海：复旦大学出版社，1985.

17. 孙冶方.社会主义经济的若干理论问题［M］.北京：人民出版社，1979.

18. 孙冶方.社会主义经济的若干理论问题（续集修订本）［M］.北京：人民出版社，1983.

19. 薛暮桥.社会主义经济理论问题［M］.北京：人民出版社，1979.

20. 薛暮桥.中国社会主义经济问题研究［M］.北京：人民出版社，1979.

21. 薛暮桥.当前我国经济若干问题［M］.北京：人民出版社，1980.

22. 薛暮桥.我国国民经济的调整和改革［M］.北京：人民出版社，1982.

23. 薛暮桥.薛暮桥学术精华录［M］.北京：北京师范学院出版社，1988.

24. 薛暮桥.论中国经济体制改革［M］.天津：天津人民出版社，1990.

25. 薛暮桥.薛暮桥回忆录［M］.天津：天津人民出版社，2006年第2版.

26. 唐庆增.唐庆增经济论文集［M］.上海：商务印书馆，1930.

27. 唐庆增.唐庆增最近经济论文集［M］.上海：民智书局，1933.

28. 唐庆增.经济学概论［M］.上海：世界书局，1933.

29. 唐庆增.唐庆增经济演讲集［M］.上海：世界书局，1933.

30. 唐庆增.中国经济思想史：上卷，上海：商务印书馆，1936.

31. 潘序伦.潘序伦回忆录［M］.北京：中国财政经济出版社，1986.

32. 陈弘.贾士毅财政思想述评［D］.武汉：华中师范大学，2006.

33. 孙大权.中国经济学社研究（1923—1953）［D］.成都：四川大学，2005.

后　记

在过去百年里，无锡走出了一批又一批著名经济学家，高峰迭起，群星璀璨，为中国经济科学的创立和发展、为国家经济改革实践做出了突出贡献。2012年由无锡市经济学会组织编撰的《无锡走出的经济学家》出版问世，第一次系统整理无锡籍经济学家的学术成就，受到各方面的好评。为更加全面深入地展示无锡籍经济学家经世济民的思想学说与价值追求，同时进一步强化地域历史自信和文化自信，我们精心编写了《经世济民：无锡籍经济学家群体研究》一书。本书以近现代一百多位无锡籍经济学家为基本面，选择其中五十余位典型人物进行整体考察和综合研究，系统梳理总结其生平事迹和学术成果，重点解读其深邃思想的内涵、特色与演进脉络，以彰显他们对国计民生所做的贡献。

开展近现代无锡籍经济学家的研究，我们努力遵循以下几条原则：一是在总体思路上，重点研究他们的学术成就和思想脉络。在重点进行具有代表性的学者个人研究的基础上，综合研究若干经济学者群体的学术研究活动；在经济类主要学科分科研究的基础上，综合研究经济学者重要创见性研究的突出特色；在各位学者具体学术成果研究的基础上，综合研究不同时代背景下经济学家的思想脉络及其本质特征。二是在研究视角上，把理论研究与实务研究结合起来，既重在依据理论逻辑推演理性认识，又致力于为现实的经济决策、经济活动提供指导和服务。研究中着重描摹无锡籍经济学家在潜心学术研究与奋起投身社会实践中的积极作为，刻画其学术研究所体现的时代性，突出其所担负的推动中国工业化、市场化、现代化的重大使命以及为此而做出的种种努力。三是在学理依据上，着重分析近现代民族主义、自由主义和马克思主义学说的相关基础学理，以此为基础具体分析影响无锡籍经济学家的思想潮流和思想资料、语境体系，并关注实践挑战下他们在各自领域所做出的创造性应答，从而对他们的思维坐标和思想光谱做出科学分析。四是在论证方法和手段上，不简单搬用西方思维模型，而是从我国经济社会的实际出发，以社会科学的科学标准、规范方法，与思想价值判断的认知归纳相结合，对无锡籍经济学家的经济研究活动进行有机阐述。五是在理论指导上，以辩证唯物主义和历史唯物主义理论为指导，既对经济学家的研究活动做出客观记述，又对其中深层次的认识规律和思想本质加以探讨，达到学科发展真实历史与内在逻辑的有机统一。

这是我们写作的努力方向，也意味着本书撰写的难度之大。为此，编写工作集结了不同年龄层次的执笔者。他们拥有不同的学科背景，来自历史学、经济学、马克思主义理论等多个学科领域，有较高的学术水平。作者们采取线上与线下相结合的方式，查阅、搜集近现代无锡籍经济学家生平资料、成果资料以及目前已有的研究资料等，进行分类整理，形成详细的纲要和文稿。并且开展了多次交流研讨会，对文稿内容反复讨论修改，前后几经易稿，终成此书。

至于本书是否达到我们设想的目的，只能由读者做出评判。

本书的编撰工作，在区委党校领导陈超、顾妍丰、沈东等人的全面统筹与大力支持下展开，陈励、龚晶晶、张传慧、汪智佳等同志参与编写。同时，由无锡市社科专家陆阳和沈惠兴担任学术指导。从最初讨论提纲到最终修改定稿，他们倾注了大量的时间和心血，为本书编撰工作提供了重要指导。黄胜平、汤可可、谭军、顾永成等专家学者，对全书进行了审读。他们不仅对我们的编撰成果提出了许多宝贵意见，使得本书在内容深度和广度上都得到了极大的提升。在此，我们对他们表示最诚挚的感谢！

由于我们才疏学浅，在写作过程中参考了大量已有的研究成果，借鉴了其中的观点。在此，对原有的作者和研究者表示感谢。

经世济民，孜孜以求。一代代无锡籍经济学家始终将学术研究与实践工作扎根于中国大地，又放眼世界，致力于解决中国不同时期的经济社会问题，不断回答时代之问，是我们学习的榜样。本书尽管凝结着我们的心血和努力，但难免还有诸多不足之处，恳请广大读者不吝赐教。

编者

2024年6月